本书受国家自然科学基金项目“禀赋差异、市场竞争与民企的‘类国企化’选择”（项目编号：71762025）资助。

民企的“竞争性模仿”：渊源、后果及其治理转型

吴昊旻　著

中国财经出版传媒集团
中国财政经济出版社

图书在版编目（CIP）数据

民企的“竞争性模仿”：渊源、后果及其治理转型／吴昊旻著．--北京：中国财政经济出版社，2023.2

ISBN 978-7-5223-1856-1

Ⅰ.①民…　Ⅱ.①吴…　Ⅲ.①民营企业-企业管理-研究-中国　Ⅳ.①F279.245

中国国家版本馆 CIP 数据核字（2023）第 012559 号

责任编辑：马　真　　　　责任校对：张　凡
封面设计：智点创意　　　　责任印制：党　辉

民企的“竞争性模仿”：渊源、后果及其治理转型
MINQI DE JINGZHENGXING MOFANG：
YUANYUAN HOUGUO JIQI ZHILI ZHUANXING

中国财政经济出版社 出版

URL：http：//www.cfeph.cn
E-mail：cfeph@cfeph.cn

社址：北京市海淀区阜成路甲 28 号　邮政编码：100142
营销中心电话：010-88191522
天猫网店：中国财政经济出版社旗舰店
网址：https：//zgczjjcbs.tmall.com
北京财经印刷厂印刷　各地新华书店经销
成品尺寸：170mm×240mm　16 开　11.5 印张　239 000 字
2023 年 2 月第 1 版　2023 年 2 月北京第 1 次印刷
定价：52.00 元
ISBN 978-7-5223-1856-1
（图书出现印装问题，本社负责调换，电话：010-88190548）
本社质量投诉电话：010-88190744
打击盗版举报热线：010-88191661　QQ：2242791300

前言

中国民营企业的发展及其增长困境以及国企的改革及其有效治理，必须放在**改革开放**的时代背景以及**政企关系变迁**的历史进程之中予以**动态关联**考察。改革开放以来，搞活国企一度是企业发展政策的主题，但随着时间推移，促进非国企发展政策的**重要性日益凸显**（张文魁，2021）。**然而，**深入考察我国企业的经营行为嬗变特征之后却发现，诸多民企已经与国企的经营模式**实质相雷同**——本书将这种“类国企化”（Quasi State－owned Enterprise）的行为界定为民企的“竞争性模仿”（Competitive Imitation）；并且描述性统计显示，这种行为已经非常普遍甚至呈现出显著增加的趋势（图3－1）。**因此，纵深审视**民企的经营取向及其效率变迁至少已经与国企改革及其治理**同等重要**，并且直接攸关我国国民经济的发展质量。本书聚焦特定制度背景下我国诸多民营企业经营行为之嬗变及其经济后果，旨在**借此提请决策层**纵深重视须通过深化推动国企改革及其有效治理而促生的“**正外部效应**”**进而有效引导**诸多民企回归创新驱动高质量发展的**市场化竞争正轨，进而形成**创新驱动高质量发展的“**国－民合力**”——即实现“国－民”协同发展、**关联推动**（如图2－3至图2－6），并最终夯实我国国民经济整体发展的“**增长之基**”（国民合力＋创新驱动）。

本书基于我国沪深A股民营上市公司的差异化样本、要素/资源获取和市场竞争参与两大维度的**理论透视**，以及聚焦投资效率、企业创新、金融化依赖和僵尸企业处置等**四大视角或具体落点**的描述性分析与实证检验，**得出如下基本结论**：（1）“竞争性模仿”通过加剧市场的无序竞争进而损害了民企的投资效率，而政府干预更多的地区这种损害会更大；（2）“竞争性模仿”会显著抑制民企创新并最终损害其创新效率，代理成本加剧和投资效率降低是其两大主要作用渠道，而更为剧烈的市场竞争、更小的企业规模以及更差的信息环境是加剧这种负面抑制效应的重要环境因素；（3）“竞争性模仿”会通过（短暂）缓解融资约束、挤占实业投资等渠道进而加剧民企的金融化依赖，并最终损害民企的资本配置效率（TFP）及其未来盈利能力（Tobin－Q），“竞争性模仿”取向下的金融化选择“**适时**”**兼具**了投机套利动机（区域金融发展水平的加剧效应）和预防性动机（经济政策不确定性及政府金融监管的缓解效应）；（4）金融化选择甚或依赖与企业在其行业竞争格局中的市场势力、竞争地位等“实力状态”密切相关，僵尸企业——既可能是企业行为嬗变的结果，也可能是其原因或背景——确实更易金融化，且对区域内的其他正常企业具有显著的“**溢出效应**”，而且这种负面效应在融资约束越强、市场竞争越激烈以及市场化程度越低时更显著，表明僵尸企业通过加剧要素资源挤占和市场竞争扭曲等**进而加剧了其他**正常企业的金融化行为，并最终损害了全要素生产率（TFP）；（5）上述结论在使用PSM－DID等方法缓解潜在的内生性问题以及考虑金融危机特定影响、遗漏变量以及变换核心变量之度量方式等多种考量之后，仍然保持稳健。本书的研究结论对于纵深认识和**及时矫正**中国诸多民企的经营取向变迁、通过国企的示范引导进而**关联推动**“国－民”经济协调发展，并最终形成和夯实创新驱动高质量发展的“**国－民合力**”和我国国民经济整体发展的“**增长之基**”，具有重要的理论价值与政策启示。

本书整体采用“先总后分、先理后实”的框架布局，即针对研究问题及其渊源、影响及后果等，首先基于制度背景之“综观”和整体的理论概观，呈现其基本逻辑，然后基于**总的研究命题及其具体假设**，进行多维度、分主题、有延伸的实证检验。**本书略分三篇八章，其中：上篇为“问题之提出及其逻辑”**，具体包含第1章“绪论”和第2章“理论分析：逻辑及其概观”；**中篇为“问题之实证及其结果”**，分别从投资效率（第3章）、企业创新（第4章）、金融化依赖（第5章）以及僵尸企业处置（第6章）等四大视角或具体落点，为民企“竞争性模仿”之经济后果或效率损失以及其**治理转型**提供经验证据；**下篇为“研究结论、启示及其他”**，具体包含第7章“研究结论与政策启示”和第8章“结语：由惯性认知到有证之论”。

目录

上篇　问题之提出及其逻辑

中篇 问题之实证及其结果

下篇 研究结论、启示及其他

上　篇

问题之提出及其逻辑

本书整体采用“总－分框架、理－实布局”，即首先梳理阐述研究问题及其思理逻辑，然后区分命题予以实证分析及检验。本书略分**三篇八章**，这里的**上篇聚焦**“问题之提出及其逻辑”，拟立足于通过中国特定环境之下的现象、事实及其“基本规律”的客观呈现或其制度背景之“综观”，进而凝练提出研究问题、整合展示逻辑框架，即沿着“主题－逻辑－框架－内容”之范式序贯延伸，主题既定、逻辑随之，逻辑既定、框架随之，进而依序“灌溉”内容①。

本书上篇具体包含两章，其中：

第1章为“绪论”，即依序交代研究问题及其背景、研究目标及其关键、研究内容及其结构、研究方法及其说明、研究贡献及其差异等五节内容。

第2章为“理论分析：逻辑及其概观”，即聚焦研究问题，从行为表现、经济后果、制度渊源以及趋势导向等四大维度，对研究问题之内涵予以理论解析，进而整合提出本书的研究逻辑及其总体框架。

---

① 实证研究之基本范式可以解构为“idea之发现、发展、因应、支撑、量化、解读”等几大步骤，其中的“idea之发展”即为理论分析及假设推演，即是将idea或问题“由点到线、由线及面、由线到架”，进而序贯延展而形成实证研究之逻辑及其框架支撑。——参见拙作：吴昊旻著.《实证研究方法论：写作视角》，中国财政经济出版社，2022年8月。

第1章 绪 论

【本章提要】

本章基于制度背景之综观以及相关研究之综述，旨在梳理呈现基本证据、整合提出研究问题。本章与下章之理论概观一起，着意均在强调，在全面深化改革的新时期，**须特别关注**诸多民企的经营取向及其效率变迁，**须特别关注**民企自身的**治理转型**或其“**内涵式革新**”问题，**须特别重视**国企改革进程及其治理效果对于广大民企行为的**示范引导效应**——要通过持续推动国企改革及其有效治理而促生的“**正外部效应**”**引导推动**更多民企回归创新驱动高质量发展的市场竞争正轨；进而夯实形成民企适应转型的“**治理新动力**”以及创新驱动高质量发展的“**国－民合力**”。这符合市场经济公平竞争、提质增效的本旨，**也是**新时期中央**坚持**推动国企改革及治理、不断优化法治及政商环境、重振我国民营经济的现实动因及其背景。

本章立足**问题之申发**，依序阐述如下五节内容：研究问题及其背景、研究目标及其关键、研究内容及其结构、研究方法及其说明、研究贡献及其差异。

1.1 研究问题及其背景

本研究聚焦民企的行为变迁及其引致的效率损失问题，这需要首先从民企的突出贡献以及显著的“国/民”差异说起。

1.1.1 问题之缘起：民企的突出贡献

充分的市场竞争是企业健康发展的根本保障，也被认为是中国改革开放初期民营经济得以繁荣振兴的一个环境基础和制度背景。改革开放以来，中国的经济成就举世瞩目，这与中国特色 社会主义市场经济体制的最终确立及其持续推动的国企渐进式改革，以及广大民企的突出贡献息息相关（樊纲，2000；平新乔，2000；张军等，2003；张晖等，2006）。**得益于**改革开放的时代机遇尤其是改革初期的“放权让利”等政策便利，中国的民营经济持续取得长足进步，并为国民经济发展做出了巨大贡献，民营经济已经成为中国国民经济的主体（王钦敏，2013）。**相关数据显示：**市场化改革以来，民营经济创造的财富占中国 GDP 的比重持续增加，2012 年已超过 60%，预计未来 5 年将超过 75%（王钦敏，2013）；中国 65% 的专利、超过 75% 的技术创新、80% 以上的新产品开发，都是由民企完成的；民企吸纳的就业人数持续占到中国城镇就业的 70% 以上及其新增就业的 90% 以上[①]；在 2018 年之前，民间投资的持续较高增速一直是中国经济增长的亮点和主动力之一，全国民间固定资产投资超过 27.47 万亿元，同比增长 23.1%，占全部固定资产投资的比重已增加到 63%；民企缴纳的所得税额是国企利润的 3 倍。可见，民营经济对于中国经济增长的贡献有目共睹——此时，需要纵深关注的便是与民营经济之突出贡献相对应的地位及待遇的“匹配”问题[②]，而这就要从显著的“国/民差异”说起。

1.1.2 问题之渊源：显著的“国/民”差异

要素/资源配置与产品市场竞争是互动的。充分的市场竞争有助于提升要素/资源配置的效率，这也是以优化政企关系和推进国企改革为核心的中国市场化改革的基本指向。因会导致“资源－效率”的错配以及企业“贡献－待遇”的失配，由政府而非市场主导的要素/资源配置低效会加剧市场的无序竞争，进而直接影响甚至决定着市场的竞争效率及其利益格局（杨其静，2001；吴昊旻，2018）。纵观中国 40 年改革开放进程，市场主体地位逐步确立，政府干预逐步减少，政企关系日益优化，党的十八届三中全会已明确提出要“使市场在资源配置中起决定性作用”。然而，在以“政治集中、经济分权”为主要制度特征的“渐进式改革”模式以及地区市场化进程差异的背景之下，我国要素资源的配置**仍然呈现出**明显的或不均衡的非市场化特征，各级地方政府对于微观企业以及银行的干预或管制仍很普遍，由此引致的“政－银－企”关系仍然呈现出错综复杂的利益纠葛——而这些尚不均衡、相对滞后、不太匹配甚至背离“新政导向”的现实问题，也正是新时期中央何以始终强调持续推动国企改革及其有效治理、不断深化体制改革、不断优化营商环境以及锐意推进创新驱动高质量发展的现实背景。Boyreau 等（2005）的研究表明，金融市场管制下资本要素的“错配”会造成不同产权及规模企业融资能力及其成本存在巨大差异，使得中国国企的资本收益仅为民企的一

---

① 国家始终高度重视民营经济健康发展，在 2018 年 11 月 1 日的民营企业家座谈会上，习近平总书记明确指出：“我国经济发展能够创造中国奇迹，民营经济功不可没！”并着重强调了“两个毫不动摇”和三个“没有变”；习近平总书记表示，“概括起来说，民营经济具有‘五六七八九’的特征”，即民营经济贡献了 50% 以上的税收，60% 以上的国内生产总值，70% 以上的技术创新成果，80% 以上的城镇劳动就业，90% 以上的企业数量。

② 在 2016 年全国两会、2020 年全国企业家座谈会（7 月 21 日）以及党的十九大报告（2017－10－18）等重要场合，习近平总书记始终持续强调民营经济的“地位作用不容置疑”（2018－10－20）、“前途不可限量”（2018－10－24）；要促进“两个健康”（2015－05－18）、“帮助民营企业实现创新发展”（2019－03－10）、“要坚持‘两个毫不动摇’，把团结好、引导好民营经济人士作为一项重要任务”（2020－09），并明确提出要“打造市场化、法治化、国际化营商环境”“构建亲清政商关系”，要充分发挥市场在资源配置中的决定性作用，更好发挥政府作用。这些指示精神共同为新时代中国民营经济的高质量发展明确了前进方向、提供了根本遵循。

半，但其获得的银行贷款却超过民企的3倍。不合理的政府干预导致资本和劳动力等要素资源无法按市场经济规律进行有效的配置，最终导致经济系统的运行低效以及社会福利的巨大损失（Hsieh 等，2009；袁志刚等，2011；于良春等，2010；张天华等，2016[①]）；罗德明等（2012）等的研究就发现，类似的政策扭曲可以解释中国全要素生产率（TFP）错配损失的80%。国家统计局的工业普查数据表明：国有工业企业的资产回报率在2007年达到峰值（6.7%），2009年下跌至3.6%，2013年又回升至4.5%左右，而非国有工业企业2007年的资产回报率约为8%，目前的资产回报率超过9%；即使在“抓大放小”和资源倾斜的背景下，国企的投资效率仍然比民企要低43%（杨汝岱，2015）。

我们的前期统计以及相关梳理亦显示（2008－2015年）：国有上市公司的资产虽然基数巨大，但其ROE仅为1.82%，甚至低于银行一年期基准存款利率；沪深A股上市公司中38.39%的国企享受着73.83%的政府补贴（孔东民等，2013）；在银行的长短期贷款中，国企仍占据显著优势（钟宁桦等，2016），国企平均每年获得的短期借款总额甚至占所有A股上市公司的80%，而民企仅为国企的1/4；小微企业的融资难问题就更为突出，银行信贷覆盖率极低，得到的银行贷款仅占同期全部企业贷款总额的8.5%；只有平均42.65%的民企能或多或少地涉足管制行业。2012年全国工商联报告称，民企500强仍然以制造业为主、无法与国企同等享有行业进入和平等竞争的机会，被认为是民企盈利降低的重要原因。

研发支出在企业营业收入中的占比及变化可以间接反映企业的创新依赖程度。我们的描述统计分析显示（如图1－1）：2008年以来，中国制造业企业的创新投入持续增加，企业创新动力普遍趋强，但在创新依赖程度或创新驱动理念上**仍然呈现出**明显的“国/民差异”，即民企创新投入的均值（绝对水平）及其增速虽然明显低于国企（唐跃军和左晶晶，2014；解维敏等，2009），但其研发支出占营业收入的比重（相对水平）却显著高于国企，而且呈现出稳中有升、差距趋大的态势——这表明民企对于创新的依赖程度可能更高[②]；考虑到当前中国的民企正处在由数量规模向质量效益转变的重要发展阶段（姚维保，2021），以及民企已然成长为中国经济主体地位的现实，故广大民企的行为选择及其变迁——即是否坚持创新驱动发展的市场化竞争正规——对于中国能否实现经济结构转型升级及其高质量发展**无疑至关重要**。

由上种种差异可见，中国的民营企业在“事前的”要素/资源配置以及“事后的”市场竞争格局中的地位或待遇，仍然与其突出的贡献不相匹配。这成为新时期中央最终确立“要充分发挥市场在资源配置中的决定性作用，更好发挥政府作用”之根本遵

① 国企相对于非国企在经营中享受了各种偏向性政策，张天华等（2016）就发现，偏向性政策主要通过产出扭曲和大型企业两种渠道影响资源配置效率，使得国企的资本和劳动过度配置，此为造成中国产能过剩的重要原因之一。

② 虽然在要素资源获取、核心人才吸引方面的明显短板对其创新形成了严重制约，但从创新产出来看，民企却贡献了中国75%以上的技术创新（孙文晶等，2021），可能是民企的私有产权属性强化了其创新投入的积极性（吴延兵，2012）。

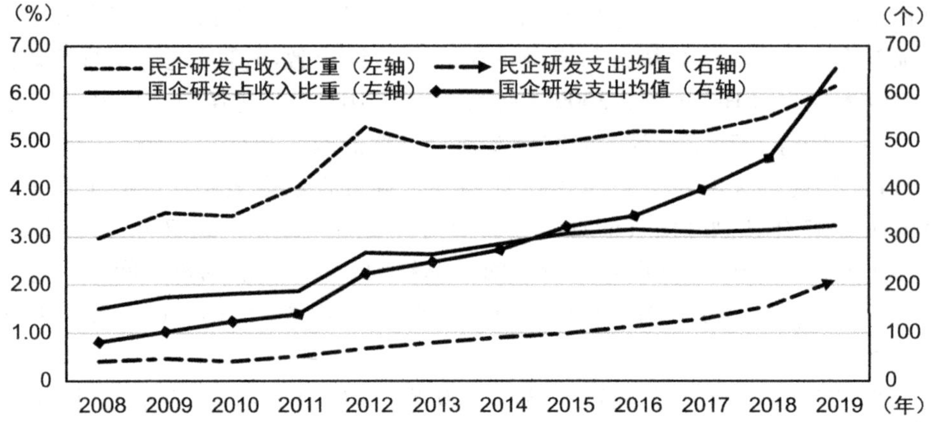

图1－1　企业创新水平及其依赖程度的“国/民”差异

循，明确提出“要打造市场化、法治化、国际化营商环境”“构建亲清政商关系”，以及何以始终将持续推动国企改革及其有效治理作为深化体制机制改革之核心抓手的现实背景及其基本依据。

1.1.3　问题之聚焦：民企的行为变迁及其影响

客观存在的“国/民差异”，既是宏观层面的制度背景及其政策或机制设计的结果，也是中微观层面的企业间竞争及其所在行业竞争结构的反映，而市场的竞争态势以及利益格局的自然诱导，**势必会引发**市场参与主体的行为选择及其变迁。承上梳理分析，由此**需要关注的是**：在显著的“国/民”差异背景之下，广大民企会作何反应、选择及变化？因此，**需要梳理发问的两大基本问题是**：

（1）**关于影响因素**——是哪些环境因素主导或造就了这些显著的“国/民”差异呢？在这种显著的差异化背景下，中国的民营经济又是“依靠什么”而发展壮大的？这种客观存在的“国/民”差异仍然显著甚或还在加剧么？众所周知，中国以市场化为导向的制度变革是**总体趋好**的，民营经济的崛起**既得益于**民企自身的勇于开拓和积极创新，**也得益于**改革开放的大时代背景下国家自上而下的诸多政策的普惠性甚或倾向性扶持，实是一系列制度创新变革与良性变迁结出的硕果（陈林等，2012）。**那么**，在总体趋好的市场化进程之下，贡献日益突出甚至已经成为国民经济主体的广大民企为何依然面临诸多的“困境”甚或“歧视”（如融资约束普遍、行业准入限制、利润增速放缓、经营收益降低、税负过重等）？——或者，就从未“被歧视”过①？

（2）**关于经济后果**——上述的显著“国/民”差异就是导致民企相对“弱势”的渊源吗？显著的“国/民”差异以及由此而引发或诱致的民企经营行为的嬗变又会导致什么样的后果？考虑到民企的数量及其主体地位，这种行为嬗变是否会加剧民企的

① 方军雄（2007）等的研究指出，民企面临的诸多“歧视”其实也有其自身原因（方军雄，2010）。

“**增长困境**”① 甚或引致更大的效率损失——对于民企自身以及整个国民经济？在新的历史时期，广大民企是否以及如何**开启新的增长模式**？

如果把“公平市场竞争”理解为任何企业都可以公平地获取要素资源、参与市场竞争以及被赋予与政府打交道的公平机会这样一种制度环境，**那么，基于上述两大基本问题以及在诸多的事实表象之下，需要进一步追问聚焦的三个核心问题是：**

（1）关于行为之表征。如果说显著的“国/民”差异**至少反映出**产权性质等“先天性”体制背景及其决定的国/民“差序格局”——国企享受着更多的管制性便利，**那么**，这种利益格局是否会诱致民企竞争行为的某种嬗变或模仿？——通过“后天的”努力或选择弥补自身的禀赋劣势？这种“**竞争性的模仿**”（Competitive Imitation）——简言之即在要素资源获取、市场竞争参与方面与国企的模式相雷同②——行为又具有哪些表征？或者说民企是如何“模仿”国企的？

（2）关于行为之内涵。如果说创新即是竞争的应有内涵或其本质③，**那么**，诸多民企的这种“竞争性模仿”取向——自有其理性动机——是否符合市场化竞争的本质及宗旨？中国国企与民企之间的市场竞争公平吗？国企享受的管制性便利或其垄断优势是否就是导致民企“竞争性模仿”的一个最直接诱因？民企的这种类似于“复制”（Duplicate）的简单模仿行为是否会加剧低效、无序的市场竞争？**在其经济内涵上**，民企的这种行为嬗变是否属于“诱致性变迁”？民企的这种类似理性的“竞争性模仿”行为是否是一种适应制度背景、追求竞争获利的“**路径依赖**”④？

（3）关于行为之治理。如果说国企享受的管制性便利或其垄断优势就是引致民企“竞争性模仿”的一个最直接诱因⑤，**如果说**民企的这种“竞争性模仿”普遍存在甚至已然发展成为一种典型的“路径依赖”，**那么**，考虑到民企数量及其主体地位，这种

---

① 历经40年改革开放，民营经济享受的“政策红利”实际上已然使用殆尽，在法治日益完善、竞争日益剧烈以及创新日益攸关的新时期，民企的持续增长实际上已经“渐入瓶颈”。趋势对比分析表明，中国民营企业的营业收入、资产规模以及利润规模的增速虽然持续高于国企，但其增速均趋于放缓，经营效益有所降低，利润及营收增速远低于其税负的增速（宋立刚和姚洋，2005；白重恩等，2006；李元华，2015）。

② 基于寻租竞争、资源依赖等理论启发（Krueger，1974；Frye 和 Shleifer，1997），本书将民企在要素资源获取和市场竞争参与中采取的这种“与国企相雷同”的行为界定为民企的“竞争性模仿”（Competitive Imitation）或“类国企化”（吴昊旻和宋静云，2018），进而梳理分析其表现及渊源、揭示验证其宏微观后果——详见第2章的理论分析。

③ 模仿实是创新的源头之一，创新竞争引发的知识“溢出效应”有利于行业发展及产业结构升级，但作为企业竞争战略的关键要素，那些通过持续主动且聚焦前沿的研发或谋划而发展积累起来的核心知识和能力往往是非竞争性的，即难以被模仿或替代，可见“非竞争性 - 创新性”以及“竞争性 - 可模仿性”两两对应，而“充分的竞争”即意味着市场主体之间“非同质化”或在差异化的新思想、新战略引领下的新技术、新产品或新管理的公平竞争——这也是理论及实务界何以从“创新”层面赋予“公平市场竞争”以及市场经济之“应然”内涵的原因或基点。

④ 行为“惯性”是路径依赖的核心特征。随着时代及制度变迁，企业的经营模式势必要及时因应基本经营环境的变化，而民企的“竞争性模仿”其实仍然是改革开放初期的享政策扶持红利的某种“惯性”延续。

⑤ 行业内的各企业或集群性企业很容易通过获取和利用其他企业的溢出知识以及“竞争性模仿”而实现快速成长，这在一定程度上有利于知识的共享和业态的发展，但也同时加剧了企业间为获得和保持其竞争优势而展开的激烈竞争（如情报窃取、同质替代甚或粗暴复制等活动）。

“竞争性模仿”行为是否会加剧民企已然面临的“增长困境”甚或引致更大的效率损失？**进而**，国家应当如何科学引导并有效“矫正”民企的这种类似理性而实则背离市场竞争正轨的“竞争性模仿”取向①？

1.1.4 问题之解构：国企改革及其“溢出效应”？

企业形式无非“国/民”之别，行为嬗变无外乎“利益驱动”。基于研究问题之表征及其内涵的梳理分析——即上述的“两大基本问题”以及其“三个核心聚焦”，还须通过“问题之解构”以支撑“问题之治理”。沿着上文的逻辑，这里的“问题之解构”，必须要从宏微观“**两大层面**”着眼聚焦，即微观层面的国企改革及其治理效果以及中宏观层面的基本经营环境或公司治理环境。

（1）**在微观企业层面**。民企对于中国经济的增长及创新贡献卓著而有目共睹，但承载着更多社会责任的国企也不能一概以“低效”视之，改革推动之下国企效率提升及其贡献其实也是有目共睹。诸多研究表明，国企改革对于经济增长确实具有显著的提振效应，是新时期经济增长的**内生动力**（许召元和张文魁，2015；梁琪和余峰燕，2014；徐朝阳等，2015），**做大做强的国企正在日益成为推动创新的主体或主导性力量**。**值得强调的是**，推动国企改革实际具有“双重效应”，即促进其自身绩效提升的“直接效应”以及示范引导民企回归创新及竞争正轨的“间接效应”（吴昊旻，2018），国企改革的核心应当是引导创造竞争的环境（林毅夫等，1995）。**基于此**，科学治理和有效引导诸多民企回归市场竞争之正轨、坚持创新驱动高效发展进而走出其“增长困境”并最终形成助推经济增长的“**国－民合力**”的**一个务实而可行的路径**，便是持续推动国企改革及其有效治理，以使其不断发挥示范引导的“正外部效应”（吴昊旻，2018）。这不仅符合和因应了国家始终将国企改革作为深化体制改革之核心抓手的战略持守，而且是新时期中央明确适应创新驱动高质量发展之必然趋势的科学务实之策。

（2）**在中宏观治理环境层面**。企业行为选择总是**内生于**其所在的制度背景（Schultz，1953；Dey，2008）②，故还须从治理环境的纵深层面谋划治理之策。**因此，需要纵深反思－追问的问题还有：如果说**民企的这种“竞争性模仿”或其“路径依赖”确实属于“诱致性变迁”——即源于现有制度环境下的市场竞争态势及其塑造的利益格局

---

① 基于问题之梳理及聚焦，本书结合中国的制度背景并因应十九大以来之新政导向，提出须立足于推动发挥国企改革及其有效治理的“正外部效应”以有效引导广大民企回归创新驱动高质量发展之市场竞争正轨的系统性治理思路，即应当沿着“行为本质—新政导向—核心抓手—国企引导”的治理范式，示范引导诸多民企主动破除“路径依赖”、发力适应新政导向，进而系统促生“国－民共进”的改革合力及其整体绩效提升。——详见第2章理论分析以及实证各章的结论。

② 制度设计是对现实需求的内生响应。制度经济学代表人物、1979年诺贝尔经济学奖得主舒尔茨指出：任何制度都是对实际生活中已经存在的需求的响应（Schultz，1953），而公司微观治理机制是对其代理冲突的内生响应（Dey，2008）。

（如国企享受着更多管制性便利）之诱导——且确有其制度渊源[①]，**那么**，民企面临的这种“先恭而后倨”[②] 市场竞争格局及其行为嬗变**是否潜在意味着**中国的市场化进程仍然任重道远甚或依然滞后[③]？在新时期不断深化体制机制改革、不断优化法治及营商环境、持续推动国企改革及其有效治理的**新政导向**之下，广大民企**是否更应该**“与时俱进”以**主动回归**市场化竞争之正轨、**主动适应**创新驱动高质量发展之必然趋势[④]？唯有如此，广大民企才能与国企改革一道形成夯实国家经济增长之基的“**国－民合力**”。

这些延伸性问题与上一节的“问题之聚焦”一起，共同构成了本书研究的逻辑主线及其总体框架。

1.2 研究目标及其关键

本书关注特定制度环境及其变迁背景下中国诸多民营企业的经营行为之嬗变——民企的“竞争性模仿”——及其经济后果，以**借此提请决策层重视**通过不断深化推动国有企业改革及其有效治理而促生的“**正外部效应**”，进而推动优化市场竞争环境、**有效引导**诸多民企回归创新驱动高质量发展的**市场竞争正轨**。为此，本书首先从要素/资源获取（事前）、市场竞争参与（事后）这**两大维度**入手，对中国特定制度背景下的显著“国/民”差异（贡献－效率等）、民企经营行为嬗变之表现与效率变迁以及其成因或渊源等进行多维理论透视，然后基于中国沪深A股民营上市公司等差异化样本，围绕和聚焦投资效率、企业创新、金融化依赖等**几个具体落点**，对中国诸多民企“竞争性模仿”的现状、表征及其经济后果等进行多维度的描述研究及分析验证，为中国

---

① 实际上，从要素资源获取、市场竞争参与这两大基本维度纵深洞察，自改革开放至今，民企与国企的经营及发展路径实相类似，即都是依赖政府政策的扶持或倾斜（有为政府）——改革开放初期均得益于政策红利，之后中央不断出台各种政策助力民企发展（如新旧“非公36条”等）——以及市场化进程的持续推进；都是以利益攸关的“政－银－企”关系博弈为其主要特征；只不过随着市场化进程中政府干预的逐渐弱化，国企仍能借助其先天性体制优势而更易或更快做大做强，进而使得显著的“国/民”差异日益成为理论界、实务界以及政策改革的焦点问题。在这个发展进程中，中央坚持以国企改革与体制改革相互推动、不断优化法治及营商环境以至于要“让市场在资源配置中发挥决定性作用、更好发挥政府作用”的政策导向，实际上始终“一以贯之”。

② 即在改革开放初期同样享受政策性倾斜红利，但随着法治完善以及国企优势的日显等环境变迁，民企的高速成长及其“增长模式”难以为继而困境日显。本书认为，除受制于禀赋差异约束，这其实也是民企长期“路径依赖”的必然结果。

③ 国企改革的进程及其效率是否是民企行为嬗变及其绩效困境的一个重要“诱因”？民企的行为嬗变或其“竞争性模仿”是否是新时期民营经济整体面临“增长困境”进而导致中国经济增速整体下降的一个可信解释？是否是新时期中央进一步明确深化改革开放、深化体制改革、持续推动国企改革以及创新驱动高质量发展的一个潜在动因或现实背景？——这些问题均值得序贯深思、系统关注。

④ 这里的“更应该主动回归、主动适应”是基于这样的背景：改革开放初期的“放权让利”以及至今的诸多政策红利，国企和民企实际上均是受益者。但在政策红利之外，民企的创新活力其实是民营经济发展壮大的重要动力和优势所在，这符合市场竞争的本质。因此，政策性负担更轻的民企更应该扬长避短、发挥优势，主动回归和适应新时期推动创新驱动高质量发展的必然趋势以及新政导向。实际上，指出民企自身问题也是其面临困境之主要原因的诸多研究（方军雄，2007；2010），也是基于这个背景。

诸多民企的“竞争性模仿”取向及其可能引致的效率损失提供“风险/价值警示”，为新时期中国的国企改革及其有效治理、**民企脱困及其适时转型**以及如何夯实形成经济增长之基的“**国－民合力**”等**重大关联问题**的科学治理，提供思理借鉴和路径参考。

围绕研究目标、呼应研究问题，本书聚焦的**关键问题**主要体现在如下两大方面：

其一，是民企“竞争性模仿”之界定及度量。承上关于民企“行为之表征及其内涵”的分析，本书是从要素资源获取方式（事前）、市场竞争参与方式（事后）这两大维度的“**全环节”视角**，综合界定中国诸多民企行为嬗变的表征、内涵及其影响后果。在新兴或转轨市场经济背景下，诸多民企行为嬗变之本质分析的基础其实就是“**政－银－企关系**”，基于此并考虑到数据可得性以及研究的可比性等因素，本书的实证分析主要是从显性的政企关系（如企业的政治关联）以及隐性的政企关系（如寻租等）两大方面，对民企的“竞争性模仿”予以度量。

其二，是民企“竞争性模仿”之效率损失的系统验证。这是本研究的**核心内容**，承上关于“两大基本问题”及其“三个核心聚焦”的梳理分析，本书主要基于投资效率、企业创新、金融化依赖等具体落点，对民企“竞争性模仿”行为的宏微观经济后果进行多维系统的实证检验，以为民企“行为之治理”提供路径启示及政策建议。

1.3 研究内容及其结构

本书整体采用**由总到分**、**先理论后实证**的框架布局，即首先聚焦研究问题，对诸多民企行为嬗变的表征及其渊源、后果及其影响以及企业发展的必然趋势及其新政导向等，进行由点及面、由微入宏、由浅到深的分析解构和逻辑概观，进而提出**总的研究命题**——“竞争性模仿”既会有损民企自身的价值亦会损害国民经济整体的效率或社会总福利；然后基于差异化数据及样本进行分主题、多维度、重延伸的实证检验。

本书整体略分三篇八章，即**上篇梳理“问题之提出及其逻辑”**，具体包含第 1 章“绪论”和第 2 章“理论概观”；**中篇呈现“问题之实证及其结果”**，具体包含四章；**下篇凝练“研究结论、启示及其他”**，具体包含第 7 章“研究结论与启示”以及第 8 章“结语”。**篇章结构及其主要内容如下：**

第 1 章为“**绪论**”。本章立足问题导向，依序交代研究问题及其背景、研究目标及其关键、研究内容及其结构、研究方法及其说明、边际贡献及其创新等。

第 2 章为“**理论分析：逻辑及其概观**”。本章立足制度背景之“综观”，基于要素资源禀赋（事前）、市场竞争参与（事后）这两大维度，围绕聚焦研究问题，从行为表现、经济后果、制度渊源以及趋势导向等四个层面，对研究问题即民企行为嬗变之内涵予以理论解析和“全环节”透视，进而整合提出本书的研究逻辑及其总体框架。

中篇四章为“**问题之实证及其结果**”，立足研究命题或假设之多维实证检验，即主要基于投资效率（第 3 章）、企业创新（第 4 章）、金融化依赖（第 5 章）以及僵尸企业处置（第 6 章）等**四大视角或具体落点**，对民企“竞争性模仿”之宏微观经济后果予以实证检验。

下篇两章为“**研究结论、启示及其他**”，立足梳理展示研究结论、凝练升华研究启示，即第7章的“研究结论与启示”以及第8章的“结语：由惯性认知到有证之论”。

本书整体的逻辑框架可参见第二章的图2－4。

1.4 研究方法及其说明

本书所用的研究方法遵循国内外学术界的主流通用范式，即综合采用归纳与演绎相结合、规范研究与实证研究相结合的方法，具体说明如下：

(1) **描述研究**。描述性研究是人文社会科学研究的根本方法①，旨在梳理汇集基本事实、归纳整合基本证据进而客观呈现基本规律，在实证研究的基本结构中依托于制度背景之“综观”以及相关研究之“综述”这两大部分。这是凸显问题导向、夯实研究问题之“**基本理据－基本规律**”，即其“理－实基础”的最重要部分。本研究基于一致、可比以及对比综合等原则考量，结合已有研究成果，借鉴和构建合理度量方法及指标，对诸多民企行为嬗变的表征、轨迹或路径选择以及经济后果等进行归纳梳理，进而序贯呈现民企“竞争性模仿”的基本证据及其研究价值。

(2) **规范研究**。规范研究旨在梳理研究逻辑、构建研究框架。本书综合运用归纳与演绎方法，在背景综观与客观呈现的基础上，基于要素资源禀赋（事前）、市场竞争参与（事后）这两大维度，围绕聚焦研究问题，从行为表现及其内涵、经济后果及其影响、制度渊源及其成因以及趋势导向及其治理等**四个层面**，对研究问题即民企的“竞争性模仿”行为进行了多维理论透视，从而为实证研究奠定逻辑基础。

(3) **实证研究**。实证研究旨在验证研究命题或假设。本研究基于中国沪深A股上市公司等差异化样本，主要基于投资效率（第3章）、企业创新（第4章）、金融化依赖（第5章）以及僵尸企业处置（第6章）等**具体视角及落点**，综合运用关联趋势分析、差异分析及单变量检验以及多元回归等方法，对民企“竞争性模仿”之宏微观经济后果予以实证检验。

1.5 研究贡献及其差异

本研究基于要素资源禀赋（事前）和市场竞争参与（事后）这**两大维度**的“**全环节**”视角，**系统关注**中国诸多民企的经营行为嬗变——与国企相雷同的“竞争性模仿”现象——及其可能引致的更大的效率损失问题；进而从投资效率、创新绩效、金融化

① 描述性研究是人文社会科学研究及其教育呈现的根本方法。对于问题所在制度背景的务实“综观”、充分描述及其客观呈现，实是为研究问题奠定夯实“基本规律之根基”。——参见拙作：吴昊旻著.《实证研究方法论：写作视角》，中国财政经济出版社，2022年8月。

依赖以及僵尸企业处置等**四个视角及具体落点**，多维印证了民企的“竞争性模仿”会显著损害民企的投资效率、创新绩效并加剧企业的金融化依赖，并最终造成更大的效率损失。**有别于现有研究**重点强调或单边聚焦国企低效以及民企歧视的相关视角及其结论，本书将民企的行为嬗变及其面临的“增长困境”与国企的改革进程及其治理效率系统“**相关联**”的理论与实证研究，**有助于“反向”强化**——相对于对民企高效或其贡献的“单边强调”——理论及实务界对于民企经营行为嬗变及其引致的更大效率损失问题的纵深认知；**有助于纵深认识并厘清**中央持续推动国企改革及其有效治理的“**战略性持守**”及其促生的“**双重效应**”——提升国企自身效率的“直接效应”+示范引导民企回归市场竞争正轨的“间接效应”（正外部效应）；**有助于推进**新时期的混合所有制改革以及对于“逆混改”等新现象或新问题之**政治经济（学）实质的纵深认识**。

概括本研究的边际贡献或其差异化创新（可参见图2-1、图2-4至图2-6），主要体现在如下**三个方面**：

首先，是对国企改革进程及其治理效率以及与之相关联的民企行为嬗变之表征、内涵及其渊源等的梳理与界定，体现了“整合之功”。本书从要素资源禀赋（事前）以及市场竞争参与（事后）这**两大维度**的梳理界定民企的“竞争性模仿”，是在**制度背景之“综观”**（描述+分析）以及**相关研究之“综述”**（正反相成）之后对其行为嬗变的“**全环节**”视角考察，充分体现了“**系统整合之功**”。

其次，是对民企“竞争性模仿”及其面临的“增长困境”之影响因素、制度渊源以及其效率损失的分析与验证，体现了“纵深系统”。本研究基于**制度背景之“综观”**（历史+时势）以及围绕逻辑关切的梳理与描述分析，将有理据支撑的一系列问题归类、分层而序贯提出，为研究主题的逻辑框架及其实证检验提供了**“经济意义”支撑**，进而使制度背景的全面描述、理论分析的正反相成以及研究假设的多维验证一以贯之，很好体现了“**系统论证之力**”。

最后，是本研究揭示出的民企“竞争性模仿”及其效率损失问题实与国企的改革进程及其效果密切关联的结论，彰显了“警示价值”。**不同于**刘瑞明和石磊（2010）的“增长拖累”解释、刘瑞明（2011）的“金融压抑”视角以及吴延兵（2012）基于国企生产效率与创新效率之“双重损失”等分析路径，本研究是从**市场竞争之“结构-效率”的新角度**揭示了国企改革进程及其治理效果**何以攸关**民企经营行为的嬗变及其引致的经济效率损失的传导机理或作用路径——考虑到其数量及主体地位，**民企的这种非市场化嬗变也会造成显著的效率损失，甚至更为严重**[①]。这充分彰显了学术研究的“**价值警示之效**”。

---

① 国企的改革进程与民企的发展转型实质上是相互推动的。作为中国的经济主体，民企的这种背离市场竞争正轨的“竞争性模仿”势必会进一步加剧市场的无序竞争，并会“**迟滞**”国企改革及其有效治理、政府职能及其有效转变以及创新驱动高质量发展的市场化进程。

第2章　理论分析：逻辑及其概观

【本章提要】

本章立足研究问题及其制度背景之综观，基于要素资源禀赋（事前）、市场竞争参与（事后）两大维度，从行为表征、经济后果、制度渊源以及趋势导向等四个层面，对研究问题即民企行为嬗变之内涵予以“全环节”透视及理论解析，进而整合厘清本书研究的基本逻辑及其总体框架①。本研究的描述性分析显示：中国诸多民企——至少1/3——的经营模式已与国企相雷同，本书将这种现象界定为民企的“竞争性模仿”，并强调指出：这与国有企业改革、政府职能转变的进程及其治理效果密切相关联，而**其有效治理也须诉诸这两大层面**——国企的改革进程实与民企的发展转型**相互推动**（如图2－4至图2－6）；考虑到民企的数量及其主体地位，民企的这种**背离市场竞争正轨**的“竞争性模仿”无疑会加剧市场的**无序竞争**，并会“**迟滞**”国企改革及其有效治理、政府职能及其有效转变以及创新驱动高质量发展的市场化进程。因此，认真审视民企的行为嬗变及其效率变迁至少应与国企治理**同等重要**。

本章略分五节，即沿着民企行为嬗变的成因及其后果的逻辑主线，对其表现形式、制度渊源、经济后果以及**治理路径**等予以整体的概观和理论透视，进而为**甄别和验证**这种非市场化的行为取向对于民企自身乃至中国经济的长期损害奠定**逻辑基础**。

在首章提出研究问题并对其内涵、影响等作出基本界定之后，**本章继续依托制度背景之“综观”**，进一步梳理其表现、举证其后果、考究其渊源进而厘清和明确其治理导向，以期为后文的实证研究奠定逻辑框架及其**思理基础**。

① 此章立意呈现本书研究的基本逻辑及其总体框架，区别于后文实证各章对应具体命题的理论分析部分，这是对本研究核心问题——民企“竞争性模仿”之表象、渊源、后果及其治理路径启示——的一个总括性的逻辑概观。

2.1 民企的“竞争性模仿”及其表因：短期利好与利益诱导

承首章之分析，民企的行为嬗变亦有其“理性考量”：其一，这是特定制度环境之下的一种“适应性选择”——毕竟生存是发展的前提；其二，这种嬗变有其“短期利好”——利益诱导之下势必普遍模仿。基于此，本节首先对民企“竞争性模仿”的概念及其表征作出科学界定，进而依其表征，梳理呈现其短期利好的证据。

2.1.1 民企的“竞争性模仿”：一个尝试性界定

面对首章提出的一系列疑问，经过深入思考和前期研究，**本研究日益明确了一个渐趋清晰的“答案”**，即自改革开放以来，中国的诸多民企确实存在着**长期的政策依赖**（李元华，2015）①，而国企长期享受的管制性便利或其垄断优势的间接“**诱导**”或其“**传染**”，则进一步强化了民企的这种路径依赖，并进一步引发了诸多民企在要素资源获取乃至市场竞争参与等方面的“**模仿或复制**”行为，且呈现出竞相效仿、日益普遍的趋势。**因此，可以明确的是**，诸多民企的这种非市场化的**简单模仿**或行为嬗变，在其经济实质上，是属于特定制度背景及其造就的“**差别化利益格局**”和由此导致的显著“国/民”差异结果而引发的“**诱致性变迁**”，其实质即类似于“**寻租**”（Rent - seeking），而其**关键及根源**则在于国企改革及其治理的低效以及政府职能转变的相对滞后（杨其静，2011；吴昊旻和宋静云，2018；李元华，2015；杨汝岱，2015）。

寻租行为通常是高度竞争的（Krueger，1974），利益诱导之下的企业竞争行为往往会趋同，而这种“**趋同**”，既是促生模仿的原因，又是其结果表现。**受寻租经济学、资源依赖等多元理论启发，并结合中国的制度背景，本研究将民企的“竞争性模仿”界定为**：在政府干预**依然**普遍存在以及国企**依然**享受管制性便利——从而形成不同产权性质企业之间的禀赋差异——的体制性约束及其竞争格局引发/塑造的**间接“利益诱导”**以及市场化转型进程**依然**相对“**迟滞**”的背景之下②，诸多民企也会通过政治关联、寻租等非市场化的竞争方式在（事前的）要素资源获取以及（事后的）市场竞争参

---

① 李元华（2015）指出，以地方技术见长发展起来的民营制造企业因适应性的局限经常陷于“产业锁定”桎梏，表现为企业在从事某一产品的生产、销售、经营方面产生惯性和超路径依赖，进而显现出随着冲击性波动和竞争加剧，生产利润越来越薄的问题。

② 相对于央企——更多已经成长为企业发展及治理的标杆，这种体制性差异在各个地方（政府）实际上更为普遍，而地方国企构成了中国国企的绝大部分。这其实是市场化进程的地区不均衡何以构成中国当前制度背景之一大基本特征的原因，也是新时期国家坚持深化体制改革、持续推动国企治理以及不断优化营商环境等战略持守的主要考量。

与的“全环节”，竞相采取与国企相雷同的经营发展路径的“**竞争模仿**”①。如图2－1所示。

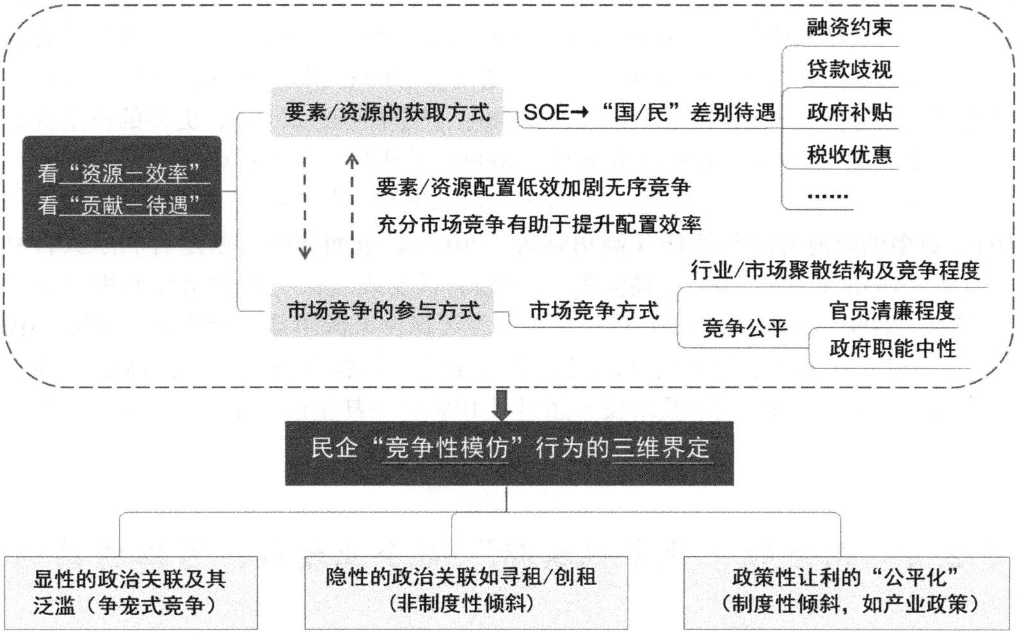

图2－1 民企“竞争性模仿”：渊源及其三维界定②

考究其行为之本质，民企的这种模仿行为实际上是用其“后天的努力”主动弥补其“先天性禀赋”缺失的一种适应性选择甚或“理性”行为，而这种行为选择也似乎确实（能）给民企带来诸多的好处（杨其静，2011；宋立刚等，2005；白重恩等，2006）——**至少短期看来是如此**。

2.1.2 民企的“竞争性模仿”：普遍表现及其短期利好

本研究的文献梳理以及描述性统计分析显示：**保守估计**③，中国上市民营企业构建

---

① 实际上，也有研究指出并描述了民企的这种类似的行为变迁或取向。如国内学者以“潮涌现象”（林毅夫，2007；2010）或“攀比效应”（白让让，2016）解释和验证中国的产能过剩以及政府干预在刺激企业过度投资进而加剧产能过剩问题中的不当影响（江小涓，1995；余东华等，2015；韩国高等，2011）。**与这些描述不同的是**，本研究的“竞争性模仿”界定更能揭示民企行为嬗变的表象及其成因，更有利于强调这种背离市场化方向的简单模仿所引致的宏微观效率损失，更能凸显国企改革的重大意义、民企自身治理转型的重要性及其迫切性。

② 这里的“三维界定”是基于现实的制度背景之“综观”或描述以及民企行为或相关政策之本质的理论解析，具体的实证分析还须依赖于相关数据的可得性及其量化可能。

③ 政企关系复杂，学术界对于政治关联的界定只能依据一些半公开或可量化的信息，故其判断仍然相对保守，而政治关联（Political Connection）只是民企“竞争性模仿”的一种表现形式，还有寻租、政策性补贴等诸多潜在或隐性的政企关联方式。

政治关联的比例已经高达30.32%①，而在整个民营上市公司样本中只占少数的“竞争性模仿”民企却获得了更多的——相对于其他非模仿民企——政府补贴（63.12%）。**表现为各种现实形式的“竞争性模仿”**也给诸多民企带来了很多利好。**诸多研究表明：**民企的政治关联显然强化了其获得政府补贴的能力（余明桂等，2010），那些具有政治关联的民营企业面临的融资约束更低（白重恩等，2005；罗党论和甄丽明，2008），获得了更多的银行借款（余明桂和潘红波，2008；钟宁桦等，2016）、更多的政策优惠或补贴（罗党论等，2009；张敏和黄继承，2009；吴联生，2010；许罡等，2012；孔东民等，2013）、更多的税收优惠（Khwaja 等，2005；吴文峰等，2009；李维安等，2016）、更多的政府好感与信任（高勇强等，2012），进而使政府制定有利于其自身发展的政策（Hellman 等，2003；杨洋等，2015），甚至表现出更好的市场回报（罗党论和唐清泉，2009；徐业坤等，2013）。民企的主要融资来源也是银行贷款，2014年民企500强报告显示有310家民企的新增投资资金主要来自银行贷款，占比高达62%，而“竞争性模仿”民企的长期借款增长率超过了10%——甚至远高于整个上市公司的均值水平。

2.2 民企的“竞争性模仿”与企业绩效：可以持续吗？

承上分析——那么，从长远来看，这些民营企业的绩效表现又是如何呢？在中国的市场化改革不断深化并日益凸显其法治经济之本质特征的大背景下，这种似乎只能是短期利好的所谓“理性选择”，是否能够持续支撑或保障这些企业的价值乃至整体的国民经济效率的提升呢？民企“竞争性模仿”取向的长远经济后果及其可能引致的更大效率损失，才是这种现象以及本研究聚焦的重点。

诸多研究表明，如同主流观点认为国企效益长期不振的**根本原因**是“缺乏一个公平竞争的环境”一样（高鸿业，1994；林毅夫等，1995；郑世林，2010②），**从长远看**，民企通过政治关联以及寻租等非市场化竞争手段获取的短期利好同样是不可持续的（Faccio，2006；Fan 等，2007a；杨其静，2011；喻坤等，2014），在制度环境日益完善的新时期，这样的获利渠道必将日趋狭窄，而其**成本亦会日趋高昂**（Chen 等，2005）。在中国特定的分权体制之下，各级地方政府往往掌握着大量的行政处置权和公共资源，进而会“**诱致**”更多的企业——尤其是那些处于弱产权地位的民营企业——积极发展和构建更趋紧密的**政企关系**。这种更紧密的政企关系（如政治关联），一方面可在一定程度上帮助企业尤其是诸多民企获得实际的产权保护和廉价的公共资源，突破各种管制和进入壁垒，从而赢得更加有利的生存和发展空间，故具有一定的积极意义（罗党论等，2009）；**另一方面**，那些类似于寻租等形式的更为“复杂而纠缠”的政企关系，

① 若进一步考虑寻租、政府补贴等隐性的政企关联（杨其静，2011），民企“竞争性模仿”的比重甚至已经超过67%（吴昊旻和宋静云，2018；吴昊旻等，2018）。

② 近年来不少经验研究也发现在同一行业中引入多个相互竞争的企业比产权改革更重要（郑世林，2010）。

则不仅会抑制企业的核心竞争力建设及其公司治理结构的完善（杨其静2011），而且会导致“租金的耗散”[①]（即低效或无效竞争）和不公平的竞争（即无序竞争），这显然不利于企业乃至国民经济的长远健康发展。这些后果已经陆续被一系列的经验研究所证实（Fan 等，2007b；邓可斌等，2014；逯东等，2015；吴昊旻等，2012、2016）。

2.3 民企“竞争性模仿”之制度渊源：政府职能转变与国企改革的相对“迟滞”

再次回顾本研究最初提出的问题——中国民企的突出贡献依靠什么，则又可进一步引发**如下诸问：如果说**民企在市场化改革初期是主要依靠开放搞活、放权让利、政策支持以及大时代背景下广阔市场机遇的刺激和助推，还大体凸显着平等参与市场竞争的“**宽容**”乃至公平的话（徐朝阳等，2015），**那么，**现在民企就是或者就需要依靠“竞争性模仿”吗？在市场化改革全面纵深推进以及更加需要并强调支持民营经济振兴的新的历史时期[②]，中国民企的发展真的需要甚或应该依靠那种简单的“竞争性模仿”吗？诸多民企的“竞争性模仿”取向是**路径依赖式的“一脉相承”**（即继续依靠改革和政策红利），还是特定制度背景下的**无奈“退变”**（因其背离市场竞争本旨）？诸多民企的这种“适应性转变”的深层成因或其制度渊源又何在呢？新时期中央为何强调要不断深化改革开放、持续推动国企改革以及不断优化营商环境、更好发展民营经济呢？——这是否就是在**警示甚或“反证”**我国当前的市场化改革之路仍然任重道远呢？等等。

2.3.1 民企“竞争性模仿”之实质：寻租性竞争或“争宠式竞争”

从长远及宏观处考量，诸多民企的“竞争性模仿”行为无异于加剧了市场的无序竞争——进而决定了短期利好的不可持续，**而其实质则是** Krueger（1974）所谓的“**寻租（性）竞争**”，是因国企享受着更多的管制性便利或其垄断优势而诱致的“**争宠式竞争**”（吴昊旻，2018），这种偏离甚或背离公平竞争以及创新驱动之正轨的非市场化行为，势必会进一步加剧市场的无序竞争，故其效率亦势必低下——这其实是过去很长一段时期中由国企的低效垄断与民企的低效竞争**相叠加而导致**的“**双低并存**”之市场竞争格局的必然结果（刘瑞明等，2010；吴延兵，2012；吴昊旻，2018），而国企效益的长期不振以及诸多民企的“竞争性模仿”取向则是其表现，而且可谓“因果互证”（既是其原因又是其结果）。

可见，中国的市场化日益推进的过程，其实也是其各项改革之效能逐步释放的过

---

① 新制度经济学等理论均已昭示，不受约束的竞争会导致租值的消散（张五常，2008）。

② 民营经济已成为中国国民经济的主体，在支撑增长、促进创新、扩大就业、增加税收以及新时期转变经济增长方式、优化调整产业结构等方面发挥着日益重要的作用——参见十八届三中全会《决定》（2013-11）、党的十九大报告（2017-10）、全国企业家座谈会（2020-7）以及全国工商联报告等文件中的相关表述。

程，而国企的改革及其治理效果以及政府的职能及其转变导向，始终被当作该进程中的关键枢纽及其核心抓手。作为经济社会中最重要的利益相关者之一，政府的治理功能自然不可或缺，而**政企关系**作为市场经济中最普遍的市场主体关系，通过经营而使之更趋亲密亦似乎无可厚非。立足于改革效能释放进程中国企治理绩效的变化或提升以及该进程中广大民企的增长约束及其行为嬗变的历史性考察，**中央实际上已然认识到**政府对于要素资源的全面管控及其对于市场竞争领域的**全环节/渗透性干预**——尤其是各级地方政府，才是制约企业绩效持续提升以及国民经济持续增长的**根本原因**，也是**引致“国/民”差异、加剧民企不公**——“贡献－待遇”失配、“资源－效率”错配——及其非市场化行为取向的**制度渊源**①。**须知道**，要素资源错配、市场无序竞争而导致的社会分配不公问题不仅会影响社会稳定，还会成为制约中国企业及国民经济持续健康发展的瓶颈性因素（杨其静，2011；钟宁桦等，2016）。**实际上，这也正是新时期中央明确**“让市场在资源配置中起决定性作用”并始终将政府职能有效转变（即“让政府发挥更好作用”）和国企改革及其治理等**关键环境因素**的改善作为核心抓手及其新政重点的现实原因和最重要考量②。**可见**，以公平竞争推动经济转轨乃至社会转型、以研发创新驱动经济及社会高质量发展的市场化改革进程，确实任重而道远。

2.3.2 民企“竞争性模仿”之渊源：禀赋差异引致并加剧无序竞争

对于是什么因素阻碍了中国企业尤其是民企的持续成长，**主流观点**依据经典的委托代理理论，将国企的低效与民企的不公**归咎于**公有制或公平竞争环境的缺乏（高鸿业，1994；林毅夫等，1995；郑世林，2010），认为产权歧视和地方保护主义是导致竞争不公的主要原因③。**然而**，正如本研究前文分析指出的，所谓“**公平的竞争环境**”，显然还应该纳入政府——是经济社会中最重要的利益相关者之一——功能影响这一**现实维度**，尤其是在那些新兴/转轨市场经济国家/地区。**实际上**，在一个政策依赖如旧、政企关系攸关、国企优势当然、融资门槛畸高以及行业准入依然艰难、粗放经营依旧普遍的制度环境之下，诸多民企的“竞争性模仿”行为确有其理性考量——毕竟追求利益最大化的企业都是“经济理性”的竞争主体。**然而**，也确如诸多学者所指出的那样，产权改革、公平竞争只是保障企业健康成长的必要而非充分条件，只要资源配置

① 即其根本原因并非公有制（国企的低效多源于国营而非国有），也不是“狭义的”公平竞争环境（政府功能理应构成竞争环境之一维，但过度干预不可能促生公平竞争的环境），而是政府的渗透性干预或未能“更好发挥作用”——这是本研究的视角（要素资源禀赋、公平市场竞争）及其落点（民企“竞争性模仿”引致的效率损失）的初衷及其思辨基础。

② 这种考量其实也是基于国企的改革进程及其治理效果实与民企的增长依赖及其治理转型始终“正向关联、相互依存甚至因果互动”之现实轨迹或规律的梳理与洞观。这个“国企－民企”效益联动的现实可以解释过去很长一段时间以来国企效益何以长期不振以及民企何以呈现明显的“路径依赖”进而面临增长困境的现状，也可以作为我国市场化进程仍然相对“迟滞”的一个印证。

③ 很多研究分析认为，虽然大多数国企在20世纪末完成了产权改革且财务绩效得到了改善（刘小玄，2004；胡一帆等，2005、2006），但企业利润率提高的现象主要发生在改制初期，而且其主要来源是管理费用率和财务费用率的降低而非单位生产成本的下降和劳动生产率的提高，以至于产权改革所带来的能量释放只是一次性的（宋立刚等，2005；白重恩等，2006）。

依然主要由政府掌控且其处置权力得不到有效监督的话，那么，包括民企在内的所有企业**都仍然会扭曲为“政府之附庸”**（杨其静，2011；Goldstein，1995），而这很可能使中国也陷入所谓的“**官僚资本主义**”陷阱之中，甚至会形成“政治关联盛行—收入分配严重不公—企业核心能力缺乏—政治关联更加盛行”的持续**恶性循环**。**可见**，企业对于“关系构建－能力建设”的权衡，必然会“**理性**”考虑多种因素，而其决策实内生于其所在的制度环境，如图2－2所示。

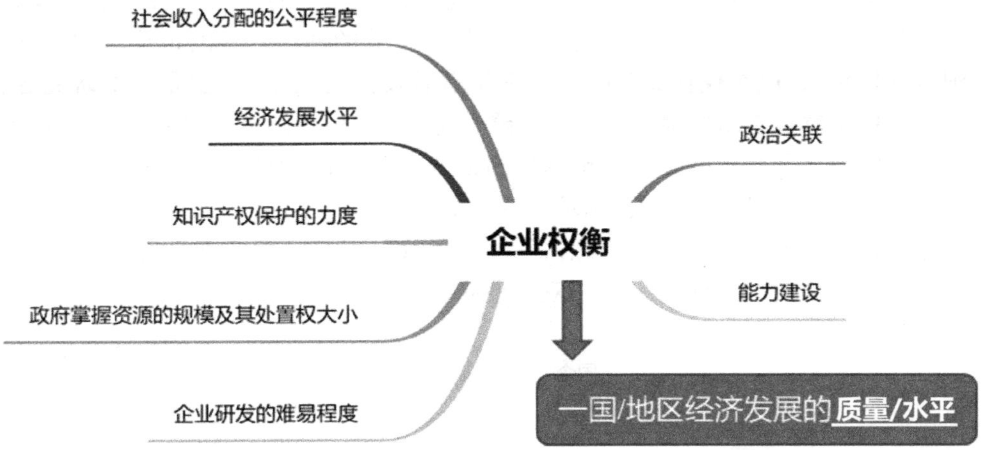

图2－2 企业的“关系构建－能力建设”：权衡及其考量

这种循环造成的经济社会后果，其实早有前车之鉴——如苏联以及阿根廷、巴西等众多拉美国家的经历。当前的中国，正处在深入推动改革开放的“**深水期**”，国企治理的有效推进以及政府职能的有效转变**仍然是**优化市场竞争格局、营造公平竞争环境的最重要依托和关键抓手。**可以说**，与禀赋差异、无序竞争相关联的民企“竞争性模仿”及其可能引致恶性循环的上述担心或警示，并非“杞人忧天”，而诸多民企的行为嬗变似乎正在“**映照**”这个警示。

2.4 民企“竞争性模仿”取向之校正：国企有效治理与政府职能有效转变

本章上文从行为实质及其制度渊源的纵深维度，已然揭示了诸多民企“竞争性模仿”的成因，并明确指出这是由国企享受的管制性便利或其垄断优势而引发的一种“诱致性变迁”，实与国企改革的进程及其治理效果以及政府职能的转变导向**相互关联**，故对于民企“竞争性模仿”取向的校正或治理，就应该“**寻因觅果、由果溯因**”，从国企的有效治理以及政府职能的有效转变入手。

2.4.1 民企“竞争性模仿”之经济后果：创新挤占及其更大效率损失

呼应前文的分析，民企的“竞争性模仿”取向既源于理性经济人对于短期利好的利益最大化追求，也是特定制度背景下对于既有利益格局的一种“适应性选择”（Ge等，2007；Brandt 等，2003；王彦超，2014）。产业组织理论（如 SCP、E－S 范式等）以及制度经济学等思想昭示我们，**主体行为变迁自有其后果差异**。实际上，梳理对比改革开放以来中国企业的成长历程，可以发现国企与民企的**绩效增长轨迹大体相似**，即在市场化改革初期均显著增加，之后则都趋于持续的回落——民企整体的效率始终优于国企（ROE），国企仅在 2006 至 2007 年前后较接近民企①。**但是，本研究分析认为，国企与民企效益变动的根源却并不一致**（见图2－3）：国企的效率走低同样受制于先天性管制便利（如政策性负担、预算软约束等导致的国营低效）——类似于“成也萧何、败也萧何”；而民企的增长困境则是受制于体制性约束（如产权劣势、融资约束、行业准入限制等）与国企的“独占”（会诱致寻租及“争宠式”竞争进而加剧无序竞争）这宏微观两大层面因素的“**双负性叠加**”②。

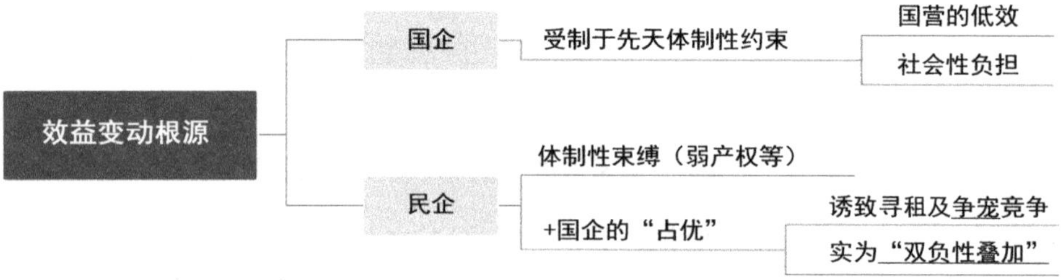

图 2－3 国企与民企的效益变动：根源不同

更值得注意的是，民企的“竞争性模仿”获得的短期利好引发的竞相模仿，以及民企日益疲于应付“政－银－企”等复杂政商关系及社会网络的**高昂交易成本**，还会对民企的投资效率以及创新驱动力形成潜在而强有力的**冲击或“挤占”**（袁建国等，2015③；杨洋等，2015；逯东等，2015；戴魁早等，2016；吴昊旻，2018），进而造成更大的效率损失，最终损害国民经济增长的根基——这正是杨其静（2011）等所谓“恶性循环”的典型体现。**因此，可以预见**，一个与国企经营相雷同、创新动力减退的模仿型民企，也势必如同曾经的国企一样会经历其贡献绩效的持续回落或长期低位徘

① 一些研究表明，20 世纪 90 年代的大规模国企改革极大地提高了国企的效率，甚至到 2006 年、2007 年前后国企的效率已经较接近非国企的效率，这一点从净资产收益率 ROE 可以明显看出（赵昌文，2012）。

② 吴昊旻（2018）研究指出，中国各行业国企的日益做大做强在提升国企绩效的同时，也会“双向加剧”市场的无序竞争与低效垄断，进而使其各行业普遍呈现出低效垄断（国营低效）与低效竞争（民企模仿）“双低并存”的现象。这可以有效解释刘瑞明等（2010）、吴延兵（2012）等研究发现的国企垄断何以引发“双重效率损失”的原因。

③ 袁建国等（2015）分析了政治资源诅咒的作用机制，发现政治关联会通过降低市场竞争、助长过度投资等影响企业创新，导致企业技术创新乏力、资源分散并产生挤出效应。

徊。**因此，可以明确**，要想扭转这种低效格局，**既取决于**广大民企自身的**治理转型**（即依靠创新驱动发展的市场化导向）及其长远考量（即着眼于企业价值的可持续提升）[①]，**更有赖于**新时期国家持续推动国企的改革治理以及政府职能的有效转变（杨汝岱，2015）等而促生的**引导示范效应**（吴昊旻，2018；吴昊旻等，2022）。

2.4.2 民企“竞争性模仿”之校正/治理：须循因觅果、由果溯因

需要再次明确，充分的市场竞争始终是企业乃至一国经济健康发展的基本保障，这也被认为是中国改革开放初期民营经济得以繁荣兴盛的一个环境基础或其制度背景。因此——承前分析，本研究认为，可以从一个类似**“反向”的视角**，即从民企“竞争性模仿”行为可能引致的更大效率损失及其成因渊源的**“后果”视角**，**“逆向”反思**国企改革进程及其治理效率、政府职能及其转变方向以及新时期广大民企面临的“增长困局”，进而**追溯找寻**如何推动和引导诸多民企逐渐回归创新驱动发展之市场竞争正轨的**系统性治理路径**。

本研究认为，**这种“由果及因、因果互动”的厘清与反思**，**更有助于**从一个更宽、更深且更具针对性的综观视角，**有效整合**现有关于国企改革（多聚焦其低效）与民企治理（多倾向其贡献）的相关研究；**更有助于**从一个更贴近、更务实也更具操作性的角度，**有效凸显**特定制度背景下的国企改革进程及其治理效果对于民企治理转型的“**引导示范效应**”及其重大意义，**进而也更有助于找寻并校准**影响中国经济增长放缓及其质量提升瓶颈——广大民企的健康和可持续发展对于国民经济增长及其产业转型升级的影响至关重要——的微观基础、深层原因及其制度渊源[②]。**也就是说**，结合中国特定的制度背景，对于诸多民企“竞争性模仿”之行为取向的**校正或治理**，**应当也必须**基于“持续推动国企改革及其有效治理”这个核心抓手，**要从“诱致”**其行为取向嬗变的成因及渊源处——循因觅果、由果溯因、因果互动——着手进行“**对应而系统、务实而高效**”的谋划与解决（见图2-4和图2-5）。

基于此，本研究拟围绕和遵循如下的“逻辑链条”——呼应首章绪论提出的“两大基本问题”及其“三个核心聚焦”：即“民企的贡献/效率依靠什么？——政府的功能失当会加剧/破坏什么？——国企的改革进程及其治理效果会影响/暗示什么？——民企的“竞争性模仿”又会加剧/导致什么？”[③]，以广大民企在改革开放初期的突出贡献及其制度环境依托为起点，进而从反思政府的功能/角色（即应有的扶持、过度的干

① 张天华等（2016）指出，产权问题的解决会缓解国企的效率损失问题，非国有注册资本占比达到一定幅度（50%以上），国企资源误置效率损失显著下降，但继续增加非国有注册资本，对国企资源误置效率损失的影响不大。

② 更多的研究将中国经济增速放缓归咎于改革红利、政策红利、人口红利的“渐失”以及全球化劳动分工等大环境的影响。实际上，中国经济增长轨迹实与企业之盛衰——尤其是民营经济——相伴随（企业是国民经济的微观载体），故本研究认为，民企的由盛而“困”，应该是中国经济增速回落的一个微观基础和有力解释，而新时期中央提出振兴民营经济也正是基于这个背景。

③ 企业的行为选择内生于其所在的制度背景，而政府是特定体制的设计者或执行人，故这里的“逻辑链条”便将企业的地位及其行为取向——无论国企还是民企——均作为政府之功能/角色的一个“结果”。

预）入手，以诸多民企的“竞争性模仿”取向及其效率损失为重心及落点，**由表及里、觅果寻因**，通过要素资源禀赋差异、市场竞争公平参与这两大维度的中宏观视角，**有机融合**新规制经济学、资源依赖、寻租竞争以及市场结构、产业组织等多元理论及其最新成果，对民企“竞争性模仿”行为的表现形式、经济后果及其制度渊源等进行多维而系统的分析，**进而为揭示**影响或导致中国经济增长放缓及其质量提升瓶颈的深层因素、**为找寻**引导和推动民企回归创新发展之市场竞争正轨从而实现其自身的治理转型等，提供思理借鉴和路径参考。这个思路可以转换和呈现为如图2－4所示的**逻辑路径图**[①]。

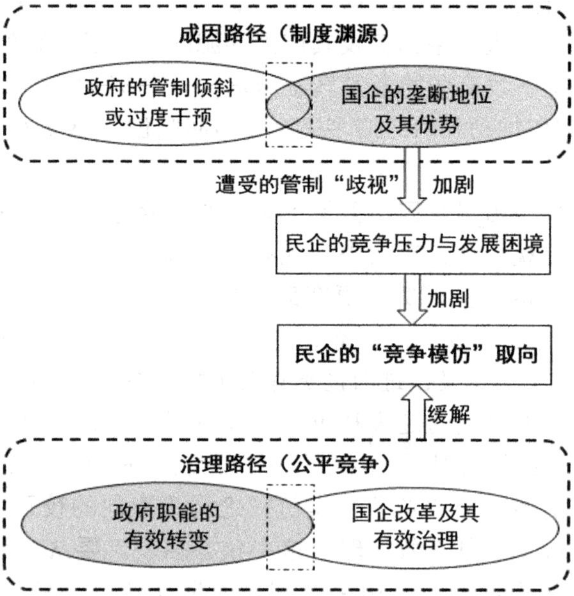

图2－4 民企的“竞争性模仿”：成因/渊源及其校正/治理（诱致性变迁）

除了要素资源禀赋或其比较优势之外，一国（地区）的经济发展**还须依赖于**其金融体系的有效安排（Allen 等，2005；Levine，1997；Levine 等，2000；Rajan 等，1998；张军等，2003），以资本配置（效率）为核心的事前安排及其治理差异，更能凸显特定制度背景下不同性质企业的地位差别。基于此，本研究将上述的逻辑链条进一步凝练表述为如下的**“因－果对应”链**，即：

政府主导的经济发展模式→**进而主导了**其金融体系安排（以四大国有商业银行及政策性银行为主体）→**进而主导着**要素资源的配置格局（以资本为首要、以安全为目标）→**进而塑造了**国企占优的市场竞争格局（先天的产权优势＋后天的管制便利）→

① 这个因果关系链或逻辑路径图以民企“竞争性模仿”之行为嬗变为核心和焦点。其中，政府干预（职能转变）与国企垄断（有效治理）上下两处的交叉部分，表示二者的**“叠加效应”**，即二者既相互影响或掣肘又相互协力或辅助，故要深化体制改革、促进公平竞争必须依赖政府职能的有效转变以及国企的有效治理的协调推进，而中国国民经济的持续增长亦须依赖国企改革和民企治理转型的**“创新驱动合力”**。

进而叠加诱致了诸多民企的“竞争性模仿”（适应性选择+投机性发展）→**进而损害了**国民经济整体的“增长之基”（创新驱动+国-民合力）……

这个“**因-果对应**”链条可以转化和呈现为如图2-5所示。[①]

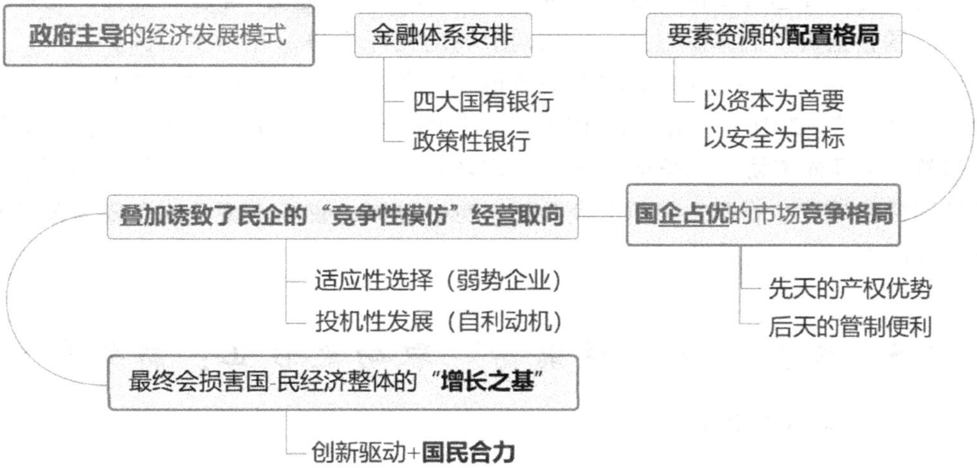

图2-5 国企改革及其治理进程与民企路径依赖及其转型：“因-果”对应关系

也就是说，在中国特定的制度背景下，受制于先天产权性劣势，广大民企若要与国企相“争衡”，就必须更多依靠其“**后天努力**”——须更多依赖创新（技术+管理）并同时争取政府的青睐或其政策的适度倾斜，如此才能在国企占优的行业领域甚或其不屑的“微利空间”中谋得竞争性收益。这其实正是改革开放初期我国民营经济得以兴盛繁荣的背景和基础，但在市场经济体制逐步确立、法治及市场化进程日益推进——政府政策的倾向性或自由裁量空间势必日益收紧或缩减（包括对国企的）——以及创新日益成为企业乃至国民经济增长之**最重要驱动力**的新时期，通过简单模仿即可获得管制性便利甚或**复制创新**的经营模式势必难以为继（成本高企、收益不定、类似于透支）。**在此背景下**，广大民企必须“重新”重视创新驱动发展理念并主动“回归”市场竞争之正轨，必须要适应新时期国家推动构建“**亲清政商关系**”[②] 的新政导向，唯此才能实现可持续、高质量的发展。

值得再次强调的是，诸多民企——实际上也包括国企——对于管制性便利的**过度“路径依赖”**，亦实也与我国自十八届三中全会审议通过的《中共中央关于全面深化改革若干重大问题的决定》（以下简称“《决定》”）即明确提出要“保证各种所有制经济

---

① 这种考量其实也是基于国企的改革进程及其治理效果实与民企的增长依赖及其治理转型始终“正向关联、相互依存甚至因果互动”之现实轨迹或规律的梳理与洞观。这个“国企-民企”效益联动的现实，**可以解释**过去很长一段时间以来国企效益何以长期不振以及民企何以呈现明显的“路径依赖”进而面临增长困境的现状，也可以作为我国市场化进程仍然**相对“迟滞”**的一个印证。

② 创新攸关可持续及高质量发展。自改革开放至今，政策红利或扶持性政策的变化（对不同的企业、在不同的时期）使得诸多民企的创新动力也随之浮动，**故国家亦须**从禀赋差异以及市场竞争的“全环节”考量制度改革以及政策扶持的公平性，引导构建“亲清政商关系”，不断优化营商环境。

依法平等使用生产要素、公开公平公正参与市场竞争、同等受到法律保护”以及“使市场在资源配置中起决定性作用和更好发挥政府作用”的新政导向**明显背道而驰**。**而且**，在以国企改革及其有效治理为核心抓手的全面深化改革的新时期[①]，诸多民企热衷简单模仿的这种日趋过度的“路径式依赖”甚或是“**逆趋势/常态**”选择，**无疑还会在**原有“**国企低效**”的基础上进一步加剧市场的无序竞争，并将使“国企日国、干预日盛、创新日弱”[②]——会加剧政企关系的“恶性循环”（杨其静，2011；吴延兵，2012；吴昊旻等，2016；白让让，2016），并最终导致更大的效率损失。**因此**，这种**于规律不符、于导向不协、于长远不利**的非市场化行为及其无序竞争格局，必须予以前瞻性的洞察和针对性治理，必须由表及里、觅果寻因，**首先诉诸于**国企改革及其有效治理以及政府职能的有效转变。

2.5 民企“竞争性模仿”取向之校正：新规制经济学的启示

政企关系是最为普遍而正常的市场关系，而政府也是企业及经济发展的最重要利益相关者之一，这是各国经济发展的实践经验以及新规制经济学等理论所昭示的客观规律。**为此**，对于民企“竞争性模仿”取向之校正，**可先不必拘泥于**私有化是否更有效率（斯蒂格利茨，2011；简新华等，2016）——争议仍然很大，**更不必局限于**为国企的效率“**正名**”（赵昌文，2012），而应当**适应背景**、**因应导向**、**顺应趋势**予以更为务实而高效的治理谋划。实际上，前文提出的一系列问题总结起来就是这个“**逻辑链条**”：即在市场化改革日益深化的新时期，诸多民企的“竞争性模仿”取向**应该如何解释**？→其成因及影响**应该如何评估**？→其行为后果**又该如何治理**？**为此**，除了通过其表征及后果来倒推、凸显国企改革治理与政府职能转变的“**务实治理**”之外，还须借鉴思想或理论的“**务虚启示**”——这有助于演绎并厘清一些争议和判断。

2.5.1 政府功能及其转变：“市场充分开放+政府监管适度”之中道平衡

企业的健康发展是一个经济体的质量及其竞争力的微观基础，中国的经济发展及其转型升级归根结底要依靠高质量的企业，尤其是实体经济的创新与发展。然而，特定的政治经济环境往往深刻地影响着企业的生存发展策略（Khanna 等，2007；Morck

---

① 十八届三中全会《决定》明确指出：“经济体制改革是全面深化改革的重点，核心问题是处理好政府和市场的关系，使市场在资源配置中起决定性作用和更好发挥政府作用。”实际上，这都须以推动国企的有效治理为核心抓手。

② 这里的“国企日国、干预日盛”指的是，如果忽视这种过度路径依赖并任由无序竞争继续的情形下，民企的“竞争性模仿”不但会透支其长期价值，还会反向激励政府的倾向性管制并进一步固化国企占优地位，进一步加剧和拉大“国/民”差距，并最终损害和**迟滞**国民经济整体的提质增效。新时期中国一系列的改革举措实际上已经认识到了这一点。

等，2005；Shleifer 等，1994），政府的功能及其资源配置格局、企业的创新动力及其产权保护、经济的发展阶段及其效率水平以及整个社会的分配及其公平程度等宏微观环境因素，都会显著影响企业在政治关联与能力建设之间的权衡（杨其静，2011），进而影响或制约企业乃至整个国民经济长远发展的质量。任何经济体都是市场开放与政府监管的统一体，市场与监管的中道平衡，是维持一国宏观经济稳健发展的重要保障（胡永刚等，2016）[①]，这也是以2014年诺贝尔经济学奖得主让·梯若尔（Tirole）为代表的新规制经济学或新产业组织理论的**基本观点**[②]。

当前，**关于政府是否应该干预经济的问题，国际学术界已几无争议**，而其**焦点**在于政府干预的范围及其深度。结合中国的实际，关于产权的争论亦基本告以终结，而其核心问题即在于"处理好政府与企业的关系"，这实际上正是**"规制"问题**。新兴/转轨时期的中国市场化改革势必是一个从**高度规制**（heavy - handed regulation）到**低度规制**（light - handed regulation）的持续演进过程，这意味着除自然垄断行业和某些特殊行业外[③]，中国的企业改革必将指向**分权化或民营化**，而中央自十八届三中全会《决定》起即明确要"积极发展混合所有制经济"以及"鼓励非公有制企业参与国有企业改革，鼓励发展非公有资本控股的混合所有制企业"的战略设计，实际上就是导向"分权化"的转轨演进过程[④]。

在这个演进过程中，除须明确政府功能进而使其"更好发挥作用"之外，还须同时明确重视并挖掘国企的"**功能效应**"——第1章绪论所谓的"间接效应"或"正外部效应"。处于新兴/转轨时期的中国，国有企业无疑仍然是其"**制度底色**"以及国民经济的重要组成部分，是转轨阶段政府实施其必要管制干预措施的**有力载体或其依托；然而，也正是基于这个背景考量**，国企改革的进程及其治理效果，**同时也是**中国在改革深化期推动实现其政府职能转变的**一个务实而有效的试点，甚至可以或应该作为**推动引导诸多民企回归创新驱动之市场竞争正轨的**一个"信号装置或先行示范场"。可见**，政府职能的有效转变（寓意监管适度）与国企改革及其有效治理（寓意市场开放）实际相辅相成、互相推动，后者既是"政府更好发挥作用"的结果，同时也是其

---

① 胡永刚等（2016）将对非国有企业的管制引入包含国企和非国企两部门的企业家选择和才能配置模型，分析验证了管制和法治通过企业家精神的数量效应和配置效应影响经济增长的机理，从管制与法治的辩证关系（与时俱进）角度，为中国的高增长之谜提供了一种合理解释。

② 经济学理论的根基在其本质上即是市场自由与行政干预的平衡，而不受约束的竞争会导致"租值的耗散"（张五常，2008）。欧美发达经济体的危机教训以及中国经济的高速增长及其日益面临的瓶颈，均印证了"充分的市场开放+适度的政府监管"实是保障经济持续健康发展的**市场铁律**。故十八届三中全会《决定》关于要"使市场在资源配置中起决定性作用和更好发挥政府作用"的新提法实与新规制经济学等理论的最新启示相呼应。

③ 政府要实现最优规制还须考虑垄断的性质及成因。对自然垄断以外的产业而言，通过产权结构调整较容易建立有效的激励结构（如民营化或分权化），从而容易改革，而自然垄断行业的改革在世界范围内都是难题（让-雅克·拉丰等，2014；石磊等，2004）。

④ 特定制度背景下的中国民企"类国企化"的畸形现象，也可以说是当前中央提出发展"混合所有制"（即分权化）企业改革的一个潜在背景或现实依据，因为"类国企化"的民企已经"不可逆转"，只能通过推动和认可"混合"予以优化。

载体或前提①。

2.5.2 国企改革及其有效治理：引导示范或“内生增长”效应

民营经济已经成为中国经济增长的效率依托和主体（易纲等，2003；刘小玄，2004；方军雄，2007；王钦敏，2013）。在全面深化市场化改革的大趋势以及创新驱动战略导向等已然明确的背景之下，中国的政府和企业势必都将面临一场“**新规制革命**”。自改革开放至今，推动国企改革及其有效治理始终是中国深化市场化改革的核心依托和关键抓手，而通过推动国企改革进程及其治理效果**进而引导示范**诸多民企理性回归及其治理转型的**务实治理路径，实际上具有“内生增长”**的类似积极效应——这正是绪论部分提出的**国企改革的“双重效应”**，而这种“**内生增长式**”的治理路径已经得到了诸多的“**旁证**”。

诸多研究表明，国企改革对于经济增长确实具有**显著的提振效应**，是新时期国民经济增长的**内生动力**（梁琪等，2014；徐朝阳等，2015）。许召元等（2015）的研究表明：如果每年有5%的国企进行改革并持续十年，则平均每年约可提高经济增速0.33个百分点；如果每年有10%或20%的国企进行改革，则分别可提高0.47和0.50个百分点左右；在国企改革前期，经济增长主要得益于要素配置的改善，而后期则主要来自“外溢效应”。**对此，有理由认为**，上述的“提振效应”之中可能或应当包含着国企改革的“间接效应”或其“正外部效应”（吴昊旻，2018）②。**可见**，国企的改革及其有效治理会系统地推进市场竞争格局的日益优化、企业竞争质量或效益的日益提升，并能有效引导国企自身以及其他企业竞争行为的嬗变或其理性回归，而这些积极的转型势必带来**长期的利好**。

寻租行为的高度竞争往往伴随着“**传染/模仿效应**”，尤其是对市场中的那些竞争弱势企业，这种传染/模仿效应则会更显著。特定制度背景下国企享受的先天性产权优势以及后天获取的管制性便利优势，势必对那些发展日艰的民企产生显著的“**诱导效应**”。**更其严重的是**，随着法治化进程下政策操作空间的日益“**收紧**”以及市场竞争规则的日益“**严格**”③，要素资源的日益稀缺（客观层面）以及政策资源的日益规范（主观层面）的**双重叠加**，在成本高企的同时还可能进一步加剧这种负向的**“诱导-模仿”**

① 这种“由果溯因”的治理思路类似于促发“内生增长”效应，即通过国企的改革进程及其治理效果示范引导进而推动诸多民企的理性回归及其治理转型，最终形成并夯实经济增长之基的“国-民合力”。

② 作者将其解释为国企改革带来的溢出效应。实际上，该文所谓的“外溢效应”**可以更具体地分解为**国企改革及其有效治理带来“直接效应”（国企自身绩效的提升及其对于经济增长的贡献）以及其对诸多竞争性模仿民企产生的“引导-校正”或正外部效应（民企绩效的提升及其对于经济增长的贡献）。

③ 一般来讲，一国/地区在其稳定发展时期，只要其改革的制度取向大体正确，那伴随着其制度体系的日益完善，其制度规则将日益产生“收缩效应”，即在制度初创期往往增长机会较多，而在“常态化”发展时期随着制度规范的日益严密，其规则约束将日趋“收紧”，从而呈现出企业增长机遇似乎“渐少”甚或竞争环境似乎“变坏”的“假象”——这与前文关于民企“竞争性模仿”可能预示着一些关键竞争环境在“变坏”的分析判断并不矛盾。这是一国/地区经济由粗放式向内涵式过渡的阶段必然经历的一个演进过程。

效应[①]。**因此，必须**对“国企改革进程及其治理效果—民企路径依赖及其治理转型”的**对应关系及其联动效应**，予以纵深而又系统的重视。

由本章的理论分析可见，特定制度背景下的中国国企的改革进程及其治理效果**确实与**民企的行为取向及其效率变迁具有**正向的“对应性”**——其兴盛、回落的成长及绩效变迁轨迹大体一致，即国企改革促生的长短期绩效提振效应或其“双重效率增加”，往往“**对应着**”更多民企的市场化经营取向及其效率增长（赵昌文，2012；徐朝阳等，2015；许召元等，2015；吴昊旻，2018）；**反之**——国企改革进程的“迟滞”，则“**对应着**”显著的“**双重效率损失**”（刘瑞明等，2010；于良春和张伟，2010；刘瑞明，2011；吴延兵，2012）——这里的双重效率增减中必然包含着民企的行为取向及其后果影响。**也就是说**，国企的改革及其有效治理会对民企的“竞争性模仿”取向产生积极的“**反向诱导**”**治理效应**，进而**有助于引导推动**民企竞争行为向着市场化“**本旨回归**”；否则，则必将**进一步固化或加剧**民企的“竞争性模仿”取向及其对于国民经济的长期损害。

呼应前文的分析，民企的“竞争性模仿”及其引致的更大效率损失**还可以更为直观地**转换为如下的“**双向因果链**”（见图 2－6）[②] ——这个双向的因果链**有助于揭示**国企“**改革的动因**”，**同时也预示了**国企“**改革的效果**”，即推动国企改革及其有效治理必然具有“**双重/多重效应**”（由微观层面传导累积而至宏观层面），国企改革与民企“竞争性模仿”取向之校正/治理的**最终落点**是趋同的，**即均指向**以创新驱动更高质量的市场竞争，**进而合力**为我国的国民经济整体夯实和奠定“**增长之基**”。

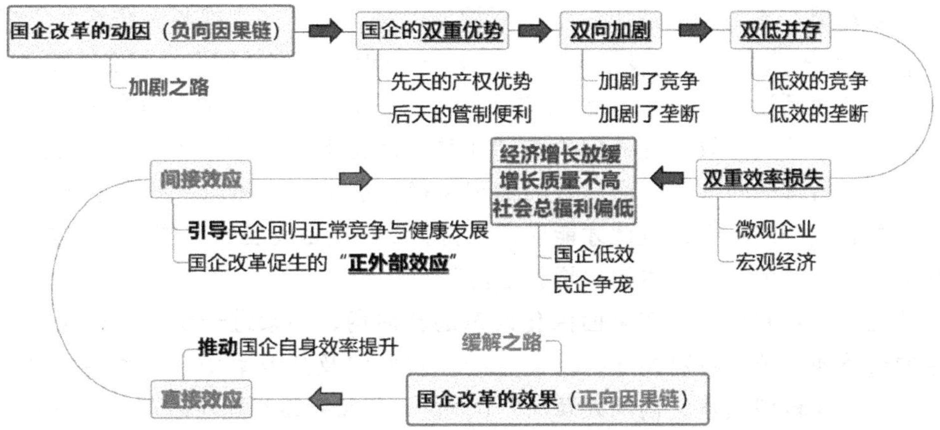

图 2－6　国企改革及其治理与民企行为及其转型：互动关联

---

① 民企的选择虽然有其理性考量，但其本质实无异于“**透支**”——透支着要素资源、关系资源以及自身的积累，这势必导致企业寻租及其对应的政府创租行为的日益普遍。诸多研究和报道关于官员腐败案件及企业犯罪行为的分类统计尤其是涉事民企更多（亦与其数量更多有关）的结果亦大体印证了这个趋势。

② 这个“双向因果关系链”以国企改革为施政起点，以民企“竞争性模仿”取向为影响及治理关键，以国民经济增长质量为最终落点，其中的右向箭头代表成因或加剧路径，左向箭头代表治理或缓解路径，体现的正是“由表及里、觅果寻因”的思路设计与治理方略。

2.6 本章总结：问题之聚焦及其价值

本章之总结旨在**再次呈现**核心问题及其逻辑，为后文的实证研究提供命题支撑。针对绪论中提出的“两大基本问题”及其“三个核心聚焦”，**本章基于**“要素资源禀赋”和“市场竞争参与”这两大维度的“**全环节**”**视角**，对我国诸多民企的“竞争性模仿”这种典型的“**逆趋势/常态**”——背离市场竞争正轨、损害创新驱动根基——现象予以**总体的概观和理论解析**，并结合相关研究对其行为变迁或表现形式以及长短期绩效表现进行“**历史性**”**的梳理**，进而从行为实质及其制度渊源的纵深层面为其可能引致的长远经济后果或更大效率损失提供“**风险/价值警示**”。在此基础上，本章又基于“虚实两条路径”的机理分析，为民企“竞争性模仿”取向之“校正”提供“**治理/转型路径**”。这种**循因觅果、由果溯因的“反观”视角**，**更有助于**倒推、反证并整合、厘清国企治理、“国/民”差异以及市场化改革等相关研究及其实践领域中的**诸多争议与判断**，为新时期持续推进国企改革及其有效治理、优化构建“亲清政商关系”以及**更好推动**民营经济振兴和创新驱动高质量发展的战略构划及其新政导向，进一步**廓清视野、明晰问题、找准落点**。

创新是推动市场持续健康发展的真正动力（Ang 等，2007；Aghion 等，2005；Aghion 等，2013；Chen 等，2005；Lin 等，2010）。只有在要素资源获取以及市场竞争参与的“**全环节**”上着力营造出一个“资源－效率”匹配、“规制－法治”兼顾——“市场充分开放＋政府监管适度”的中道平衡——的**公平竞争环境**，才能有效引导和推动诸多民企“**重新**”回归到依靠创新驱动高质量发展的市场竞争正轨上来。为此，持续推动国企改革及其有效治理而促生的“**引导－示范效应**”至关重要。这既是适应制度背景、因应新政导向的务实而高效的**治理路径**，也是塑造和培育我国“企业发展健康生态”的长远战略需要，**唯此才能形成**创新驱动高质量发展的“**国－民合力**”，进而夯实和奠定中国国民经济整体的“**增长之基**”。

基于此，本研究指出，**在全面深化改革的新时期，除须进一步优化政企关系、推进国企的改革外，还须特别关注**诸多民企的经营取向及其效率变迁，**须特别关注**民企群体自身的**治理转型**或其“**内涵式革新**”问题①，**须特别重视**国企改革进程及其治理效果对于广大民企行为的**示范引导效应**，即要通过持续推动国企改革及其有效治理而促生的“**正外部效应**”**引导和推动**更多民企回归创新驱动高质量发展的市场竞争正轨，**夯实和形成**民企适应转型的“**治理新动力**”及“**改革新常态**”；进而使得对于显著

① 不能只拘泥于股权结构界定的企业性质的表层，如同国企本无垄断或低效的“原罪”一样，民企也“不等同于”市场化和效率。政府支持或其政策资源是企业发展的必要依赖，充分的市场竞争与适度的政府监管的“动态的中道平衡”，是与一国/地区的特定制度背景及其发展阶段相适应的，故民企的贡献也不只是其自我创新效率的提升，而国企的社会性负担也在“减损”其价值或效率。

“国/民”差异的消除和治理，能够彰显出因应市场规律的“**正向引导**”（国企对于民企）以及“**反向催迫**”（民企对于国企）效应。这符合市场经济公平竞争、提质增效的本旨，**也是**新时期中央**何以坚持**推动国企改革及治理、不断优化法治及政商环境、重振中国民营经济的现实动因及背景。

中篇

问题之实证及其结果

本书整体采用“总－分框架、理－实布局”，即首先梳理阐述研究问题及其思理逻辑，然后区分命题予以实证分析及检验。本书略分**三篇八章**，这里的**中篇聚焦**“问题之实证及其结果”，拟立足于中国特定环境之下的现象、事实及其“基本规律”的客观呈现或其制度背景之“综观”，从投资效率、企业创新、金融化依赖以及僵尸企业处置的直接攸关及拓展视角，为民企“竞争性模仿”之经济后果或效率损失以及其治理转型等提供经验证据与政策启示。

本书中篇具体包含四章，其中：

第 3 章基于投资效率视角，考察民企的“竞争性模仿”是否有损其投资效率；

第 4 章基于企业创新视角，考察民企的“竞争性模仿”是否损害其创新效率；

第 5 章基于金融化投资视角，考察民企的“竞争性模仿”是否会加剧其金融化依赖；

第 6 章基于僵尸企业处置视角，在第 5 章基础上进一步考察民营僵尸企业是否更易金融化，为民企“竞争性模仿”之经济后果或其“溢出效应”等提供拓展性证据。

第3章　民企的“竞争性模仿”有损其投资效率吗？

【本章提要】

本章结合我国的制度环境，基于我国沪深A股民营上市公司样本，从投资效率的视角，实证考察我国诸多民企的“竞争性模仿”行为是否以及如何影响其投资效率。**研究发现**，民企的“竞争性模仿”确实会损害其投资效率，而这种损害正是通过加剧产品市场的无序竞争而造成的；进一步研究发现，在政府干预程度更高的地区，民企“竞争性模仿”引致的投资效率损失会更为严重。

本章的研究结果为中国诸多民企的“竞争性模仿”行为取向及其效率损失提供了经验证据与“**风险警示**”，同时也**揭示了**持续推进国企改革及其治理以及**民企自身之治理转型**对于创新驱动我国国民经济整体的高质量发展的**战略攸关意义**。

3.1　引　言

20世纪初期，国有企业在欧洲国家兴起并迅猛发展，但到了20世纪80年代，国家所有制引发的委托代理问题与政策性负担使得国有企业效率低下的弊端逐渐暴露，英国政府率先大范围公开拍卖国有企业，在全球范围内掀起了国企私有化浪潮。为了激活国有企业，使国企摆脱效率低、业绩差的困境，我国自1992年以来，也走上了国企民营化道路。据世界银行统计，仅在2000－2008年间，中国就有183件100万美元以上的国企民营化事件。

然而，结合新兴/转轨背景下的中国，在国有企业积极引入民营成分，追求民企高效率的同时，民营企业对国有企业也有着诸多的“**羡慕**”。由于国企的天然政治联系，国企往往比民企更易获得更多的长期贷款、财政补贴以及各种政策性便利等诸多好处（Mitnick，1993；Fisman，2001；胡旭阳，2006；余明贵等，2010；宋增基等，2014；杜勇和陈建英，2016）。**那么**，对于在“事前的”政策安排以及“事后的”市场竞争方面都面临诸多“歧视”的民营企业来说，要想在激烈的竞争中保持生存和发展，民企是否会主动采取一些“迎合”或模仿的手段，即采取与国企相似的经营行为，进而走上“类国企化”或所谓“竞争性模仿”的道路呢？Allen（2005）的研究指出，在经济体制不够完善、法律保护较弱的中国，其民营经济之所以能够迅速发展，在于民营企业找到了很好的非正式机制，即基于关系、名誉和信任基础上的替代机制：寻租竞争、构建政治关联（潘越等，2009；杜兴强等，2010；杨其静，2011）。事实上，民企的这种利用“后天努力”弥补“先天禀赋缺陷”的做法，确实可以帮助企业获更多的融资便利（白重恩等，2005；罗党论和甄丽明，2008）、税收优惠（Khwaja 等，2005；吴文峰等，2009；李维安等，2016）以及政府补贴（Faccio 等，2006；许罡等，2012；杨洋等，2015）等诸多稀缺资源。**然而，**民企的这种“竞争性模仿”行为对于其投资效率的影响又会如何呢？民企在“**效仿**”国企的同时，是否也会走上国企投资低效的老路？进而又是否会造成更大或更普遍的效率损失呢？诸此等等问题，现有研究并未给出令人信服的解释甚至尚未予以明确关注。现有研究**仍然更多集中于**探讨国企与民企的待遇差别以及国企的效率损失问题，**尚绝少涉及**对于民企行为嬗变及其经济后果的纵深分析与评判；而考虑到民企的数量及其主体地位等背景，在我国全面深化改革开放、深入推进国企改革、优化产业结构以及重振民营经济的新时期，民企的这种非市场化的“竞争性模仿”行为可能会造成更大的效率损失。投资效率是衡量公司绩效的重要指标，投资决策往往攸关公司成败，鉴于此，本章拟从投资效率的视角实证考察我国民企“竞争性模仿”行为的经济后果。

作为公司重要的外部治理机制，充分的市场竞争（PMC）和优胜劣汰的竞争机制有助于弥补公司治理缺陷、优化资源配置，进而提升企业投资效率。然而，在新兴/转轨的制度背景下的中国，国企仍然享受着诸多的管制性便利，而民企在**要素资源获取以及市场竞争参与**等方面仍然面临诸多劣势，尚无法与国企进行公平的竞争。为了生存与发展，民企势必也会模仿即采取与国企相雷同的经营方式以获取必要的要素资源并参与竞争——本研究将之界定为民企的“竞争性模仿”。**那么，**这种简单的“竞争性模仿”现象或非市场化竞争行为的“普及”是否会**阻碍甚至恶化**我国的市场竞争环境呢？市场竞争（PMC）环境的变化对民企投资效率的影响又是怎样的？企业经营行为或其模式的变迁**内生于**其所在的行业竞争环境及其制度背景，在政府依然主导资源配置、国企依然享受管制便利的新兴/转轨经济背景下的中国，诸多民企的经营行为嬗变或其“竞争性模仿”取向**很可能进一步加剧**市场的无序竞争，进而有损企业绩效甚或造成更大的效率损失，而现有研究尚未对这些问题予以更深入、更具针对性的考察。

基于上述考虑，本章主要聚焦**如下三个问题**：其一，民企的“竞争性模仿”取向是否普遍存在？如果存在，那民企“竞争性模仿”取向的制度渊源又何在？其二，民企的这种类似“理性”的选择在我国市场化改革不断深化并日益凸显其法治经济之本质特征的背景下①，会如何影响民企的投资效率？本章试图厘清“竞争性模仿”何以影

① 从长远看，在制度环境日益完善的新时期，这样的获利渠道必将日趋狭窄，其成本也会日趋高昂（Chen 和 Puttitanun，2005）。

响民企投资效率的作用机制；其三，政府干预作为影响企业尤其是民企行为嬗变的一个制度背景，是否会加剧民企的“竞争性模仿”引致的投资效率损失？

在我国持续推进以优化政企关系与国企治理为核心的经济体制改革、进一步优化市场竞争环境以及推动落实十八届三中全会《决定》提出的全面深化改革的新时期，本视角的研究具有鲜明的理论与现实意义。相对于现有研究，基于本视角研究的差异化贡献主要体现在**如下两个方面**：一是现有研究仍多**单向关注**国企的效率、国企民营化以及国企治理等问题，尚无直接关注民企“竞争性模仿”取向及其形成路径与经济后果的相关研究，本研究在政治关联的基础上进一步界定了民企“竞争性模仿”，并从投资效率的角度考察民企行为嬗变的经济后果；二是本章基于产品市场竞争（PMC）的新视角，为中国诸多民企的“竞争性模仿”行为及其效率损失提供了机理解释与“**风险警示**”，这对于促进**民企治理转型**、行业竞争格局优化以及推动创新驱动高质量发展等具有明确的参考价值。

本章余文安排如下：第二部分是理论分析、文献综述与研究假设，第三部分是实证研究设计，第四部分是实证结果分析，最后是本章结论及其启示。

3.2 理论分析、文献综述与研究假设

3.2.1 民企“竞争性模仿”取向的形成：诱致性变迁

众所周知，中国的“渐进式改革”的成功**主要得益于**实现了所谓的“**增长衔接**”（张杰，1999），即集体经济依赖“模糊产权”结构和地方政府的金融支持**弥补了**国家通过价格双轨、金融补贴及强有力的金融控制下国有经济的产出下降，而民营经济在20世纪90年代的迅速崛起又**很好弥补了**集体经济暴露出的“模糊产权”的局限性和过渡性而出现的停滞。**可见**，民营经济的崛起**除得益于**民企自身的勇于开拓、积极创新精神外，也**更多得益于**改革开放时代背景下各级政府的积极支持，是一系列制度的创新变革与良性变迁的结果（陈林和朱卫平，2011；吴昊旻，2018）。可以说，自20世纪90年代以来，民营经济在面对着越来越紧的发展约束（如产权弱势、行业壁垒等）的情况下依然保持着较快的增长，为我国国民经济的发展做出了巨大贡献，其顽强的生命力被Allen（2005）叹服为“**中国发展之谜**”[①]。随着改革开放以来中国市场经济体制的逐步确立，虽然政府干预在逐步减少，但在以“政治集中、经济分权”为主要制度背景的中国渐进式改革模式下，资源配置**仍然呈现出**明显的非市场化特征，政府对于稀缺资源的控制和对经济干预的能力依然很强，**甚至仍然在**资源配置中发挥着**主导性作用**。因此，企业就会有强烈的动机通过构建显性或隐形的政治关系，以获取更多

① Allen（2005）一方面对中国经济的高速增长的现状表示惊讶，另一方面也表示无法从中国正式的金融与法律制度中得到解释。因此，他从非正式制度安排的视角来解释中国的民营企业崛起之谜。

的优惠政策（张敏和黄继承，2009；吴联生，2010）和投资项目（罗党论和唐清泉，2009；徐业坤等，2013）、更多的银行贷款和更长的还款期限（余明桂和潘红波 2008）以及更多的政府好感与信任（高勇强等，2012），从而使政府制定出有利于其自身发展的政策（Hellman 等，2003；杨洋等，2015）。

近年来——尤其是自党的十六大以后，**一个值得关注的现象**是中国的民营企业家们参政议政的积极性显著提高，越来越多的民营企业家主动参政议政，并日益赢得一定的政治地位（邓建平和曾勇，2010）①。正如诸多研究指出的那样，作为一种有价值的企业资源，民营企业家不惜花费大量的时间、精力与金钱在同政府打交道（Fisman，2001；张维迎，2001；梁莱歆和冯延超，2010）、处理与政府官员关系上，以寻求政治庇护并获取当地政府在能源、金融等稀缺资源供应上的支持（Che 和 Qian，1998；于蔚等，2012），政治战略的运用越来越被民营企业所重视（田志龙等，2003；陈钊等，2008）。已有研究表明，由于中国尚未完全形成以市场为主导的资源配置体系，市场机制及其制度环境仍然相对不确定、不完善，这使广大民企很难得到与国企相同的待遇。受制于先天性产权劣势等约束，要与国企相“争衡”，民企只能更多依靠其“后天的努力”，即会**更倾向于采取或依赖**诸如政治关联、寻租等替代性的非正式机制来争取政府的青睐和政策的适度倾斜，以求突破限制其发展的诸多**制度性障碍**（McMillan，1997；McMillan 和 Woodruff，2002；Allen 等，2005；余明桂和潘红波，2008；田利辉和张伟，2013），进而才能在国企占优的行业领域甚或其“不屑”的微利空间谋得竞争性收益。企业的外部环境和企业自身行为存在着交互作用，企业之间、企业家之间也存在着潜在的互动（姚晶晶等，2015），**加之**，寻租性行为是高度竞争的（Kruger，1974），其竞争方式往往具有显著的“传染效应”——因其更易模仿，故在利益诱导之下，企业间的竞争行为选择**势必日益趋同**。国企享受的诸多管制性便利**势必会诱致**民企的经营行为转变，进而引致诸多民企的“理性”追随或**简单模仿**——尤其是在这种行为转变获取了明显的利好或回报时就更会显著。

诸多证据显示，民企的这种以非市场化手段采取与国企经营发展模式相雷同的“竞争性模仿”行为，确实为民企带来了更多的融资便利、税收优惠、产权保护以及更低的行业进入壁垒等，为其自身的发展谋得了更多的利好（Mitnick，1993；Fisman，2001；胡旭阳，2006）。在此背景之下，**可以预见**，众多中小型民营企业为进一步争取市场空间、巩固市场势力，势必会更加依赖于政府的直接赋予甚或政企的相互寻租；而那些既有规模已经做大、市场地位已然巩固的大型民企，则很可能会因更多的政府“青睐”而变得日益强大甚或演变为**相似的“行政性垄断”企业**。**可以认为，诸多民企的这种背离市场竞争正轨的简单模仿行为实质上是一种“退变”**。

3.2.2 民企的“竞争性模仿”与其投资效率

在深化改革的关键时期，优化投资结构是扩大内需与转变经济发展方式的主要内

① 邓建平和曾勇（2010）的研究数据表明，在我国，存在政治关联的民营企业的占比已经接近67%。

容，企业的投资效率差异及其影响因素，长期以来一直备受关注。企业主要通过融资和投资行为参与市场竞争，而企业的投资行为主要由企业的融资能力与水平决定。现实中的企业普遍具有扩张冲动（Jensen，1986；杜兴强等 2011；金宇超等，2016），那些更易获得更多贷款尤其是长期贷款的企业，往往拥有更多的投资机会。因证券市场上的权益融资需要满足更多的条件，银行贷款一直是我国企业的主要资金来源，故银企关系及其背后的政企关系就成为制约我国民营企业发展及其投融资行为的关键环境因素。相对于一般民企，那些“竞争性模仿”民企，因其获得了政府的管制性便利，故拥有更强的融资能力以及更好的融资预期，即“竞争性模仿”民企也会如同国有企业一样，面临着更小的融资约束，也因此更容易产生过度投资行为。很多学者运用投资－现金流敏感度从公司治理的角度分析发现，更多的融资便利以及补贴优惠带来的更多的现金，更易造成企业的投资效率损失（Beason 和 Weinstein，1996；Bergstorm，2000；Pindado 和 Torre，2006；倏业坤和李维安，2016）。

另外，企业内部的代理问题以及管理层过度自信的存在，往往是引致公司投资低效的一大根源。为维护和提升其政治地位，管理层往往会通过不断扩大企业规模以巩固其政治资本。与国有企业以及其他大型企业一样，那些面临较少融资约束的“竞争性模仿”民企，也很可能会为了追求建立企业帝国而不断扩大投资规模，甚至投资净现值为负的项目，进而产生过度投资。同时，与国企的高管相类似，那些拥有或获得了政治资源优势的民营企业家们，往往也会更加自信，并对其已“获得甜头”的政治资源产生更强的依赖，而这会进一步加剧企业的代理问题（如更多的寻租等），进而导致更多的非效率投资。基于此，本章首先提出假设 1：

H1：民企的“竞争性模仿”会损害其投资效率。

3.2.3　产品市场竞争、民企的“竞争性模仿”与投资效率

充分的市场竞争和优胜劣汰的市场化机制有助于弥补公司治理的缺陷，提升资源配置的效率（Shleifer 和 Vishny，1998）。**那么**，当民企凭借自然竞争而获取和创造其核心竞争优势的市场化导向转变为依赖政治关联、寻租等非市场化手段的“竞争性模仿”取向时，这些民企的投资效率还会得到可持续提升么？诸多民企的“竞争性模仿”取向在一定程度上反映出我国目前的市场经济体制尚不完善，以公平和效率为核心的市场竞争机制尚未完全确立起来。缺乏一个公平竞争的环境被认为是造成我国国有企业效率低下的一个根本原因（高鸿业，1994；林毅夫，1995）。因此，从长远看，民企的“竞争性模仿”即其通过政治关联、寻租等非市场化竞争手段获取的利益同样也是不可持续的（Faccio，2006；杨其静，2011；喻坤等，2014），尤其是在我国的制度环境日益完善的新时期，这样的获利渠道必将日趋狭窄，而其成本也会日益高昂（Chen 和 Puttitanun，2005）。

产品市场竞争（PMC）被认为是公司重要的外部治理机制。**然而**，在我国新兴/转轨的制度背景下，国企仍然享受着诸多的管制便利，而民企在要素资源的获取以及市场竞争的公平参与等方面仍然面临诸多劣势，尚无法与国企进行公平竞争。企业的经

营行为变化是内生于其所在的行业竞争环境和制度背景的，为了谋求生存与发展，诸多民企势必会模仿国企的经营模式即采取“竞争性模仿”的方式以获取要素资源并参与市场竞争。**可以预见**，在政府的倾斜性政策以及国企享受的管制便利的诱导下，诸多民企的经营行为转变即其“竞争性模仿”很可能会进一步加剧市场的无序竞争，扭曲我国的行业竞争结构，进而有损民企的投资效率甚或造成更大的效率损失。

此外，由于信息不对称和契约问题的存在，高昂的外源融资成本（即严重的融资约束）将使企业因内部资金不足而面临被“掠夺”的风险（如投融资机会和市场份额），而这种风险主要取决于公司的投资项目与市场竞争者的紧密程度（Froot 等，1993），故企业的投资与其所在行业的市场竞争程度紧密相关。当企业对于“竞争性模仿”取向下的“关系”而非“能力或效率”产生更强的依赖时，市场的无序竞争以及要素资源低效配置的加剧，不可避免地会导致更大程度或更大范围的效率损失。**可见**，产品市场竞争（PMC）在企业行为选择与其投资效率的变化之间可能具有“**中介效应**”，即民企的“竞争性模仿”引致的投资效率损失很**可能源于**行业竞争结构或市场竞争格局的**非效率性变迁**。基于此，本章提出如下的假设2：

H2：民企的“竞争性模仿”通过加剧市场的无序竞争进而降低了其投资效率。

3.2.4 政府干预、民企的“竞争性模仿”与投资效率

近年来，我国实施积极的财政政策，扩大了政府的投资规模，促进了政府控制企业的投资力度及其预算软约束（Chapman，2010；徐一民和张志宏，2010）。与国企相类似，这也会引致“竞争性模仿”民企因滥用资金而产生的非效率投资行为；同时，与国企的政策性负担亦相类似，那些“竞争性模仿”的民企也会有更强的内在动力去维护或强化其与政府的关系，为了迎合**政府的“干预之手”**，往往也会迫于政府的政治目标而扩大投资、承担更多的就业和税收等政策目标（曾庆生和陈信元，2006），进而导致企业或投资于不利于自身利益最大化的项目，或对更好的投资机会不再敏感，最终损害其投资效率（邓建平和曾勇，2009；梁莱歆和冯延超，2010；Zhou，2013；李传宪等，2013）。

此外，**政府的“扶持之手”**还会削弱产品市场竞争对于“竞争性模仿”民企的压力或积极影响，阻碍他们通过技术创新的竞争而获取市场竞争的优势。民营经济不仅是支撑我国经济持续快速增长的重要力量，同时也是技术创新的主力军，对于提高我国的自主创新力、推动我国经济的转型升级发挥着举足轻重的作用。理论界与实务界已然认识到，中国近30年的高速增长**主要依靠的是**投资驱动的粗放式增长而非生产效率的持续增长获得的（郑京海等，2008），而这种粗放式的增长模式在创新驱动发展的新时期已然不可持续。诸多民企的“竞争性模仿”选择的背后正是这种非市场化的、主要依赖政府主导或引导投资以及资源配置的、计划经济思维的、粗放式增长的老路，故其效率自然也是不可持续的——**值得注意的是**，最先走上这条道路的恰恰是民企中的那些最有生产效率的企业，这势必会进一步加剧市场的无序竞争甚至会恶化我国的市场竞争环境。**保持适度的政企关系无可厚非**，这也是各国经济发展的成功实践以及

新规制经济学等理论所昭示的客观规律，但政府对于经济的过多干预引致的企业对于管制便利的**过度“路径依赖”**，也早已被诸多的研究和实践印证其无助于持续提升企业的绩效，而且这与中央自十八届三中全会《决定》即明确的“要保证各种所有制经济依法平等使用生产要素、公开公平公正参与市场竞争、同等受到法律保护”的全面深化市场化改革的新政导向亦背道而驰。**可以预见**，在以国企治理为核心的全面深化改革的攻坚时期和深水区，民企的这种“**适应性转变**”或过度路径依赖无疑会在诸多国企仍有待提质增效的格局下进一步加剧市场的低效及无序竞争，甚或会使得“国企日国、干预日盛、创新日弱”①，最终加剧政企关系的“**恶性循环**”并引致更大的效率损失。基于此，本章提出假设 3：

H3：更严重的政府干预会进一步加剧民企的“竞争性模仿”对其投资效率的损害。

3.3　实证研究设计

3.3.1　样本与数据

本章基于 2000－2013 年中国沪深 A 股民营上市公司样本，剔除了金融业、ST 及 PT 的上市公司、同时发行 B 股或 H 股的公司、数据缺失的公司，最终得到 7000 个样本观测值。同时，为了剔除极端值的影响，我们对所有连续变量进行了 1%－99% 水平的 Winsorize 处理。本章使用的数据主要来源于 CSMAR 和 RESSET 数据库，其中，高管的政治关联是通过 CSMAR 数据库中的高管个人简历信息手工搜集处理所得。本章的描述性统计及其回归检验均使用 STATA12.0 软件。

3.3.2　变量设置

（1）被解释变量：投资效率。本章首先根据 Richardson（2006）的研究模型估算出企业正常的资本投资水平，然后以其模型残差的绝对值作为投资效率的代理变量来考察民营企业的投资效率水平。

（2）解释变量：“竞争性模仿”（CI）。基于第 2 章的概观性理论分析，本章将民企的“竞争性模仿”界定为，“在新兴/转轨的制度背景下，由政府的倾向性/差别化政策以及国企享受的管制性便利所诱致的、诸多民企通过非市场化手段（如政治关联、寻租等）在要素资源获取以及市场竞争参与等环节采取的、与国企经营相雷同的简单模仿行为”。结合特定的制度环境，本研究认为，我国诸多民企“竞争性模仿”行为的表现形式或其形成路径可以略分为**如下两类**：

A. 显性政企关系：政治关联（Political Connection）。关于政治关联的度量，本研

① 参见第 2 章理论分析相关部分的脚注。

究采取与主流研究相一致的普遍性做法（余明桂，2008；蔡卫星等，2011），即：如果公司的现任董事长或 CEO 简历中包含“政府”“人大”“政协”或“省委/市委/县委/区委/镇委”时，则定义该公司这一年具有政治关联。

B. **隐性政企关系：寻租竞争**（Rent - Seeking Competition）。考虑到政治关联与寻租行为的相似性以及其复杂性，本研究将“寻租”（Rent - Seeking）界定为一般或直接的政治关联之外的“**隐性或间接**”的政治关联，在实际中多数表现为通过利益输送（寻租）或官员贪腐（创租）等非常规手段而谋取到的政府管制便利。由于寻租行为的隐秘而难以具体量化，相关研究往往通过解读公司财务报表中的“**超额管理费用**”而予以近似度量。为此，本研究借鉴杜兴强（2011）等研究的做法，首先对影响管理费用的诸多因素进行分析，依据模型（3 - 1）计算出特定企业的期望管理费用，然后通过计算实际管理费用和期望管理费用的差额，依据模型残差（3 - 2）得到超额管理费用，如果该企业当年的超额管理费用大于零，则将其定义为当年企业发生了寻租行为。

$$\hat{AE} = \lambda_0 + \lambda_1 Lnsale + \lambda_2 Lev + \lambda_3 Growth + \lambda_4 Magnum + \lambda_5 Staff + \lambda_6 Auditor + \lambda_7 Age + \lambda_8 Prclevel + \lambda_9 HI + \lambda_{10} Margin + \lambda_{11} CI + Accper + Ind + \mu \quad (3-1)$$

$$EAE = AE - \hat{AE} \quad (3-2)$$

（3）模型设置。本研究参照 Richardson（2006）的方法，设定投资效率的回归模型如下：

$$INV_{i,t} = a_0 + a_1 INV_{i,t-1} + a_2 Lev_{i,t-1} + a_3 Age_{i,t-1} + a_4 Roa_{i,t-1} + a_5 Size_{i,t-1} + a_6 Cash_{i,t-1} + Accper + Ind + \zeta_{i,t} \quad (3-3)$$

对（3 - 3）式中残差取绝对值（$\triangle INV$）即表示企业的投资效率。本章实证研究涉及的变量具体见表 3 - 1：

表 3 - 1　变量定义表

变量类型	变量符号	变量名称	变量定义
被解释变量	ΔINV	投资效率	模型（3 - 4）回归结果残差的绝对值，表示 t 年的投资效率水平，其值越小，则投资效率越高
解释变量	*CI*	民企的“竞争性模仿”	民营企业中具有政治关联与企业寻租的并集。存在“竞争性模仿”时取值为 1，否则取值为 0
	Political	政治关联	如果公司的现任董事长或 CEO 简历中包含“政府、人大、政协”或“省委/市委/县委/区委/镇委”等时则取 1，否则取 0
	EAE	超额管理费用	实际管理费用与根据模型（3 - 1）估计的期望管理费用之间的差额
	PMC	产品市场竞争	$HHI = \sum_f (X_f / \sum X_f)^2$，$X_f$ 为公司 f 的销售额
	Gov	政府管制	采用樊纲和王小鲁（2011）的中国市场化指数中的政府干预指数。因其数据截至 2009 年，2010 年指数等于 2009 年的指数加上 2007 年、2008 年、2009 年这三年相对于前一年指数增加值的平均数，2011 年和 2012 年指数推算方法同上。当该地区的政府干预指数大于中位数时取 1，否则为 0

续表

变量类型	变量符号	变量名称	变量定义
解释变量	*INV*	投资水平	构建固定资产无形资产产生的现金净流出量
	Magnum	董事会人数	公司董事会人数的自然对数
	Staff	职工数	公司在职雇员数的自然对数
	Auditor	审计师	上市公司的审计师为四大审计事务所取1，否则取0
	Age	企业年数	企业的上市年数
	Prclevel	物价指数	在职雇员平均工资水平 = 应付职工薪酬/在职雇员数
	HI	股权集中度	上市公司前五大股东的赫斯费尔德指数
	Margin	盈利能力	公司毛利率
	CI	资本密集度	固定资产/总资产
	FCF	自由现金流量	经营活动中产生的现金净流量的自然对数
	Cash	现金流量	货币资金/总资产
	Growth	增长率	主营业务收入增长额/上一期主营业务收入
	Lev	财务杠杆	年末总负债/年末总资产
	Roa	盈利能力	净利润/平均资产
	Size	公司规模	公司年末总资产的自然对数
	Accper	年度	年度虚拟变量
	Ind	行业	行业虚拟变量

3.4 实证检验与分析

3.4.1 描述性统计

按照本研究的界定，图3－1描绘了样本期间我国民营上市公司“竞争性模仿”行为的数量特征。由图3－1可见，我国民企的“竞争性模仿”现象一直存在且呈现出日益普遍的趋势。**值得注意的是**，在经过2008年蔓延至实体经济的全球性金融危机之后，面对大量企业投资机会急剧减少、融资难度加大、经营难以持续等现状，包括美国等发达地区在内的很多国家的政府均出台了相应的干预政策，以缓解和应对这种非常态的**市场失灵困境**。我国政府也相继实施了一系列积极的财政政策和宽松的货币政策，明确鼓励企业“现金为王”，并主动为“符合条件”的企业提供融资便利等政策性扶持。**可见**，经过危机“洗礼”后的适应性调整，也使得越来越多的民营企业家进一步意识到获取更多政策性扶持的重要性。

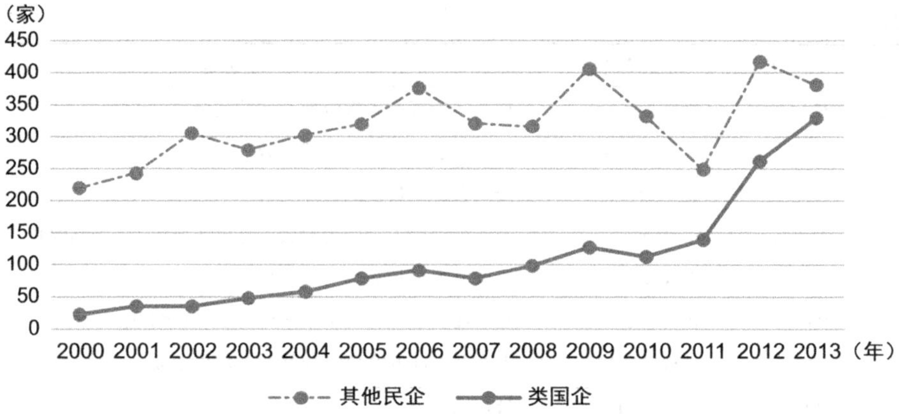

图3－1 民营企业的“竞争性模仿”行为：数量特征

表3－2与表3－3报告了本章涉及的主要变量的描述性统计结果和主要变量的相关性分析结果。如表3－2所示，投资效率的均值为3.71%，最大值为10.64%，最小值为0.28%，表明上市民企的投资效率差异较大，这与已有研究的结果基本一致（Qian和Xu，1998；罗党论和甄丽明，2008；Hao等，2011；喻坤等，2014）。表3－3中，主要变量“竞争性模仿”（CI）与企业投资效率损失显著正相关（$r=0.0349$，$p<1\%$），说明民企的“竞争性模仿”会损害其投资效率，初步验证了假设1的预期。

表3－2 主要变量的描述性统计

变量	样本容量	平均值	1/4	最小值	3/4	最大值	标准差
ΔINV	7000	0.0371	0.0153	0.0028	0.0518	0.1064	0.0275
CI	7000	0.2070	0	0	0	1	0.4051
PMC	7000	－1.8015	－2.2723	－6.9157	－1.4073	0.9230	0.8224
Lev	7000	0.4677	0.3215	0.0613	0.6158	0.9369	0.1965
Roa	7000	0.0385	0.0135	－0.1707	0.0623	0.2000	0.0524
Size	7000	21.6450	20.8282	19.2315	22.2942	26.4351	1.1793
FCF	7000	18.6799	17.7105	14.1721	19.639	23.7987	1.6034
Tang	7000	0.2897	0.1580	0.0033	0.4025	0.7761	0.1751

表3－3 主要变量的相关性分析

变量	*ΔINV*	*CI*	*LEV*	*ROA*	*Size*	*FCF*	*Tang*
ΔINV	1.0000						
CI	0.0349***	1.0000					
LEV	－0.0304**	－0.0863***	1.0000				
Roa	－0.0292**	－0.0056	－0.4155***	1.0000			
Size	－0.0946***	－0.1963***	0.3449***	0.0648***	1.0000		
FCF	－0.0516***	－0.1546***	0.2021***	0.2512***	0.7465***	1.0000	
Tang	0.1156***	－0.0709***	0.0625***	－0.1306***	0.0286**	0.1136***	1.0000

注：* $p<0.10$；** $p<0.05$；*** $p<0.01$。

3.4.2 多元回归分析

本章聚焦民企的“竞争性模仿”是否以及如何损害了其投资效率。表3－4逐步加入控制变量的回归结果显示：解释变量“竞争性模仿”（CI）的系数均在1%的水平上显著为正，这表明民企的“竞争性模仿”会显著损害其投资效率，假设1得到验证。

表3－4　　民企的“竞争性模仿”与投资效率损失

	投资非效率		投资非效率		投资非效率
CI	0.00739***	*CI*	0.00716**	*CI*	0.00295**
	－0.00243		－0.00327		－0.00103
_cons	0.33259***	*Size*	－0.00692***	*Size*	－0.00289***
	0.00832		－0.00138		－0.00057
		LEV	0.00815	*LEV*	0.00143
			0.00571		0.00251
		Roa	0.01059	*Roa*	0.00738
			0.00593		0.00913
		FCF	0.00327**	*FCF*	0.00111**
			0.00118		0.00038
		Tang	0.00736	*Tang*	0.00435
			0.00263		0.00353
		_cons	0.09311***	*_cons*	0.07955***
			0.00087		0.00916
Ind	No	*Ind*	No	*Ind*	Yes
Accper	No	*Accper*	No	*Accper*	Yes
r2	0.02410	*r2*	0.05209	*r2_a*	0.06254
N	7000	*N*	7000	*N*	7000
F	19.75257	*F*	18.03190	*F*	15.09871

注：$N=7000$；* $p<0.10$；** $p<0.05$；*** $p<0.01$，括号内为标准误。

进一步考察产品市场竞争（PMC）是否具有部分中介效应，本章借鉴温忠麟等（2004）的方法采用如下的中介效应模型（3－4）、（3－5）、（3－6）来检验民企的“竞争性模仿”行为是否是通过加剧产品市场的无序竞争进而损害了其投资效率。为此，结合研究关切，本章设计的具体检验过程如图3－2所示。

$$\Delta INV_{i,t}=\theta_0+\theta_1 CI+\theta_2 CONTROLS+Accper+Ind+\mu \tag{3-4}$$

$$PMC=b_0+b_1 CI+b_2 CONTROLS+Accper+Ind+\mu \tag{3-5}$$

$$\Delta INV_{i,t}=c_0+c_1 CI+c_2 PMC+c_3 CONTROLS+Accper+Ind+\mu \tag{3-6}$$

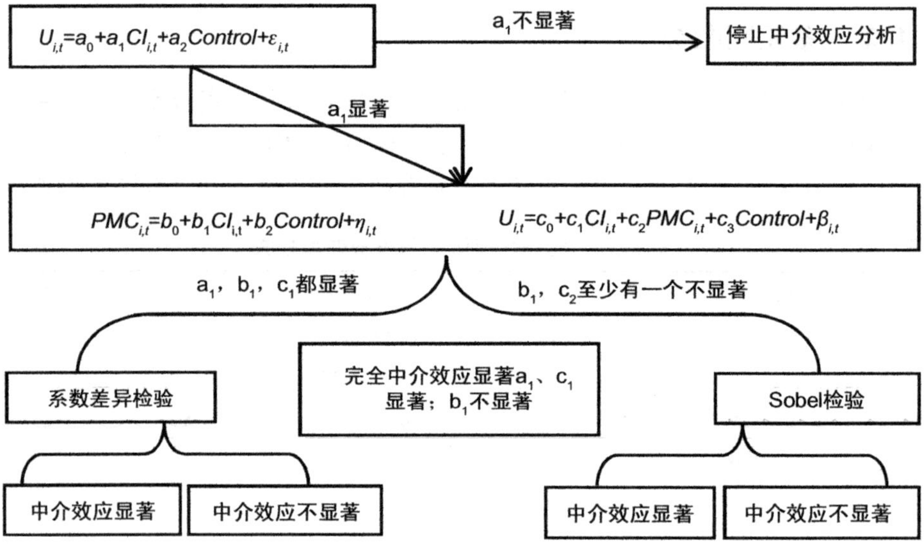

图3－2　中介效应检验程序

依据上面的检验程序，首先，本章以企业投资效率为因变量、民企的“竞争性模仿”为自变量构建了模型（3－4），以检验“竞争性模仿”的回归系数是否显著，若不显著则停止中介效应检验。由表3－5第（1）列的回归系数 a_1 在5%水平下显著（$a_1=0.00295$）的结果可见，民企的“竞争性模仿”与其投资效率负相关，即假设1得到验证。因此，可以进行下一步的中介效应检验。

为此，本章又以产品市场竞争（PMC）为因变量、以民企的投资效率及其“竞争性模仿”为自变量构建了模型（3－5），以检验自变量对中介变量的影响是否显著，得到相关系数 b_1。需要说明的是，为保证产品市场竞争（PMC）之影响的可靠性，本研究采用行业集中度指标（HHI）与价格成本边际指标（PCM）对其进行多维的度量。随后，在模型（3－4）的基础上加入产品市场竞争中介变量得到模型（3－6），通过回归分析取得自变量的回归系数 c_1 与中介变量的回归系数 c_2。此时，若 b_1、c_2 中有一个不显著，则不能判定中介效应不显著，应继续进行Sobel检验；若 b_1、c_2 均显著，而 c_1 不显著，则可判定完全中介效应成立；若 b_1、c_1、c_2 均显著，为保证统计的显著性，则需进行系数差异化检验以确定模型是否具有部分中介效应。由表3－5的第（3）列加入中介变量产品市场竞争的结果可见，产品市场竞争（PMC）与企业非效率投资显著正相关（$c_1=0.00296$），并且回归系数 b_1、c_1、c_2 均显著；进一步根据中介效应的系数差异检验方法计算到统计量 t：$t=(a_1-c_1)/S_{(a_1-C_1)}$。通过回归分析，得出 a_1 与 c_1 的标准差均为0.00157，民企“竞争性模仿”与产品市场竞争（PMC）的相关系数为0.025，a_1 为0.00295，c_1 为0.00260，最终计算得出 t 统计量显著（$t=8.92$）。同理，当以HHI度量产品市场竞争时，c_1 显著，而 b_1、c_2 均不显著，则利用sobel检验，最终计算得出 z 统计量显著（$z=1455.7$）。由此得出产品市场竞争的部分中介效应显著，即民企的“竞争性模仿”确实是通过加剧市场的无序竞争进而损害了民企的投资效率，假设2得到了验证。

表3-5　　民企的“竞争性模仿”、产品市场竞争与非效率投资

第一步：投资效率（a）		步骤二（2）			步骤三（3）		
变量	投资非效率（a）	第二步：产品市场竞争（b）			第三步：投资非效率（c）		
		变量	*PCM*	*HHI*	变量	*PCM*	*HHI*
CI	0.00295**	*CI*	−0.11167***	−0.00134	*CI*	0.00260*	0.00296**
	−0.00103		0.02963	0.00166		0.00103	(0.00103)
Size	−0.00289***	*Size*	−0.08250***	−0.00144	*PMC*	−0.00316***	−0.00413
	−0.00057	0.01611	0.00114	0.00047		0.00712	(0.00712)
LEV	0.00143	*Roa*	0.78492*	0.02995	*Size*	−0.00270***	−0.00288***
	0.00251	0.37540	0.01530	0.00057		0.00057	(0.00057)
Roa	0.00738	*FCF*	0.02618	−0.00085	*LEV*	0.00247	0.00140
	0.00913	0.01336	0.00069	0.00252		0.00251	(0.00251)
FCF	0.00111**	*Tang*	0.56379***	0.00760	*Roa*	0.00644	0.00721
	0.00038	0.08090	0.00513	0.00911		0.00913	(0.00913)
Tang	0.00435	*_cons*	−0.33226	0.16831***	*FCF*	0.00103**	0.00111**
	0.00353	0.23647	0.01902	0.00038		0.00038	(0.00038)
_cons	0.07955***				*Tang*	0.00258	0.00432
	0.00916					0.00355	0.00353
					_cons	0.08146***	0.07883***
						0.00913	0.00925
r2_a	0.06254	*r2_a*	0.18585	0.74453	*r2_a*	0.06845	0.06244
N	7000	N	7000	7000	*N*	7000	7000
F	15.09871	*F*	74.38667	43.02	*F*	15.35055	14.73964

注：$N=7000$；* $p<0.10$；** $p<0.05$；*** $p<0.01$，括号内为标准误。

在我国特定的制度背景下，政府依然是影响国民经济发展及其资源配置格局的主导性力量。为进一步考察政府干预是否会加剧民企“竞争性模仿”行为及其非效率投资，本章将政府干预变量按中位数划分为较高与较低两组进行分组检验。表3-6结果表明，在政府干预程度更高时，民企的“竞争性模仿”引致的非效率投资更为显著（0.00434）。在考察产品市场竞争（HHI）之中介效应时发现，在政府干预较低时，其中介效应并不显著；而在政府干预程度更高时，投资效率与民企“竞争性模仿”的系数（$a=0.00434$）、产品市场竞争与民企“竞争性模仿”的系数（$b=-0.13471$）、投资效率与民企“竞争性模仿”（$c_1=0.00382$）、投资效率与产品市场的系数（$c_2=0.00392$）均显著，为此须继续进行系数差异检验，最终得到 t 检验值显著（$t=9.96$），**这表明**在政府的干预程度更高时，民企的“竞争性模仿”通过加剧市场的无序竞争进而损害其投资效率的结果更为显著，这验证了假设3的预期。

表 3-6 政府干预、民企的“竞争性模仿”与非效率投资（HHI）

变量	第一步：投资非效率（a） 低干预	第一步：投资非效率（a） 高干预	变量	第二步：产品市场竞争（b） 低干预	第二步：产品市场竞争（b） 高干预	变量	第三步：投资非效率（c） 低干预	第三步：投资非效率（c） 高干预
CI	0.00179	0.00434**	*CI*	-0.09991*	-0.13471***	*CI*	0.00157	0.00382**
	-0.00152	-0.00142		0.04687	0.03744		0.00153	0.00142
Size	-0.00295**	-0.00279***	*Size*	-0.09227***	-0.07684***	*PMC*	-0.00218***	-0.00392***
	-0.00096	-0.0007		-0.02332	-0.02272		-0.00062	-0.00074
LEV	0.00118	0.00195	*Roa*	-0.71602	2.39762***	*Size*	-0.00279**	-0.00259***
	-0.00381	-0.00338		-0.47031	-0.58562		-0.00096	-0.0007
Roa	0.00966	0.00497	*FCF*	0.03777*	0.0184	*LEV*	0.00177	0.00354
	-0.01292	-0.01334		-0.01807	-0.01967		-0.0038	-0.00345
FCF	0.00129*	0.0009	*Tang*	0.58062***	0.54216***	*Roa*	0.0121	-0.00214
	-0.00057	-0.00051		-0.10994	-0.11973		-0.01304	-0.01356
Tang	0.00001	0.00707	*_cons*	-0.20121	-0.59608	*FCF*	0.00121*	0.00083
	-0.00492	-0.00507		-0.34821	-0.34264		-0.00057	-0.00051
_cons	0.07887***	0.07962***				*Tang*	-0.00127	0.00503
	-0.0148	-0.01232					-0.00492	-0.00509
						_cons	0.07984***	0.08322***
							-0.01476	-0.01237
r2_a	0.05225	0.06843	*r2_a*	0.17736	0.21648	*r2_a*	0.05467	0.07786
N	3500	3500	*N*	3500	3500	*N*	3500	3500
F	6.8773	10.75346	*F*	38.20173	56.71288	*F*	6.92864	10.85669

注：$N=7000$；$^{*}p<0.10$；$^{**}p<0.05$；$^{***}p<0.01$，括号内为标准误。

3.4.3 稳健性检验

为了保证上述结果的可靠性，本章还采用了**如下三种方法**进行了稳健性检验。

（1）考虑“竞争性模仿”行为之强度的影响。在考察民企是否具有“竞争性模仿”行为的基础上，本章又进一步以民企“竞争性模仿”行为的强度（$CI-qt$）① 作为自变量，并进行中介效应检验。如表 3-7 所示的结果仍然与前文的结果保持一致。

表 3-7 民企“竞争性模仿”强度、产品市场竞争（HHI）与非效率投资

步骤一		步骤二		步骤三	
变量	投资非效率（a）	变量	产品市场竞争（b）	变量	投资非效率（c）
$CI-qt$	0.00298**	$CI-qt$	-0.11084***	$CI-qt$	0.00296*
	0.00103		0.02964		0.00127

① 本章将民企“竞争性模仿”行为的强度（$CI-qt$）定义为既存在政治关联，又存在寻租现象（即其交集）的民企。

续表

步骤一		步骤二		步骤三	
变量	投资非效率（*a*）	变量	产品市场竞争（*b*）	变量	投资非效率（*c*）
Size	-0.00289***	*Size*	-0.08260***	*PMC*	-0.00350***
	0.00057		0.01611		0.00068
LEV	0.00143	*Roa*	0.78545*	*Size*	-0.00314***
	0.00251		0.37545		0.00070
Roa	0.00740	*FCF*	0.02620*	*Lev*	0.00734*
	0.00913		0.01336		0.00361
FCF	0.00111**	*Roa*	0.56367***	*Roa*	-0.01821
	0.00038		0.08090		0.01308
Tang	0.00435	*_cons*	-0.33039	*FCF*	0.00133**
	0.00353		0.23646		0.00045
_cons	0.07951***			*Tang*	-0.00376
	0.00916				0.00504
				_cons	0.08884***
					0.01140
r2_a	0.06255	*r2_a*	0.18582	*r2_a*	0.05964
N	5793	*N*	5793	*N*	5793
F	15.10315	*F*	74.35806	*F*	16.09723

注：$N=7000$；* $p<0.10$；** $p<0.05$；*** $p<0.01$，括号内为标准误。

（2）控制行业因素的影响。为控制行业层面因素的影响，本章又采用了行业层面的超额价格-成本边际（EPCM）作为替代产品市场竞争的中介效应变量进行了稳健性检验，如表 3-8 所示，检验结果未发生实质性变化。

表 3-8　民企的“竞争性模仿”、产品市场竞争（EPCM）与非效率投资

	投资非效率（a）		产品市场竞争（b）		投资非效率（c）
CI	0.00295**	*CI*	-0.17356***	*CI*	0.00285**
	-0.00103		0.05137		-0.00103
Size	-0.00289***	*Size*	-0.0015	*PMC*	-0.00062*
	-0.00057		0.02666		-0.00025
LEV	0.00143	*Roa*	-8.11670***	*Size*	-0.00291***
	0.00251		0.33574		-0.00057
Roa	0.00738	*FCF*	0.03196	*LEV*	0.00179
	0.00913		0.02053		-0.00252
FCF	0.00111**	*Tang*	-1.02332***	*Roa*	0.00285
	0.00038		0.12685		-0.00933

续表

	投资非效率（a）		产品市场竞争（b）		投资非效率（c）
Tang	0.00435	*_cons*	-1.44677 ***	*FCF*	0.00113 **
	0.00353		0.40698		-0.00038
_cons	0.07955 ***			*Tang*	0.00372
	0.00916				-0.00355
				_cons	0.07894 ***
					-0.00918
r2_a	0.06254	*r2_a*	0.09355	*r2_a*	0.06318
N	7000	*N*	7000	*N*	7000
F	15.09871	*F*	33.4372	*F*	14.92615

注：$N=7000$；* $p<0.10$；** $p<0.05$；*** $p<0.01$，括号内为 t 值。

(3) 用熵指数（EI）替代度量产品市场竞争。在衡量行业集中度时，熵指数（EI）因其赋予小企业一个较大的权重，故而可以更好反映低集中度行业之聚散结构的细微变化，这可能更加适合我国“原子型”的行业竞争结构现状（吴昊旻等，2012）。因此，本研究还采用熵指数（EI）进行了稳健性检验，根据中介效应模型以及表 3-9 的检验结果可得，该检验应采用 Sobel 检验，最终计算得到 $z=16978.8$，其部分中介效应仍然显著成立。

表 3-9 民企的“竞争性模仿”、产品市场竞争（EI）与非效率投资

步骤一（1）		步骤二（2）		步骤三（3）	
变量	投资非效率（a）	变量	产品市场竞争（b）	变量	投资非效率（c）
CI	0.00295 **	*CI*	0.01014	*CI*	0.00295 **
	0.00103		0.00750		0.00103
Size	-0.00289 ***	*Size*	-0.01713 ***	*PMC*	0.00016
	-0.00057		0.00444		0.00165
LEV	0.00143	*Roa*	-0.05689	*Size*	-0.00289 ***
	0.00251		0.06150		0.00057
Roa	0.00738	*FCF*	0.00781 *	*LEV*	0.00144
	0.00916		0.00324		0.00251
FCF	0.00111 **	*Tang*	0.03009	*Roa*	0.00740
	0.00038		0.02090		0.00914

续表

步骤一（1）		步骤二（2）		步骤三（3）	
变量	投资非效率（a）	变量	产品市场竞争（b）	变量	投资非效率（c）
Tang	0.00435	*_cons*	2.47719 ***	*FCF*	0.00111 **
	0.00353		0.06942		0.00038
_cons	0.07955 ***			*Tang*	0.00435
	0.00916				0.00353
				_cons	0.07915 ***
					0.01006
r2_a	0.06254	*r2_a*	0.89683	*r2_a*	0.06240
N	7000	*N*	7000	*N*	7000
F	15.09871	*F*	15.003	*F*	15.18631

注：$N=7000$；* $p<0.10$；** $p<0.05$；*** $p<0.01$，括号内为标准误。

3.4.4　内生性问题

民企的“竞争性模仿”与其非效率投资行为之间也可能存在**反向的因果关系**，即可能正是那些投资效率低下的民企，才会更热衷于选择这种“竞争性模仿”行为。基于这一考虑，本章分别以“竞争性模仿”的滞后一期（t-1）与滞后两期（t-2）作为工具变量，进行两阶段最小二乘法回归检验（2OLS）。由表3-10的结果可见，“竞争性模仿”的相关系数显著为正，且通过了过度识别检验，这说明结果是稳健可靠的，从而间接验证了假设1。同时，我们还应用两阶段最小二乘法（2OLS）对产品市场竞争（PMC）的中介效应进行检验，如表3-11和表3-12所示，其结果也显著成立，从而在一定程度上排除了可能由反向因果造成的内生性问题。

表3-10　　民企的“竞争性模仿”对其投资效率的影响（2OLS）

被解释变量	投资非效率			
解释变量与控制变量	系数	t值	F检验	58.21801 ***
CI	0.00609 ***	16.82179	Hausman检验	0.0618 *
Size	-0.07517 ***	-9.38054	所选模型	固定效应模型
Lev	0.02167 ***	4.14609	是否为工具变量回归	两阶段最小二乘回归
Roa	0.56432 ***	18.3219	工具变量	*CI*工具变量滞后一期项及其滞后两期项
FCF	0.23748 ***	3.74569		
Tang	0.03432	0.95473	Wald检验	23.16 ***
_cons	-9.29741 ***	-11.25349	R^2（overall）	0.01721 ***

注：$N=6387$；* $p<0.10$；** $p<0.05$；*** $p<0.01$，括号内为t统计量。

表 3-11　民企的“竞争性模仿”对产品市场竞争（HHI）的影响（2OLS）

被解释变量	PMC（HHI）			
解释变量与控制变量	系数	t 值	F 检验	26.36343***
CI	−0.02178***	−6.87348	*Hausman* 检验	0.0562*
Size	−0.32106***	−6.08933	所选模型	固定效应模型
Roa	−0.01326	−0.87341	是否为工具变量回归	两阶段最小二乘回归
FCF	0.32476***	3.87687	工具变量	CI 工具变量为滞后一期项及其滞后两期项
Tang	0.01984	0.08776	Wald 检验	21.15***
_cons	−2.54341***	−5.82351	R^2（overall）	0.00612***

注：$N=6387$；$^{*}p<0.10$；$^{**}p<0.05$；$^{***}p<0.01$，括号内为 t 统计量。

表 3-12　民企的“竞争性模仿”、产品市场竞争与投资效率损失（2OLS）

被解释变量	Noneff			
解释变量与控制变量	系数	t 值	F 检验	39.23723***
CI	1.36175***	10.42798	Hausman 检验	0.0512*
PMC	−1.56018***	−4.41957	所选模型	固定效应模型
Size	−0.89434***	11.18332	是否为工具变量回归	两阶段最小二乘回归
Lev	0.393473	−0.09808	工具变量	CI 工具变量为滞后一期项及其滞后两期项
Roa	2.12328***	5.27087		
FCF	0.04392***	6.346491	Wald 检验	18.21***
Tang	0.90554***	21.34350	R^2（overall）	0.01053**
_cons	−9.45418***	−11.34596		

注：$N=6387$；$^{*}p<0.10$；$^{**}p<0.05$；$^{***}p<0.01$，括号内为 t 统计量。

3.5　本章结论及其启示

充分的市场竞争是企业健康发展的环境保障，也被认为是中国改革开放前期民企或私营经济得以繁荣振兴的一个**环境基础和背景**。民营经济已经成为支撑中国经济增长的重要力量，同时也是技术创新的主力军，对于推进新时期创新驱动经济结构转型升级进程举足轻重。企业的经营行为或其模式变迁**内生于**其所在的市场竞争环境及其制度背景。企业间的“竞争模仿”行为本是任何市场中都广泛存在的现象，但在政府依然是资源配置的主导性力量、国企依然享受着诸多的管制性便利以及全面深化市场化改革的进程仍然任重道远的现实背景下，我国诸多民企在要素资源获取以及市场竞争参与的“**全环节**”仍然面临着诸多的劣势，仍然无法与国企进行公平的竞争。为了获得持续生存与发展的空间，在这种倾向性的利益格局诱致之下，我国诸多的民企开始采取**简单效仿**国企的“竞争性模仿”行为，并且呈现出日益普遍的趋势（见图3-1）。

经济主体的行为选择影响其绩效，进而会“重塑”其所在行业的竞争格局。本章基于投资效率的视角，实证考察我国诸多民企的行为嬗变即其“竞争性模仿”是否以及如何通过加剧产品市场的无序竞争进而损害其投资效率甚或造成更大的效率损失，尚未有研究对此予以针对性的关注。本章结合我国特定的制度环境并基于沪深A股民营上市公司样本的实证研究研究发现，民企的“竞争性模仿”确实会通过加剧产品市场的无序竞争进而损害其投资效率，而在政府干预程度更高的地区，这种负面的后果还会更加显著。本章的实证研究为我国诸多民企的“竞争性模仿”行为变迁及其效率损失提供了经验证据以及“**风险警示**”，从投资效率的角度**揭示了**这种简单的、背离创新驱动之市场竞争正轨的短视行为的经济后果及其可能引致的更大效率损失（如成本高企、创新挤占等），对于我国新时期进一步推进以优化政企关系与国企治理为核心的经济体制改革以及创新驱动高质量发展战略等，**具有鲜明的理论价值和政策参考意义**。

第 4 章　民企的“竞争性模仿”会损害企业创新吗？

【本章提要】

民营经济支撑中国国民经济发展的重要力量，但受制于体制约束等先天性劣势，民营企业在投融资及行业准入等诸多领域始终面临**非公平竞争**（相对于国企），**这会诱致**民企的“竞争性模仿”——民企在要素资源获取及市场竞争参与方面采取与国企相雷同的行为，**这是背离**创新驱动高质量发展的市场正轨的**低效竞争行为**，故很可能损害企业的创新。**本章聚焦**民企的“竞争性模仿”是否会抑制民企的创新并损害创新绩效，基于中国沪深 A 股**制造业**民营上市公司样本的实证研究发现：民企的“竞争性模仿”显著抑制了企业创新，而代理成本加剧和投资效率降低是这种抑制效应的**两个主要渠道**；针对其横截面差异的进一步分析发现，更为剧烈的市场竞争、更小的企业规模以及更差的信息环境是加剧这种抑制效应的重要环境因素。经济后果检验表明，民企的“竞争性模仿”最终会损害企业的创新效率。在使用 PSM - DID 等方法缓解其潜在的内生性问题后，上述结果仍然稳健。

创新是推动企业乃至国民经济发展的**根本动力**。本章的研究结果从创新绩效的角度进一步——在第 3 章的投资效率损失之外——提供了民企“竞争性模仿”取向会引致效率损失的经验证据。在国家明确提出创新驱动高质量发展之战略导向的新政背景下，本研究的结论对于持续推进国企改革、不断优化政企关系以及推动民企自身的治理转型等具有鲜明的理论及政策参考价值。

4.1　引　言

党的十九大报告强调要“加快建设制造强国，加快发展先进制造业”进而“促进中国产业迈向全球价值链中高端”。推动“中国制造”向“中国智造”的转型，创新必须成为驱动中国经济迈向高质量增长的关键动力。虽然中国是少数拥有完整现代工业体系的制造大国，但制造业企业“大而不强”的问题依然严峻。2015 年，国务院正式印发《中国制造2025》，提出创新驱动是打造制造强国的基本方针。企业是创新行为的载体，因此，从微观角度——如企业行为等——探寻影响制造业企业创新的因素及其经济后果，对于顺应新时期创新驱动发展战略、推动我国经济整体高质量发展等无疑具有重要意义。

处于新兴转轨背景下的中国，所有权性质仍被认为是极为重要的企业特征，仍然是影响企业创新投入甚至塑造企业经营行为的重要差异性因素。**得益于**改革开放的时代机遇尤其是改革初期的“放权让利”等政策便利，中国民营经济已取得长足进步，并日益成为推动我国经济增长的最重要力量。民企吸纳的就业人数已超过中国城镇全部就业的70%和新增就业的90%，为我国国民经济发展做出巨大贡献（王钦敏，2013）；同时，民企在创新领域也逐渐崭露头角，并涌现出一大批具有国际顶尖科技实力的创新型企业。全国工商联发布的《2020中国民营企业500强调研分析报告》显示，民企500强中已有402家企业的关键技术源于自主开发，研发投入强度超过3%的企业已达59家。民企已日益成长为国家创新驱动发展的最重要载体。

然而，不可否认的是，在深化国企改革以及完善资源配置的市场化进程中，相对于国企在要素市场、产品市场等诸多方面拥有的“先天性优势”，民企在行业准入、融资便利等关键市场机会方面至今**依然面临着**诸多的非公平待遇甚或“歧视”（方军雄，2007；胡旭阳，2006；杜勇和陈建英，2016；任爱莲和秦俊文，2019）。如果说早期民营经济的蓬勃发展更多是得益于改革开放初期的“政策性红利”，那么在改革已日益迈向深水区新的历史时期，民企的发展及其转型则无疑开始面临瓶颈，而这种“瓶颈效应”已经体现在民企经营行为的嬗变之中了。面对国企依然享有的“超国民待遇”，加之其生存发展环境面临的更大不确定性（李姝和谢晓嫣，2014；刘贯春等，2019），使得如今越来越多的民企在要素获取、行业准入以及政策便利（如税收及各种补贴）等诸多方面开始倾向甚或热衷于采取与国企相类似的经营行为或发展策略，进而逐渐走上模仿国企的“类国企化”的道路（吴昊旻和宋静云，2018）。

经济学原理告诉我们，所有通过简单模仿（如寻租）即可获取利润的行为，都会引致高度的竞争（Krueger，1974）[①]，进而形成短期逐利的“竞争性模仿”的无序现象。民企对于国企的这种模仿，在一定程度上是其受制于环境约束的理性选择，但在更深层次上却是宏微观治理低效进而导致低效竞争的结果。**究其渊源：一是**由于渐进式市场化改革进程中不可避免的观念滞后及其执行偏差以及现有制度体系的“缺漏”，这导致在竞争待遇方面长期存在显著的“国/民差异”；**二是受制于**我国长期存在的地区发展进程差异，可以说，各级地方政府的治理水平及其“差别化行为”——客观+主观的——以及政绩考核压力等在更大程度上塑造了我国民企的生存发展环境及其竞争中的“非市场化”取向，这又导致了“国/民差异”以及与此相关联的经营模仿行为的**“迟滞性”特征**。可见，在深化国企改革以及推动经济高质量发展的转型进程中，

① Krueger（1974）指出，寻租行为通常是高度竞争的。在利益诱导之下，企业作为理性经济人其竞争行为往往会趋同。

我国民企自身——竞争及治理模式——的"转型升级"亦至关重要且依然任重道远。

在前期研究基础上，本研究将政府主导资源配置背景下因倾向性或差别化政策以及国企享受的管制性便利所诱导的、诸多民企在要素资源获取和市场竞争参与等方面采取的、与国企发展路径相雷同的经营行为，客观界定为民企对于国企的"竞争性模仿"①，并认为这种模仿不仅有损民企的投资效率（吴昊旻和宋静云，2018），还会损害民企创新进而引致更大的效率损失——因为这种非市场化的竞争行为会加剧企业的代理问题（杨其静，2011；Morck 等，2005；Aghion 等，2005），进而使民企也患上"国企病"②。因此——考虑到民营经济的比重及其贡献，民企经营行为的嬗变无疑攸关我国经济发展的质量及其地位，这在深化国企改革以及推进经济高质量发展的新时期将更加凸显其现实意义。

本章基于 2008－2019 年我国民营制造业上市公司样本的实证研究发现：民企的"竞争性模仿"确实会显著抑制企业创新，在使用 PSM－DID 等方法缓解其潜在的内生性问题之后，上述结果仍然保持一致；机制检验表明，代理成本加剧和投资效率降低是民企"竞争性模仿"抑制企业创新的两个主要渠道。为了分析民企"竞争性模仿"抑制企业创新的作用条件进而排除其他潜在的替代性解释，本章进一步考察了上述关联在产品市场竞争、企业规模以及信息环境等三个方面的横截面差异，结果表明：更为激烈的市场竞争会加剧企业创新活动的风险或不确定性，进而抑制企业的创新投入；相对于更大规模企业，中小企业在融资、风险承担及规模经济等方面的先天性劣势使其难以承受研发利润为负的市场竞争压力；高质量的外部审计具有公司治理效应，有助于缓解企业内部代理成本、降低信息不对称——**可见**，更为剧烈的市场竞争、更小的企业规模以及更差的信息环境是加剧民企"模仿－创新"抑制效应的负面环境因素。最后，本章基于创新效率视角的经济后果检验结果表明，民企的"竞争性模仿"会最终损害企业的创新效率，进一步验证了预期。

本章研究的差异化贡献体现在：（1）以"逆向视角"——相对于更多关注民企的贡献及其待遇差别——反观和聚焦民企自身之经营行为变迁引致的效率损失③，考虑到民企数量及其贡献比重等背景，聚焦民企行为选择及其效率变迁无疑更有助于在"大样本上"揭示影响我国国民经济发展的效率因素及其内生环境，更有助于从理论及现

① 相对于前期研究的"类国企化"概念（吴昊旻和宋静云，2018），本研究重新界定为"竞争性模仿"出于两种考虑：一是考虑到民企模仿行为的理性成分——权衡利弊、适应现实的理性选择；二是考虑到这其实也是市场竞争中的常见现象，社会平均利润率都是伴随着"创新－模仿……"的循环过程而日益摊薄形成的。因此，这个界定应该更趋于客观。

② 这里的"国企病"是指"先天"产权优势及"后天"管制便利等背景引致的政策依赖（如预算软约束）、创新惰性等严重代理冲突问题；但须知"国有≠国营"，并非所有的国企都天然低效，而国企改革的方向也是直指"国营"之低效，并非一概否定"国有"。

③ 在理论及实践层面，现有研究基于体制思维而更多集中于讨论国企的垄断地位及其低效，（也进而）更多聚焦民企的贡献及其差别化待遇，而绝少关注国企垄断优势对于民企经营取向的"诱导效应"及其长远损害。然而，在以国企治理为核心的全面深化改革的攻坚期和深水区（林毅夫等，1995），民企的这种"竞争性模仿"或"适应性转变"——类似于国企的过度路径依赖——无疑会在国企垄断低效的基础上进一步加剧市场竞争的无序而低效。因此，本章的研究视角具有警示意义。

实层面解释民营经济发展面临瓶颈与我国经济增速放缓、产业转型维艰以及为何实施创新驱动高质量发展等基本问题和战略抉择的内在关联①；（2）从微观层面即企业创新的角度考察民企行为转变的负面经济后果，进而验证了民企的这种非市场化行为可能造成的更大效率损失（杨其静，2011；Morck 等，2005）——因为创新是决定企业绩效乃至国民经济发展质量的最关键因素（Ang 等，2007；Aghion 等，2013），这就为坚定市场经济基本路径、继续深化体制改革、不断完善公平竞争、持续优化营商环境等制度变革提供了经验依据；（3）基于“国－民互动”逻辑即以民企的相对视角**“反向”验证**或凸显了国企改革的“正外部效应”，推动国企改革实具有“双重效应”（吴昊旻等，2018；许召元和张文魁，2015）②，即其不仅能提升国企自身的绩效（直接效应），同时更有助于引导——作为政府管制载体的国企其行为具有信号指示或诱导效应——广大民企回归创新驱动高质量竞争的市场化正轨（间接效应－正外部效应），从而有助于全面夯实我国国民经济高质量发展之基。

本章余文结构如下：第二部分为文献回顾、理论分析与假设提出，第三部分为实证研究设计，第四部分为实证结果分析，第五部分章为进一步研究，第六部分为经济后果检验，最后一部分为本章的结论及其启示。

4.2　文献回顾、理论分析与研究假说

如前文界定，民企对于国企的“竞争性模仿”，究其实质即是偏离市场化正轨的无序竞争行为，故其在短期可能带来“利好”，但长远看势必导致低效并可能引致更大的效率损失，而这可能正是 Goldstein（1995）所警示的“政府附庸”以及杨其静（2011）所担忧的“恶性循环”的典型体现；一个高质量的市场经济必将是“市场充分开放＋政府适度监管”的中道平衡（Laffont 和 Tirole，1993）③。下面基于相关研究，主要从如下两个方面进行理实分析，进而提出研究假设。

---

① 民企的蓬勃发展与我国经济高速增长的轨迹是相吻合的，这说明民营经济的兴盛确实得益于改革开放——尤其是初期——的“政策红利”驱动，也昭示了“制度变革（政策－制度）—企业发展（国企－民企）—经济增长……”的基本规律或路径依赖。但伴随着改革进入深水区以及制度化建设倒逼政策空间的收紧，前期主要依赖外生政策驱动的经济发展模式不得不日益依托于内生性效率（如制度完善、创新驱动）的提升，而民企如今——尤其是2008年全球金融危机后——面临的瓶颈期实际上又与新时期我国经济增速放缓、产业升级缓慢及其宏观战略调整的“轨迹”基本吻合。因此，民企的持续健康发展至关重要。

② 不同于已有研究，本研究基于民企模仿后果之**“逆向”视角**的研究，实际上是“补齐”并揭示了刘瑞明和石磊（2010）及吴延兵（2012）等研究所谓的国企“双重效率损失”的真正内涵，即国企改革滞后或其治理低效会导致其自身低效及社会福利损失，而“误导民企”正是社会福利损失的构成部分甚至更为重要；也因此，推动国企改革及其有效治理而促生的积极效应是多层面的，既包括自身绩效提升的“直接效应”（内部），也包括引导民企回归创新驱动发展之市场正轨的“间接效应”（正外部效应）。

③ 任何经济体都是市场开放与政府监管的统一体，市场与监管的中道平衡（胡永刚等，2016）是维持宏观经济稳健发展的重要保障。这也是以2014年诺奖得主让·梯若尔（Tirole）为代表的新规制经济学理论的基本观点。

4.2.1 民企发展与企业创新

伴随着改革开放民营经济日益崛起，民营企业由从前拾遗补缺的地位逐渐发展成为中国特色社会主义市场经济的关键组成部分，对中国经济增长的突出贡献有目共睹①。可以说，民企的长足进步除了得益于改革开放的时代机遇，尤其是改革初期的“放权让利”等政策性便利外，也充分凸显出民营企业（家）自身勇于开拓、积极创新的特质（陈林，2012；王钦敏，2013；吴昊旻，2018）。考察民企30余年发展历程，创新驱动——管理+技术——在其发展进程中始终扮演重要作用。

研发支出在企业营业收入中的占比及变化可以间接反映企业的创新依赖程度。由图4－1可见，我国制造业企业的创新投入持续增加，反映出创新驱动理念已普遍为企业所认知，创新动力普遍趋强；民企创新投入的绝对水平（均值）及其增速虽然明显低于国企（唐跃军和左晶晶，2014；解维敏等，2009），但其研发支出占营业收入的比重却显著高于国企且呈现出稳中有升的良好态势，这表明——虽然受制于资源及规模等约束，民企对于创新的依赖程度可能更高②。当前我国民企正处在由数量规模向质量效益转变的重要发展阶段（姚维保，2021），故创新对于民企的可持续发展至关重要③。

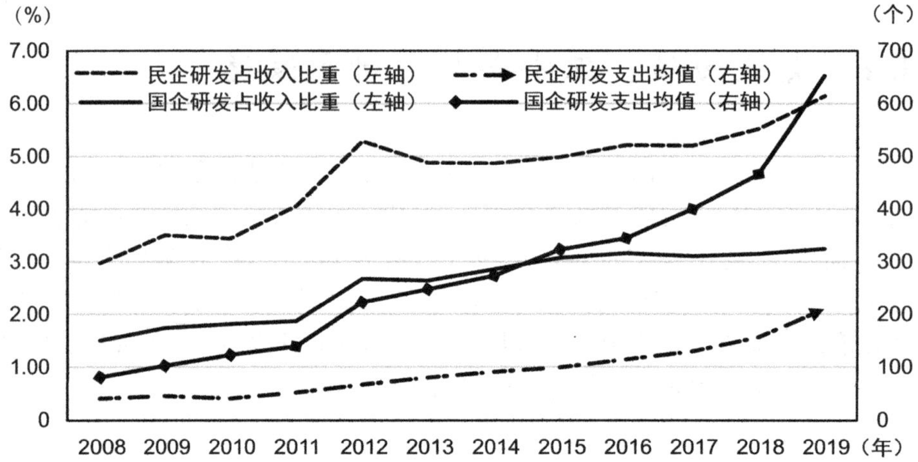

图4－1 企业的创新水平及其依赖度差异：“国－民”对比

---

① 习近平总书记在民营企业座谈会上的讲话指出，民营经济具有“五六七八九”的特征，即民企“贡献了50%以上的税收，60%以上的国内生产总值，70%以上的技术创新成果，80%以上的城镇劳动就业，90%以上的企业数量”。

② 虽然在资源获取、人才吸引方面的明显短板对创新形成了严重制约，但从创新产出来看，民企却贡献了中国75%以上的技术创新（孙文晶等，2021），民企的私有产权属性可能强化了其创新投入的积极性（吴延兵，2012）。

③ 《财富》世界500强榜单中我国民企上榜数量已从2015年的6家上升至2020年的28家，华为、腾讯等民企榜上有名，并日益产生全球影响力，这反映出民企创新驱动发展成效日显。

4.2.2 国企改革、民企模仿与企业创新

由前文界定，民企的“竞争性模仿”根源于特定制度背景下政府的普遍干预以及市场化进程的相对滞后，而政府的倾向性或差别化干预下国企独享的垄断优势或管制便利则是引发其模仿的“**直接诱因**”。**因此，要揭示**民企“竞争性模仿”行为的成因及其创新后果，须先从国企改革及其治理的效率说起。

4.2.2.1 国企改革与国企的“双重效率损失”

(1) 国企改革：历程及其优势（国/民差异）。国有企业是党和国家事业发展的重要物质及政治基础。新中国成立尤其是改革开放以来，国企改革一直是经济体制改革的中心环节和重要内容。党的十八届三中全会《决定》更进一步指出：“经济体制改革是全面深化改革的重点，核心问题是处理好政府和市场的关系，使市场在资源配置中起决定性作用和更好发挥政府作用。”可见，推动国企改革及其有效治理始终是其核心抓手。纵观中国国企改革历程，大体采取了政策实验的方式（Qian 等，2006）并沿着渐进式的制度变迁路径（林毅夫等，1999；Young，2000；蔡昉等，2002），即经历了早期以“放权让利”为核心的扩权让利试点、经济责任制、租赁制以及股份制试点等一系列改革，到中期以产权改革为导向的现代企业制度建设和基于“整体搞活”的国有经济战略性改组，再到近期以分类改革为关键特点的“新型国有企业”构造，从而形成具有中国特色的国企改革和发展范式；国企始终是国民经济的重要力量以及国家推动实施高新技术战略和产业结构转型升级的最重要载体。

实际上，我国的民营经济也大体经历着相似的发展历程。梳理改革开放以来中国企业的成长路径可见，国企与民企的绩效增长轨迹大体相似，即在市场化改革初期均显著增加（刘小玄，2004；胡一帆等，2005；2006），之后则均趋于持续的回落（宋立刚和姚洋，2005；白重恩等，2006；赵昌文，2012）①。分析其成因或渊源，自然涉及制度变革、政策红利（共性因素）以及国企的垄断优势（先天的体制优势 + 后天的管制便利）等宏微观环境因素及其差异化影响，一言以蔽之，轨迹虽然相似，其成因或路径却不尽相同：从要素资源禀赋（是否适配）以及市场竞争参与（是否公平）的全环节视角考察，国企始终享有明显的优势（Boyreau 等，2005；Tong 等，2014；黎文靖和李耀淘，2014）②，而民企却长期处于“被歧视”的尴尬地位，“资源 - 效率”的错配以及“贡献 - 待遇”的失配早已成为研究界的共识（高鸿业，1994；林毅夫等，

① 虽然民企整体的效率始终优于国企（杨汝岱，2015），但诸多研究表明，20 世纪 90 年代的大规模国企改革极大地提高了国企效率，甚至到 2006 年、2007 年前后国企的效率已经接近民企，这从 ROE 的对比即可看出（赵昌文，2012）。

② 本章的梳理及描述性统计显示：国有上市公司资产基数巨大，但其 ROE 仅为 1.82%，甚至低于银行一年期基准存款利率；沪深 A 股上市公司中 38.39% 的国企享受着 73.83% 的政府补贴（孔东民等，2013）；在银行的长短期贷款中，国企仍占据显著优势（钟宁桦等，2016），国企年均获得的短期借款总额甚至占所有 A 股上市公司的 80%，而民企仅为国企的 1/4；小微企业的融资难问题就更为突出，银行信贷覆盖率极低，得到的银行贷款仅占同期全部企业贷款总额的 8.5%；只有平均 42.65% 的民企能或多或少地涉足管制行业。种种差异可见，民企在要素资源配置及市场竞争参与中的地位显然低于国企。

1995；Young，2000；蔡昉等，2002；Boyreau 等，2005；Hsieh 等，2009；袁志刚等，2011；于良春等，2010；罗德明等，2012；张天华等，2016）。

（2）国企的“诱导”与民企的“竞争性模仿”。Aghion 等（1999）以及 Morck 等（2005）等经典研究指出，经济增长取决于资本控制权的配置，而控制权的集中会加剧企业代理问题。不同于英美等国分散的所有权结构，中国上市公司（包括大型股份公司）绝大多数由国企改制而来，政府或国企通过金字塔式结构、交叉持股和超权股等方式对这些企业（集团）实施控制，进而实现其对一国经济的控制（LLS，1999），而这种控制权方式/结构促生的财富放大效应除了可为国企高管获取超额控制权私利（PBC）提供体制便利（治理低效），还会加剧“资源－效率”的错配以及“贡献－待遇”的失配，进而（间接）误导民企的行为取向、诱致民企的“竞争性模仿”。可见，这种因（先天）体制束缚及（后天）管制倾斜而导致的差别化格局，久而久之即会潜在诱致企业行为的变迁并强化企业发展的“路径性依赖”——使得国企更加依赖、民企更热衷模仿（Faccio，2006；Fan 等，2007a；杨其静，2011）。国内诸多学者用“**潮涌现象**”（林毅夫，2007；2010）或“**攀比效应**”（白让让，2016）解释并验证了政府干预在刺激企业过度投资进而加剧产能过剩问题中的不当影响（江小涓，1995；余东华等，2015；韩国高等，2011）。实际上，这两种效应已经包含了民企“竞争性模仿”助推的负面后果。

基于本研究关于民企“竞争性模仿”的界定——见第 1 章绪论部分，本章的梳理及描述性统计显示：保守估计，中国上市民企的政治关联比例已达 30.32%（吴昊旻和宋静云，2018）——若进一步考虑政府补贴、寻租以及税收优惠等隐性关联，则所谓“类国企化”民企的比重甚至会超过 67%（吴昊旻，2018）；进一步考察这种模仿行为的“回报”则会发现，相对于其他民企，只占少数的“模仿类”民企却获得了更多的政府补贴（63.12%），民企的政治关联显然强化了其获得政府补贴的能力（余明桂等，2010；王红建等，2015）；与国企相类似，民企的主要融资来源也是银行贷款①，而“模仿类”民企的长期借款增长率远高于整个上市公司均值水平（超过 10%）。诸多研究还表明，民企在自身产权保护较弱的背景下会主动寻求更为稳定有效的机制进而与政府形成良好互助关系（步丹璐和刘静，2017），如积极构建政治关联（杨其静，2011；杨星等，2016）、积极从事慈善事业（马凌远和李晓敏，2021）或承担社会责任（陈晓珊，2021），不断强化政企关系以便谋求更多的政策优惠（张敏和黄继承，2009）、更长的还款期限以及更多的银行借款（余明桂等，2010），进而以更低的成本或更便利的渠道寻求获取更多的资源。

① 2014 年民企 500 强报告显示，有 310 家民企的新增投资资金主要来自银行贷款，占比高达 62%。

可见，民企的“竞争性模仿”虽然类似于“**退变**”①，却至少具有短期利好，而这又会成为强化民企日益热衷模仿的**直接诱因**，尤其是在市场化进程相对滞后的阶段或地区以及环境不确定性（如政策调整、经济危机等）加剧之时，这种低效的模仿就更其普遍。

(3) 国企的“双重效率损失”：民企模仿之助推。承上分析，经济增长取决于资本控制权的有效配置（Morck 等，2005；Aghion 等，2005），而当数量不多甚或还在减少的国企对于国民经济的影响仍然日益显著的话，则此类企业（集团）的治理问题在宏观经济层面就变得十分重要——因为它会显著影响创新效率、误导资源配置、助长行业壁垒、阻碍资本市场发展进而滞延一国（地区）的经济增长（Chun 等，2008；聂辉华等，2008；李春涛和宋敏，2010；邓可斌和丁重，2010）。民企与国企的绩效增长轨迹虽然大体相似，但其成因或效益变动的根源却不一致，而体制保护、制度倾斜、政策便利以及由此而积淀形成的路径依赖及其“诱导效应”，正是叠加导致国企之“双重乃至多重”效率损失的根源。

国企治理何以成为经济体制改革的核心？究其原因即在于：推动国企改革及其有效治理确实具有“双重效应”，即推动自身绩效提升的“直接效应”以及引导助推民企回归创新驱动发展之市场化正轨的“间接效应”或“正外部效应”（吴昊旻，2018）②；也正因如此，国企改革的滞后及其治理低效就会引致“双重乃至多重”的效率损失（刘瑞明和石磊，2010；吴延兵，2012；刘瑞明，2013；吴昊旻等，2021），因为那会动摇国企以及民企的增长之基（创新），进而拖累整体的经济增长；也是在这个意义上，民企“竞争性模仿”引致的更大效率损失正是所谓社会总福利损失的最主要或更为重要的——考虑到民企的数量及比重——构成部分③。

所以，必须要从深入推进国企改革的“微观－工具层面”并溯及其深层的制度渊源即促进政府职能有效转变（减少政府过度干预）的“宏观－理念层面”双管齐下、系统扭转民企的这种低效模仿行为。产权改革、公平竞争只是保障企业健康成长的必要而非充分条件，只要资源配置依然主要由政府掌控且其处置权力得不到有效监督，那就会形成杨其静（2011）所谓的“政治关联盛行—收入分配严重不公—企业能力缺乏—政治关联更加盛行”的恶性循环，而包括民企在内的所有企业都会日益扭曲为政府的附庸（Godstein，1995；Young，2000；蔡昉等，2002），甚至可能使中国经济坠入

① “竞争性模仿”现象，实质上是民企通过“后天努力”弥补其“先天禀赋”缺失的一种“理性”行为，是特定背景下的差异化利益格局——国企的垄断优势和国企改革的滞后及其治理低效——造就或引发的“诱致性变迁”，是“国进民退”的集中体现。在此背景下，一些规模较大、实力较强的民企，也会因政府的日益“青睐”而演变成为更大更强的“行政性垄断”企业，故从市场经济的基本逻辑来看，这实质上就是一种背离市场化规律的“退变”。

② **何以能够引导？**这是因为国有企业实际上是政府（干预经济）的“触角”，是国家推动市场化改革以及政府职能转变的最直接且最重要的载体，是反映和引导国家制度变革、政策变迁及其治理导向的“信号灯或显示器”，故国企的行为模式及其导向变化就具有“信号指示”效应。故国企之角色及其功能内涵势必需要充实。

③ 因此，要校正民企这种背离市场化正轨的低效的“竞争性模仿”行为，推动形成国企改革及其有效治理的“引导－示范效应”——其正外部效应——就至关重要。

“官僚资本主义”陷阱。

4.2.2.2 民企的“竞争性模仿”与企业创新

（1）竞争性模仿及其蔓延：短期利好。承上分析及界定可见，民企的“竞争性模仿”或所谓“类国企化”选择既源于理性经济人对于短期利好的利益最大化追求，也属于特定制度背景下对于既定利益格局的一种“**适应性选择**”（Ge 等，2007；Brandt 等，2003；王彦超，2014），而且，这种“适应”也包括日益加剧的环境不确定性。诸多民企的“竞争性模仿”确实为其带来了短期利好，如更多的政府补贴（63.12%）——相对于其他民企（余明桂等，2010），更多的银行贷款尤其是长期借款增长率（超过 10%）——相对于整个上市公司均值（吴昊旻，2018）等。但与此同时，民企的低效模仿或其“退变”的负面后果也已开始显现：诸多研究表明，中国民企的营业收入、资产规模以及利润规模的增速虽然持续高于国企，但其增速均趋于放缓，经营效益有所降低，利润及营收增速远低于其税负的增速（刘行和叶康涛，2014）。更值得注意的是，民企模仿带来的短期利好以及其疲于应付政企、银企等复杂政商及社会网络关系的高昂交易成本（Chen 等，2005；Young，2000；蔡昉等，2002），还会对民企的投资效率及其创新驱动力形成潜在而强有力的**冲击或“挤占”**（袁建国等，2015；杨洋等，2015；逯东等，2015；戴魁早等，2016）①，进而造成更大的效率损失。

可见，通过构建政治关联、寻租等非市场化行为而“虚增”的企业实力，并不能为企业创造持久的增值，反而还会损害企业的增长之基（创新）。本研究认为，这除了特定制度背景下“国/民”差别化待遇和体制机制的束缚及其改革滞后外，还须从民企自身寻找原因，即必须从“创新惰性”及其渊源深处——非市场化路径依赖的“恶性循环”（垄断低效 - 低效模仿 - 双重效率损失……）——**着手反思**。

（2）竞争性模仿与创新惰性：长期损害。企业的健康发展是一个经济体的发展质量及其竞争力的微观基础，中国经济发展及其转型升级归根结底要靠高质量的企业。创新是推动企业及市场持续健康发展的真正动力（Ang 等，2007；Aghion 等，2005；Aghion 等，2013；Chen 等，2005；Lin 等，2010），直接攸关企业——尤其是制造业——乃至国民经济发展的质量，但创新同时又是一个周期长、阶段多、风险高的复杂过程（Hall 和 Lerner，2010；Hottenrott 和 Peters，2012；唐清泉和巫岑，2015；王玉泽等，2019），故创新往往属于企业的战略性考量，只有具备了所需的资源或要素，创新才能得以进行。

然而，特定的政治经济环境会深刻影响企业的生存发展策略（Khanna 等，2007；Morck 等，2005；Shleifer 等，1994），政府的资源配置权、企业的创新驱动力及其产权保护、经济发展水平以及社会分配公平度等，都会显著影响企业在政治关联与能力建设间的权衡，进而影响企业及国民经济长远发展的质量（蔡昉等，2002；杨其静，

---

① 袁建国等（2015）分析了政治资源诅咒的作用机制，发现政治关联会通过降低市场竞争、助长过度投资等影响企业创新，导致企业技术创新乏力、资源分散并产生挤出效应。

2011）。可见，企业的创新选择**实内生于**其所在的制度环境，一国/地区的法律制度体系（Tan 等，2014；Tong 等，2014）、市场竞争结构（Cornaggia 等，2015）、地方税负水平（Mukherjee 等，2017）以及产业政策变迁（黎文靖和郑曼妮，2016）等中宏观制度环境，以及企业自身的融资约束（张璇等，2017）、公司治理（李文贵和余明桂，2015）以及激励机制（徐宁和徐向艺，2012）等微观治理机制，都会影响企业的创新选择。

创新虽然多始于模仿，但模仿的蔓延却并不一定带来同样的高效率，在更多时候乃至更大样本上，竞争性的（简单）模仿——如寻租等“争宠式竞争”——都是低效的（Krueger，1974），这就引发“创新惰性”的讨论。**企业何以会发生“创新惰性”？分析其渊源有二：**其一是受制于环境不确定性或风险引致的“沉没成本威慑”（Holmstrom，1989；Bergemann 和 Hege，2005）；其二则源于政府庇护或管制便利等诱发的“路径性依赖”（Young，2000；蔡昉等，2002；杨其静，2011），而后者可能更为普遍，且其损害也可能更大。方军雄（2007）和 Chen 等（2011）研究就指出，高政策补贴和低融资成本使国企缺乏有效的投资机制，故其投资效率明显低于非国有企业；而民企亦然——吴昊旻和宋静云（2018）的研究也发现，相对于其他企业，那些“类国企化”民企获得了更多的融资便利以及补贴优惠带来的更多现金，但却带来了更大的投资效率损失。

可见，管制性便利往往促生“相反”的结果。例如，政府补助——无论是国企还是民企获得的——就可能适得其反：首先，补助政策可能会刺激整个行业的研发需求——尤其是那些“无效需求”[①]，导致研发成本高企；其次，补助对象的选择往往“既理性而又主观”，即政府更倾向于扶持那些“**国－大－强－快－新**”的企业（吴昊旻，2018）[②]，但这些企业却更可能将多余的补助资金用于其他活动（Lach，2002；Guellec 和 Potterie，2003；朱斌和李路路，2014）。再如政治关联——系列研究表明，政治关联不仅会抑制企业核心竞争力的建设和公司治理结构的完善（杨其静，2011），而且还会导致“租值的耗散”——即低效/无效竞争——和不公平竞争，从而不利于企业和国民经济的长远健康发展（Fan 等，2007b；吴昊旻等，2012；邓可斌等，2014；逯东等，2015；袁建国等，2015）。这些其实都是政府庇护及其诱发的“路径性依赖”的必然后果。

综上分析可以预见，以构建政治关联、寻租等非市场化行为主要表征的“竞争性

---

① 考虑到创新的资源约束门槛（资金－人力－战略－治理等），那些不具备创新能力、无研发动机而只是为了获得补助资金的企业的需求，实质上都属于“无效需求”——背离了政府补助的初衷，因为政府的补助政策在早期或更多时候是国企管制便利或其垄断优势的体现，后来才惠及民企——有些凭借其实力而得，有些则依赖寻租等手段获取。补助政策虽属定向，但事前动机不一、事后治理无效，故其效果很容易适得其反，并进而加剧行业供需结构的失衡甚或畸形。

② 即政府更倾向于支持那些规模更大、实力更强、增长更快、产业更高新的国企或民企，这五个字可以概括我国产业政策或政府扶持的基本特征。

模仿”**或“争宠式”竞争**[①]，必定都是低效的，因为那不仅要付出日趋高昂的交易成本（Chen 等，2005）[②]、加剧产品及要素市场的无序竞争（吴昊旻等，2012），还会对企业的创新投入形成显著的**冲击或挤占**（袁建国等，2015；吴昊旻，2018），而后者正是支撑企业乃至国民经济发展质量的**最关键要素**。

基于此，本章提出如下待检验的理论假说：民企的“竞争性模仿”会损害企业创新。

4.3 研究设计

4.3.1 样本选择与数据来源

制造业是国民经济的重要支柱，在《中国制造 2025》背景下，制造业企业的转型升级契机及其面对的国际竞争压力使得企业创新更具有鲜明的战略意义。本章依据《中国上市公司分类指引》（2012），选取 2008－2019 年我国民营制造业上市公司为研究样本；根据实际需要，依次剔除金融和保险业公司、ST 及 PT 的上市公司以及主要变量存在缺失值的公司，最终得到 5987 个样本观测值。本章的财务数据来自 CSMAR 和 WIND 数据库，省际层面的数据主要来自国家统计年鉴，企业专利数据则根据国家知识产权局网站手工整理而来[③]。为排除极端值影响，本章对所有连续变量在 1% 的水平上进行了缩尾处理，并运用 Stata15.0 对样本数据进行实证分析。

4.3.2 变量定义

（1）被解释变量：企业创新（Innov）。鉴于发明专利是对产品、方法或者改进所提出的新技术方案，比实用新型和外观设计有更高的技术含量和创新价值，故本章采用企业发明专利申请数量作为企业创新的代理变量。此外，考虑到专利从投入到产出这一转化过程的时间难以确定，同时也为了检验民企“竞争性模仿”对企业创新影响的持续性，本章借鉴 Atanassov（2013）及 Fang 等（2014）的做法，在主检验中采用 t＋1 期的 Innov——对专利申请数加 1 后取自然对数以改善专利数据分布不均匀的状况——为被解释变量。

（2）解释变量：民企“竞争性模仿”（CI）。基于前文的界定，民企的“竞争性模

① 吴延兵（2012）认为国企的所有权安排决定了其存在着生产效率及创新效率的损失，国企改革通过监督和激励机制设计使得经营者在职期间的剩余索取权与剩余控制权可实现部分对应，从而可在一定程度上减少国企的生产效率损失；而创新的不确定性和长期性致使国企改革中的监督和激励机制设计并不适用于创新激励，造成国企经营者创新收益权与创新控制权的完全不对应，从而导致国企中更严重的创新效率损失。

② 一般而言，制度初创期的政策空间或增长机会较多，但随着制度环境的日益完善，规则约束将日趋“收紧”，故政治关联、寻租等非市场化行为的获利渠道必将日趋狭窄，而其成本也将日趋高昂。这是一国经济由粗放式发展向内涵式发展过渡的必然演进过程。

③ 具体见其“中国专利公布公告”（http：//epub. sipo. gov. cn）。

仿”(Competitive imitation,简称CI)主要源于新兴转轨背景下政府的倾向性干预、差别化政策以及国企享受的管制性便利的诱导。考虑到数据的可得性并保持相关研究的可行及其可比等,本章仍然采用与前期研究基本一致的度量方式(吴昊旻和宋静云,2018),即采取如下两种情形的交集。

A. 显性的政企关系。如前理论分析,民营经济的兴起及其巨大贡献很大程度上得益于改革开放的“政策红利”,融洽的政企关系以及民企自身的灵活进取使得其日益成为我国国民经济的最重要力量之一。中央已经确定了“让市场在资源配置中发挥决定性作用”,而中国的实践也已证明,“有效市场+有为政府”或者“市场充分竞争+政府合理规制”的中道平衡,确实是民企日益壮大乃至国企做大做强的“治理逻辑”。因此,赋予民企更高且充分的政治地位①,既是维护市场竞争公平、优化营商环境的现实选择,也是持续夯实壮大我国国民经济发展之基的必由之路。基于此,本章将民企参政议政——主动或被纳请——的诸多方式统一界定为民企构建的“显性政企关系”,即某民企的现任董事长或CEO的履历中若包含“政府”“人大”“政协”或“省委/市委/县委/区委/镇委”等经历时,则定义该公司该年具有显性的政企关系(姚晶晶等,2015)。

B. 隐性的政企关系。新兴或转轨市场国家的政府在其经济社会发展进程中发挥着重要作用,故其政企关系亦相对复杂而多元。为了全面描述这种背景下的政企关系并与上述的“显性政企关系”相区别,本章将那些通过可能存在利益输送或官员贪腐等——类似于寻租或创租②——非常规或非市场化手段而构建的隐秘关联界定为“隐性的政企关系”。由于其复杂、隐秘而难以有效量化,相关研究往往通过解读公司财务报表中的“超额管理费用”而予以近似度量(杜兴强等,2011),本章借鉴其逻辑,具体过程如下:首先对影响企业管理费用的诸多因素进行分析,依据模型(4-1)计算出特定企业的期望管理费用,然后通过计算实际管理费用和期望管理费用的差额,依据模型残差(4-2)得到超额管理费用;若公司当年的超额管理费用大于零,则认定该公司当年具有“隐性的政企关系”。

$$\hat{AE} = \lambda_0 + \lambda_1 Lnsale + \lambda_2 Lev + \lambda_3 Growth + \lambda_4 Magnum + \lambda_5 Staff + \lambda_6 Auditor + \lambda_7 Age + \lambda_8 Prclevel + \lambda_9 HI + \lambda_{10} Margin + \lambda_{11} CD + Accper + Ind + \mu \tag{4-1}$$

$$EAE = AE - \hat{AE} \tag{4-2}$$

---

① 不断扩大民企参政议政范围(广度和深度),是我国市场经济逐渐走向成熟的显著标志,各级人大和政协的代表或委员数量持续增加,本章的手工梳理显示:全国人大企业家代表中的民营企业家占比已由十一届全国人大的56.46%增长到十三届全国人大的84.44%;而全国政协企业家代表中的民企委员占比则由71.33%增加到了76.07%。

② 学界对于“寻租”有多种界定(Tullock,1976;Krueger,1976),但总体上侧重于负面。寻租现象广泛存在于世界各国,尤其是新兴市场或转轨经济体,是不以政治体制、制度背景或意识形态等的差异为转移的,其实质是制度运行中的“责-权-利”界定及其匹配过程中的主观倾向(如官员滥权)或客观制约(如认知局限)下的“非公正处置”而造成的“短暂或长期性失衡”,而低效的制度往往会加剧这种失衡,进而在更大程度上损害市场的公平及其效率。不合理/法的寻租或创租行为是推进市场经济的大敌,也成为“有效市场+有为政府”的最重要主攻方向。

（3）控制变量。考虑到实际研究需要并与相关研究保持一致（申宇等，2017；周冬华等，2019；余明桂等，2019），本章基于企业财务状况、企业特征以及治理环境等方面综合确认控制变量，主要涉及：产权性质（State）、企业规模（Size）、资产负债率（Lev）、成长性（Growth）、盈利能力（Roa）、固定资产比率（Ppeta）、现金流量（Cash）、企业年龄（Age）、董事会规模（Board）、管理层持股比例（MngHold）以及董事长和总经理二职合一（Dual）等；宏观环境变量主要涉及人均GDP（GDPpc）、产业比重（Chanye）等。此外，本章还控制了年度（Year）及行业（Ind）固定影响。变量具体界定见表4－1。

表4－1 变量定义表

变量类型	变量名称	变量符号	变量定义
因变量	企业创新	*Innov*	T+1年发明专利申请数加1后取自然对数
自变量	竞争性模仿	*CI*	具有政治关联和寻租行为的民企交集；存在“竞争性模仿”时取值为1，否则为0
控制变量	资产负债率	*Lev*	负债总额/资产总额
	成长性	*Growth*	本年营业收入与上年营业收入之差除以上年营业收入
	盈利能力	*Roa*	净利润除以总资产
	固定资产比重	*Ppeta*	固定资产除以资产总额
	企业规模	*Size*	总资产的自然对数
	现金流量	*Cash*	经营活动现金流净额除以总资产
	企业年龄	*Age*	企业上市时间加1后取自然对数
	董事会规模	*Board*	董事会人数
	管理层持股比例	*MngHold*	管理层持股数量除以企业股本数量
	董事长和总经理二职合一	*Dual*	Dual若两者为同一人，取1；否则取0
	人均GDP	*GDPpc*	人均地区生产总值取自然对数
	产业比重	*Chanye*	第一和第二产业占GDP的比重
	年度	*Year*	年度虚拟变量
	行业	*Ind*	行业虚拟变量

4.3.3 模型设定

本章的实证检验的基本模型如下：

$$Innov_{i,t+1} = \beta_0 + \beta_1 CI_{i,t} + \beta_i Controls_{it} + \delta_1 D_t + \delta_2 D_i + \varepsilon_{it} \tag{4-3}$$

其中，下标i表示企业，t表示年份，被解释变量$Innov_{it}$代表企业i在t期的创新水平，具体衡量方法参见表4－1。核心解释变量CI_{it}表示企业i在t期是否存在“竞争性模仿”现象，按照上文的识别方法，民企中具有政治关联和寻租的并集赋值为1，否则为0。若民企的“竞争性模仿”抑制了企业创新，则β_1的系数应显著为负。*Controls*是一系列控制变量，D_t和D_i分别为控制年份、企业的固定效应，ε_{it}为随机干扰项。

4.4 实证结果与分析

4.4.1 变量描述性统计

表4-2报告了主要变量的描述性统计结果。可见，企业创新（Innov）的均值为1.0445，标准差为1.1425，表明我国制造业民企的创新水平存在明显的企业间差异，这反映出民企的创新投入动机复杂，受制因素众多，还需要从深、从细考量，这可能也是导致民企研发支出占比长期未能呈现显著增长的原因（见图4-1），民企的研发支出水平更低、增长更慢的现状——不考虑其环境受制因素以及其与国企的规模差异等——或许已经印证了其“竞争性模仿”的负面后果。民企“竞争性模仿”（CI）的均值为0.2113，说明样本中超过21%的民营企业存在“竞争性模仿”行为，[①] 这个比例与吴昊旻和宋静云（2018）的结果基本一致。

表4-2　　变量描述性统计

变量	N	均值	标准差	最小值	中位数	最大值
Innov	5987	1.0445	1.1425	0.0000	0.6931	6.9958
CI	5987	0.2113	0.4083	0.0000	0.0000	1.0000
Size	5987	21.7105	0.9218	19.9791	21.6248	24.4281
Lev	5987	0.3511	0.1764	0.0463	0.3358	0.7638
Growth	5987	0.1882	0.3186	-0.4181	0.1395	1.7506
Age	5987	2.6817	0.3827	1.3863	2.7081	3.3673
Roa	5987	0.0535	0.0472	-0.0878	0.0479	0.2094
Cash	5987	0.0525	0.0662	-0.1313	0.0505	0.2364
Board	5987	8.3900	1.3652	5.0000	9.0000	12.0000
MngHold	5987	0.2196	0.2227	0.0000	0.1429	0.7154
Ppeta	5987	0.2297	0.1255	0.0218	0.2076	0.5797
Dual	5987	0.3392	0.4735	0.0000	0.0000	1.0000
GDPpc	5987	11.0175	0.4203	9.8617	11.0693	11.7675
Chanye	5987	0.5200	0.0931	0.1977	0.5277	0.6906

① 考虑到本章是采用具有政治关联和寻租行为的民企交集，故可知现实中存在“竞争性模仿”行为的民企会更多。

4.4.2 基本检验

表4-3是民企“竞争性模仿”与企业创新的基本回归结果。考虑到公司层面扰动项可能存在相关性，除控制年度及企业固定效应外，本章均在公司层面进行了Cluster处理，这使得回归结果更具稳健性。由表4-3第（1）列控制年份和企业固定效应以及为缓解潜在异方差和序列相关等问题的公司层面聚类分析即第（2）列的结果均可见，民企的“竞争性模仿”（CI）确实会显著抑制企业的创新，这基本验证了本章的预期。

表4-3　民企“竞争性模仿”与企业创新的回归结果

变量	Innov（1）	Innov（2）
CI	-0.1075***	-0.1075**
	(-3.01)	(-2.16)
Size	-0.0212	-0.0212
	(-0.56)	(-0.41)
Lev	-0.0308	-0.0308
	(-0.23)	(-0.19)
Growth	0.0617*	0.0617*
	(1.66)	(1.67)
Age	-0.4286***	-0.4286**
	(-2.75)	(-1.97)
Roa	0.7974**	0.7974**
	(2.16)	(2.06)
Cash	0.2669	0.2669
	(1.28)	(1.25)
Ppeta	-0.0780	-0.0780
	(-0.46)	(-0.41)
Board	0.0502***	0.0502***
	(3.43)	(2.72)
MngHold	0.0608	0.0608
	(0.45)	(0.33)
Dual	0.0491	0.0491
	(1.29)	(0.90)
GDPpc	0.0665	0.0665
	(0.34)	(0.26)
Chanye	0.4294	0.4294
	(0.61)	(0.45)

续表

变量	Innov (1)	Innov (2)
_cons	0.8314	0.8314
	(0.40)	(0.30)
Year	Yes	Yes
r2_a	0.1625	0.0559
F	13.3242***	8.9448***
N	5987	5987

注：括号内为 *t* 统计量，* $p < 0.1$，** $p < 0.05$，*** $p < 0.01$。

4.4.3 稳健性检验

为使研究结论更为可靠，本章尝试在重新度量关键变量、采用新的检验方法以及缓解内生性问题等方面，进行了如下的稳健性检验。

(1) 重新度量企业创新。不同于基本检验中采用发明专利申请数加 1 再取自然对数的度量方法，这里采用了专利申请总数（包括发明、实用新型、外观设计）加 1 再取对数的方式衡量企业创新（Innov）。由表 4-4 的第（1）列可见，检验结果仍然支持本章的预期。

(2) 替换检验方法。考虑到许多民企的专利数量为 0（见表 4-2），因此，本章采用 Tobit 回归重新进行检验。从表 4-4 的第（2）列可见，检验结果仍与主检验的结果保持一致。

(3) 内生性问题。内生性问题是因果识别的难点。本章在基础回归中加入了企业层面固定效应虽然可在一定程度上缓解遗漏变量导致的内生性问题，但仍难以避免可能存在的反向因果问题，即可能是那些创新水平更低的民营企业才更倾向于选择“竞争性模仿”。为此，本章采用双重差分（DID）模型①，将存在“竞争性模仿”的样本作为处理组，否则作为对照组，After 代表“竞争性模仿”行为变更年份前后的哑变量，变更前的年份After 取值为 0，变更后的年份 After 取值为 1。Treat 代表“竞争性模仿”行为是否发生变化的哑变量，对于“竞争性模仿”行为发生变更的样本，Treat 取值为 1，否则取值为 0。需要说明的是，对于部分制造业民企“竞争性模仿”行为多次变更的情况，这里仅将第一次变更纳入研究样本中，以减少噪声影响。DID 检验结果见表 4-4 的第（3）列。

另外，考虑到民企“竞争性模仿”行为变化前后处理组和控制组之间的公司特征存在差异导致的样本选择性偏差会降低 DID 模型估计的有效性，本章又采用倾向得分匹配法（PSM）筛选出与处理组匹配的控制组样本，然后利用双重差分（DID）模型再次进行检验，结果如表 4-4 的第（4）列所示。可见，上述两种考量之下的检验结果

① 采取与朱冰等（2018）关于股权结构变化的相似做法，选取合适的对照组和处理组。

依然保持稳健。

表 4-4 稳健性检验

变量	INNOV (1)	Innov (2)	Innov (3)	Innov (4)
CI	-0.0857 *	0.1287 ***		
	(-1.87)	(4.00)		
After × Treat			-0.0988 *	-0.2378 **
			(-1.70)	(-2.18)
Size	0.0183	0.1198 ***	-0.0191	0.0077
	(0.34)	(5.73)	(-0.51)	(0.11)
Lev	-0.0209	0.3415 ***	-0.0202	0.3884
	(-0.12)	(3.47)	(-0.15)	(1.39)
Growth	-0.0406	0.0203	0.0661 *	0.0079
	(-0.82)	(0.46)	(1.78)	(0.14)
Age	-0.5972 ***	-0.2112 ***	-0.4311 ***	-0.3874
	(-2.84)	(-5.64)	(-2.76)	(-1.14)
Roa	2.1463 ***	2.2974 ***	0.7588 **	0.3743
	(4.28)	(6.02)	(2.06)	(0.57)
Cash	0.3033	0.2031	0.2788	0.1283
	(1.13)	(0.81)	(1.33)	(0.37)
Ppeta	0.0331	-0.7671 ***	-0.0809	0.0310
	(0.15)	(-6.03)	(-0.48)	(0.11)
Board	0.0245	0.0407 ***	0.0497 ***	0.0214
	(1.28)	(3.77)	(3.39)	(0.72)
MngHold	0.0823	0.3217 ***	0.0615	-0.1247
	(0.44)	(4.94)	(0.45)	(-0.50)
Dual	-0.0184	0.1312 ***	0.0549	0.1549 **
	(-0.36)	(4.43)	(1.44)	(1.96)
GDPpc	0.0081	0.2699 ***	0.0585	-0.2755
	(0.02)	(5.18)	(0.30)	(-0.72)
Chanye	1.1641	0.8135 ***	0.4106	-1.4847
	(1.10)	(3.73)	(0.59)	(-0.88)
_cons	1.5510	-6.1510 ***	0.8775	5.1164
	(0.45)	(-7.89)	(0.42)	(1.28)
Year	*Yes*	*Yes*	*Yes*	*Yes*
r2_a	0.1646	-	0.1639	0.0578
F	13.1431 ***	-	13.0396 ***	4.5314 ***
N	4803	5987	5987	2916

注：括号内为 t 统计量，* $p<0.1$，** $p<0.05$，*** $p<0.01$。

4.5 作用机制检验

基于第 2 章以及本章的理论分析，受制于政企关系的复杂性，民企的“竞争性模仿”行为势必因其日益高昂的交易成本而冲击或挤占企业的研发投入，进而损害民企的创新。**究其实质**，代理问题的加剧以及投资效率的降低可能是导致“竞争性模仿”有损企业创新的两种传导路径。为此，本章拟进一步考察其作用路径。

4.5.1　代理成本路径

民企的“竞争性模仿”无疑会加剧其代理问题，这与国企面临的困境相一致。国企的委托代理链过长、所有制缺位现象严重（刘汉民等，2018），故国企的代理成本显著高于其他企业，而这实质上正是国企享受诸多政府管制性便利的“代价”。因此——受到国企之诱导，民企通过构建政治关联、寻租等方式而谋取要素资源配置以及市场竞争参与的“相同待遇”时亦势必付出相似甚至更高的“代价”，这些都是市场化进程相对滞后背景下由复杂的政企关系而引致的严重代理成本的典型表现。与国企相雷同，民企的管理层也会为了追求短期效益、贪图享受或追求私人效用最大化而采取迎合股东投机意愿或背离企业长远利益的行为，进而引发“创新惰性”问题。基于此，为检验民企的“竞争性模仿”是否加剧了其代理问题并进而抑制了企业创新，本章采用管理费用率（AC）衡量代理成本（袁蓉丽等，2018），并按其中位数将样本划分为代理成本高、低两组进行分组检验，路径检验及分组结果分别见表 4－5 及表 4－6。

表 4－5　　　渠道检验：代理成本和投资效率

变量	Cost（1）	Inveff（2）
CI	0.0087**	0.0056***
	(2.45)	(2.61)
Size	−0.0113***	0.0011
	(−2.61)	(0.37)
Lev	−0.0386	0.0148
	(−1.30)	(1.16)
Growth	−0.0257***	0.0064**
	(−4.36)	(2.17)
Age	−0.0133	−0.0175
	(−0.93)	(−1.39)
Roa	−0.2346***	−0.0022
	(−5.86)	(−0.08)
Cash	−0.0538**	0.0130
	(−2.22)	(1.02)
Ppeta	0.0240*	−0.0487***
	(1.89)	(−3.46)

续表

变量	Cost (1)	Inveff (2)
Board	0.0018	-0.0011
	(0.99)	(-1.21)
MngHold	-0.0372	-0.0010
	(-1.07)	(-0.12)
Dual	-0.0046	0.0004
	(-1.06)	(0.17)
GDPpc	-0.0074	0.0132
	(-0.46)	(1.16)
Chanye	0.0416	0.0337
	(0.58)	(0.71)
_cons	0.4216**	-0.0883
	(2.06)	(-0.59)
Year	*Yes*	*Yes*
r2_a	0.1060	0.0141
F	30.0676***	1.9901***
N	5987	4803

注：括号内为 *t* 统计量，* $p<0.1$，** $p<0.05$，*** $p<0.01$。

表 4-6　渠道检验：分组回归

变量	代理成本		投资效率	
	较高	较低	较高	较低
CI	-0.1318**	-0.1331	-0.0968	-0.1610**
	(-2.33)	(-1.41)	(-1.52)	(-2.21)
Size	-0.0951	0.0559	0.0999	-0.1231*
	(-1.36)	(0.70)	(1.52)	(-1.72)
Lev	0.0847	-0.1670	0.2707	-0.1573
	(0.39)	(-0.68)	(1.16)	(-0.70)
Growth	0.0760	0.0915	-0.0400	0.2370***
	(1.47)	(1.45)	(-0.83)	(4.02)
Age	-0.6212*	-0.2071	-0.4238	-0.5153
	(-1.89)	(-0.67)	(-1.57)	(-1.46)
Roa	0.7959	0.7407	1.0179*	-0.1919
	(1.51)	(1.13)	(1.78)	(-0.35)
Cash	0.2574	0.0769	0.3168	0.4484
	(0.73)	(0.25)	(1.14)	(1.29)
Ppeta	-0.2905	0.1287	-0.0992	-0.0216
	(-1.17)	(0.45)	(-0.38)	(-0.07)

续表

变量	代理成本		投资效率	
	较高	较低	较高	较低
Board	0.0768***	0.0330	-0.0016	0.0881***
	(2.92)	(1.17)	(-0.06)	(3.47)
MngHold	-0.1890	0.2941	0.1662	0.1107
	(-0.83)	(0.99)	(0.66)	(0.38)
Dual	0.0394	0.0658	-0.0332	0.1379*
	(0.65)	(0.62)	(-0.54)	(1.68)
GDPpc	-0.1108	0.3206	-0.0959	0.0783
	(-0.28)	(0.83)	(-0.27)	(0.22)
Chanye	0.7185	-0.4255	0.8366	0.4490
	(0.58)	(-0.27)	(0.66)	(0.30)
_cons	4.5822	-3.5256	0.0434	3.4079
	(1.02)	(-0.87)	(0.01)	(0.83)
Year	*Yes*	*Yes*	*Yes*	*Yes*
r2_a	0.0674	0.0553	0.0512	0.0737
F	5.5761***	3.7749***	4.0044***	6.8252***
N	2993	2994	3042	2945

注：括号内为 t 统计量，* $p < 0.1$，** $p < 0.05$，*** $p < 0.01$。

4.5.2 投资效率路径

投资是企业重要的经营活动，投资活动涉及企业关键资源的调动及其收益分配，故投资行为实内生于企业所在的内外部治理环境，而投资效率的高低亦势必影响企业的创新决策。诸多研究表明，因大股东虚化缺位及中小股东“搭便车”等“先天性”治理结构问题，国企长期处于“一股独大”和所有者缺位状态，由此产生的“内部人控制”现象及其监督失效常常使得管理层作出偏离股东价值目标的低效投资决策。此外，国企的预算软约束（李井林，2021）以及低效的薪酬激励①（辛清泉等，2007）等不能对国企的投资决策形成有效约束，进而引致过度投资或投资不足等低效问题。与此相雷同，那些热衷于“竞争性模仿”的民企，亦势必会因政治关联或寻租而将更多的资金用于那些迎合短期目标以及符合管理层私利的投资项目，这种偏离价值目标的低效投资的后果，已经被诸多研究所验证（Chen 等，2011；吴昊旻和宋静云，2018）。基于此，本章依据 Richardson（2006）衡量企业非效率投资的方法，用实际投

① 薪酬管制可能弱化国企薪酬安排的激励效率。当薪酬契约无法对经理的经营才能和工作努力作出补偿和激励时，会导致因薪酬契约失效而引发投资过度现象（辛清泉等，2007）。

资水平与正常投资水平间的偏离（即模型残差）反映公司的投资效率，以检验民企的“竞争性模仿”是否降低了投资效率进而抑制了企业创新。

表4－5列示了代理成本和投资效率两种作用路径的检验结果。本章借鉴Dessaint等（2017）关于作用机制检验的设计思路，首先使用线性概率模型考察民企“竞争性模仿”对代理成本及投资效率的影响，由表4－5的第（1）列和第（2）列可见，民企的“竞争性模仿”（CI）显著加剧了代理问题并降低了企业的投资效率；其次，本章进一步考察民企“竞争性模仿”在不同代理成本及投资效率分组下对企业创新的影响，结果如表4－6所示，民企“竞争性模仿”对企业创新的抑制效应在代理成本较高、投资效率较差时更为显著，这表明代理问题的加剧以及投资效率的降低是民企“竞争性模仿”损害企业创新的可信路径。

4.6 异质性分析

企业的所有权属性、规模差异等内部特征及其所处的中宏观环境等共同塑造了其异质性特征。为了考察民企的“竞争性模仿”何以抑制企业创新的作用条件或环境，本章拟分别对其在企业规模、信息环境以及产品市场竞争等三个方面的横截面差异进行异质性分析。

4.6.1 企业规模

前文分析国企、民企的创新水平及其依赖度等差异时，并未考虑企业规模之影响，实际上，得益于“先天”体制性优势及“后天”管制性便利，国企的规模往往更大。研发投入深受规模经济影响，技术创新依赖于更为充足的资金、技术积累及市场影响力等，而大企业在投融资、风险承担等方面更具规模经济优势；同时，为巩固提升其竞争地位，大企业也更有动机通过创新成为行业的技术领先者（见图4－1）。因此，企业规模是影响创新行为的一个关键因素（张璇等，2017；王玉泽等，2019），而小规模企业通常无力承受研发利润为负的“鸿沟”进而更易引发创新惰性（Gonzalez 和 Pazo，2008）。为此，本章以样本企业规模均值为标准进行分组回归，由表4－7第（1）和第（2）列结果可见，当企业规模越小时，民企“竞争性模仿”对企业创新的抑制作用越显著，这与本章的预期一致。

4.6.2 信息环境

创新是周期长、风险高和未来收益不确定的复杂性活动，故企业的创新选择往往取决于管理层对现有收益与未来风险的权衡，这使得创新投入及其效率高低往往又与管理层的“风险观”或其决策水平密切相关，而更好的信息环境不仅有助于创新决策及其风险评估，还会成为管理层私利以及低效投资的有效约束。诸多研究表明，高质量的外部审计有助于降低信息不对称、约束管理层机会主义行为进而促进企业的长远发展（Robin 等，2017；Beasley 和 Petroni，2001；许建伟等，2020）。**可以预见**，高质量外部审计对于信息环境的优化作用，应该有助于缓解民企的"竞争性模仿"的创新抑制效应。为此，本章借鉴 An 等（2015）等的做法，以审计质量高低衡量企业的信息环境，将聘请国际四大（BIG4）进行审计的公司作为信息环境更好的企业（BIG4 取值为1，否则为0）。由表4－7的第（3）列和第（4）列可见，信息环境较差时，民企"竞争性模仿"（CI）对企业创新的抑制效应在信息环境更差的样本中——未聘请国际四大进行审计——更为显著，这符合本章的预期。

4.6.3　产品市场竞争

充分的市场竞争是一种重要的外部治理机制（Ferreira 和 Laux，2007；Dey，2008；吴昊旻等，2012），① 同时也是促进创新的原动力（Arrow，1962）。然而，过于剧烈的市场竞争——更高的风险或不确定性以及更低的回报（即"熊彼特效应"）——也可能加剧民企的"竞争性模仿"。充分的市场竞争其实是创新驱动的结果，故增加创新投入而非热衷于简单模仿、加剧无序竞争，才是引导竞争趋向高质量的最有效力量甚或必由之路。**可以预见**，剧烈的产品市场竞争可能会加剧民企"竞争性模仿"对于企业创新的抑制效应。为此，本章使用结构化指标赫芬达尔指数（HHI）作为产品市场竞争的替代变量，并按其均值划分为高、低两组，由表4－7的第（5）列和第（6）列可见，产品市场竞争更激烈时，民企"竞争性模仿"（CI）对企业创新的抑制效应就越显著，这与本章的预期一致。

表4－7　　横截面检验

	企业规模		信息环境		产品市场竞争	
	较小	较大	较差	较好	较低	较高
CI	－0.0804*	－0.0896	－0.1040**	0.1121	－0.0486	－0.0949*
	(－1.74)	(－0.91)	(－2.08)	(0.40)	(－0.60)	(－1.77)
Size	0.0280	0.1144	－0.0235	0.4014	0.1187	－0.0301
	(0.37)	(0.98)	(－0.44)	(0.91)	(0.94)	(－0.54)
Lev	－0.0242	0.0870	0.0264	－2.1096	－0.6473*	0.0956
	(－0.12)	(0.29)	(0.16)	(－1.63)	(－1.89)	(0.52)
Growth	0.0090	0.1514**	0.0522	0.5917	0.0508	0.0680
	(0.20)	(2.28)	(1.40)	(0.62)	(0.81)	(1.58)

① 充分的市场竞争是良好治理环境的重要标志，而低效的竞争往往源于弱化的公司治理环境，弱法治或弱产权环境下的大股东掏空（林毅夫和李志赟，2004；Allen 等，2005；Jiang 等，2010）、强化接管限制（Ferreira 和 Laux，2007）等严重代理问题均会损害竞争的效率。代理问题源于两权分离及其治理效果，而约束管理层自利动机、缓解代理冲突的公司治理安排，其实是对公司经营及其所在竞争环境的"内生响应"（Dey，2008），故考察企业行为选择及其约束必须结合其所处的行业竞争及其治理环境。

续表

	企业规模		信息环境		产品市场竞争	
	较小	较大	较差	较好	较低	较高
Age	-0.1276	-0.6573	-0.4130*	-0.4782	0.4537	-0.6314**
	(-0.47)	(-1.57)	(-1.87)	(-0.14)	(0.99)	(-2.53)
Roa	1.2755**	0.4060	0.7672*	-4.2370	-0.8895	1.1889***
	(2.56)	(0.64)	(1.95)	(-1.28)	(-1.22)	(2.63)
Cash	0.0116	0.4189	0.2110	4.4283	0.5099*	0.2322
	(0.05)	(1.04)	(0.99)	(1.42)	(1.71)	(0.94)
Ppeta	-0.0500	-0.4019	-0.0431	-1.0614	0.0258	-0.0794
	(-0.22)	(-1.15)	(-0.22)	(-0.63)	(0.06)	(-0.36)
Board	0.0712***	0.0314	0.0435**	0.1254	0.0089	0.0639***
	(3.12)	(1.00)	(2.35)	(0.80)	(0.28)	(2.89)
MngHold	0.2928	-0.2219	0.0472	1.9195*	0.8521**	-0.1936
	(1.29)	(-0.70)	(0.26)	(1.92)	(2.52)	(-0.94)
Dual	-0.0161	0.0857	0.0528	0.1198	-0.0139	0.0704
	(-0.32)	(0.73)	(0.95)	(0.24)	(-0.16)	(1.19)
GDPpc	-0.2915	0.6298	0.0104	3.4836	-0.3966	-0.0222
	(-1.08)	(1.35)	(0.04)	(1.43)	(-0.63)	(-0.07)
Chanye	-0.0271	1.0510	0.2483	-0.2964	-0.6097	1.3314
	(-0.02)	(0.71)	(0.26)	(-0.04)	(-0.25)	(1.19)
_cons	2.9477	-7.7936	1.5654	-43.1289	1.4881	2.0467
	(0.91)	(-1.56)	(0.56)	(-1.51)	(0.24)	(0.60)
Year	Yes	Yes	Yes	Yes	Yes	Yes
r2_a	0.0480	0.0757	0.0519	0.1084	0.0347	0.0654
F	5.2021***	6.0221***	8.4933***	67.8646***	2.0631***	8.8468***
N	3238	2749	5827	156	1320	4667

注：括号内为 t 统计量，* $p < 0.1$，** $p < 0.05$，*** $p < 0.01$。

4.7 经济后果检验

有别于常规的固定资产投资，研发创新具有高投入、长周期与高风险等特性（Bergemann 和 Hege，2005；申宇等，2017），前期的巨额投入很可能沦为沉没成本。因此，从投入产出角度看，创新效率的提升对企业至关重要，不仅关乎企业绩效，亦攸关创新的动力。基于前文的理实分析，在市场化进程以及宏微观治理环境仍相对滞后的制度背景下，民企对于国企的“竞争性模仿”，因其加剧了对于创新投入的冲击或挤占，故势必最终损害企业的创新效率。为此，本章借鉴 Hirshleifer 等（2013）及 Zhong（2018）等研究的思路，以创新效率（Ineff）的视角检验民企的“竞争性模仿”是否会损害创新效率。

这里以 $InEff1_{i,t+1} = IApply_{i,t+1}/(RD_{i,t+1}2 \times RD_{i,t-1})$ 度量企业创新效率，其中，$IApply_{i,t+1}$表示企业 i 在第 $t+1$ 年的发明专利申请数量，$RD_{i,t}$表示企业 i 在第 t 年的研发费用。创新效率越高，说明同样金额的研发支出能够申请更多数量的发明专利。由表4-8可见，民企“竞争性模仿”（CI）会进一步加剧企业的创新效率（Ineff）损失，这符合本章的预期。

表4-8　　经济后果检验：创新效率

	(1) Ineff
CI	-0.0155**
	(-2.43)
Size	-0.0245***
	(-2.84)
Lev	-0.0313
	(-1.26)
Growth	-0.0005
	(-0.09)
Age	-0.0510
	(-1.27)
Roa	-0.0491
	(-0.88)
Cash	-0.0235
	(-0.67)
Ppeta	-0.0479
	(-1.56)
Board	-0.0010
	(-0.37)
MngHold	0.0615**
	(2.20)
Dual	0.0112
	(1.60)
GDPpc	-0.0730*
	(-1.83)
Chanye	0.0115
	(0.06)
_cons	1.5001***
	(3.87)
Year	*Yes*
r2_a	0.1522
F	16.0487***
N	5631

注：括号内为 t 统计量，* $p < 0.1$，** $p < 0.05$，*** $p < 0.01$。

4.8 本章结论及其启示

创新是推动经济社会持续健康发展的**真正动力**（Aghion 等，2005；Lin 等，2010），是企业的“**增长之基**”，只有在要素/资源获取以及市场竞争参与方面着力营造出一个中道平衡的“市场充分开放 + 政府监管适度”的**公平竞争环境**，才能引导和促使广大民企“**重新**”**回归**到创新驱动发展的市场竞争正轨，为此，推动形成国企改革及其有效治理的“**正向引导效应**”至关重要。

本章从民企的“竞争性模仿”何以抑制企业创新以及改革与竞争中的“**国－民互动**”效应的理论透视并基于2008－2019年中国民营制造业上市公司样本的实证研究发现：民企的“竞争性模仿”确实会显著抑制企业的创新，而代理成本加剧和投资效率降低是民企“竞争性模仿”抑制企业创新的两种重要渠道，在使用“PSM + DID”等方法缓解其潜在的内生性问题之后，上述结论仍保持一致；为考察民企“竞争性模仿”抑制企业创新的作用条件进而排除其他潜在替代性解释的横截面差异检验表明，更为剧烈的市场竞争、更小的企业规模以及更差的信息环境是加剧民企“低效模仿－创新动力”之负向关联的负面环境因素；进一步的经济后果检验显示，民企的“竞争性模仿”最终会损害企业的创新效率。

本章基于**“国－民互动”的逻辑**即以民企的“**相对**”（相对于国企之聚焦）及“**逆向**”（相对于民企之贡献）视角，**再次印证了**推动国企改革及其有效治理的重要性及其利益攸关；从矫正民企“竞争性模仿”这种背离创新驱动及市场化正轨的低效竞争行为的纵深角度，**再次印证**了推动形成国企改革及其有效治理的“**引导－示范效应**”（正外部效应）**何以攸关**国民经济的整体效率。因此，**本研究之立意绝非为否定国企的贡献及其应有之地位，而是要提醒充实国企之角色及其功能内涵**[①]，意在**全面客观审视**国企民企之绩效变迁路径，通过营造并不断优化营商环境、持续提升公司质量进而全面系统夯实我国的国民经济高质量**发展之基**。**因此**，本章的研究结论对于推动国企改革、振兴民营经济、贯彻创新驱动战略进而推进经济高质量发展的学术研究以及制度环境优化等，具有重要的理论警示及政策启示价值。

首先，须明确民企的“竞争性模仿”是背离创新驱动及市场化正轨的低效行为，不仅损害民企自身的持续发展，还会助推加剧市场的无序竞争及低效垄断[②]，进而造成

---

① 持续推动国企改革及其有效治理实具有“双重效应”：其一是提升国企自身绩效的“直接效应”；其二是引导诸多民企回归创新驱动发展之市场竞争正轨的“间接效应”也即“引导示范效应”——是国企改革促生的“正外部效应”。推动强化国企改革的“双重效应”，有利于凸显和支撑中国特色市场经济体制的“底色”（国有经济载体）并进而具有引导和显示宏微观治理导向的“信号灯”功能。

② 民企的“竞争性模仿”实具有“负外部效应”，即其还会间接强化国企的地位进而“双向加剧”市场的无序竞争与低效垄断并导致“国企日国、民企日弱、创新日惰”的恶性循环。我国各行业普遍存在的低效垄断（国营低效）与低效竞争“双低并存”的现象，除了国企的“逆危机成长”外（吴昊旻，2018），政府管制倾斜以及环境不确定加剧背景下民企这种低效模仿的“泛滥”及其助推亦是主因。

所谓“双重乃至多重”效率损失的重要根源。因此，在创新驱动高质量发展的新时期，**民企自身的转型升级**——创新依赖及其公司治理等——已经迫在眉睫。

其次，须知道推动国企改革实具有“双重效应”，即提升其自身绩效的“直接效应”（内部）以及引导助推广大民企回归创新驱动及市场化正轨的“间接效应”（外部）。因此，推动形成国企改革及其有效治理的“正向引导效应”（正外部效应）至关重要，这对于从“国企－民企”**双管齐下**真正缓解所谓“双重乃至多重”效率损失、全面夯实创新驱动之企业载体以及国民经济之发展根基无疑具有重大意义。

最后，须坚定创新驱动高质量发展的逻辑以及市场配置资源的主体地位，即在主体或载体上要保障“**国－民共进**”，不断促进要素资源的合理配置以及市场竞争的公平有效；**在路径或技术上**要引导支持创新驱动导向，不断推进国企改革及其有效治理以及政府职能的有效转变[①]，这样才能真正优化营商环境、提升公司质量，进而全面夯实我国的**国民经济发展的“增长之基”**，真正构筑起国企与民企“合力”支撑经济高质量发展的**充沛微观动力**。

---

①　无论是再次兴起的“国进民退”争议，还是如今出现的“民营经济离场”和“新公私合营”等论调，都深刻说明新时代深化国企改革的复杂性和艰巨性（黄速建等，2019）。国企改革成败攸关中国经济能否实现高质量发展以及“两个一百年”奋斗目标能否如期达成，故必须从国企改革自身及其关联效应的更深更广层面系统找寻症结及对策。

第5章　民企的"竞争性模仿"会加剧企业金融化吗？

【本章提要】

新兴/转轨背景下政府在资源配置中的主导作用以及国企因此享受的诸多管制性便利往往具有"**诱导效应**"，即其会诱致其他企业尤其是处于弱产权地位民企的"竞争性模仿"，而这种低效的模仿势必损害民企的长远发展以及国民经济的质量。**本章聚焦**民企"竞争性模仿"之成因及其何以加剧金融化的理论解析，以及基于中国沪深A股民营上市公司样本的实证研究表明：民企"竞争性模仿"确实会加剧其金融化依赖，而缓解融资约束、挤占实业投资是这种加剧效应的**两种主要渠道**；进一步研究发现，区域金融发展水平会强化民企"竞争性模仿"对其金融化的加剧效应，而宏观经济政策不确定性以及政府实施的外部金融监管的强有力冲击则有助于抑制这种负面效应——可见，民企"竞争性模仿"下的金融化选择"**适时**"**兼具**了投机套利动机（加剧效应）和预防性动机（缓解效应）；经济后果检验表明，"竞争性模仿"取向下的金融化依赖最终会损害民企效率，无益于其长远发展；考虑内生性及金融危机影响等情形的稳健性测试均支持以上结论。

本章的研究结论对于引导聚焦民企行为转向及其对国民经济发展的"**增长之基**"（即国民合力+创新驱动）的系统性影响、引导推进民企转型与国企改革及其"**有机联动**"以及防范系统性金融风险、抑制脱实向虚等方面的研究与实践均具有重要意义。

5.1　引　言

在2016年中央经济工作会议、2017年中央金融工作会议相继提出要振兴实体经济、防范金融风险以及防止脱实向虚的特殊背景下，企业金融化加剧问题日益成为政府及学术界广泛关注的重要议题。十九大报告明确指出要"深化金融体制改革，增强金融服务实体经济能力，健全金融监管体系，守住不发生系统性金融风险的底线”，这实际上已为今后深化金融供给侧结构性改革、促进实体经济健康发展指明了方向。

随着市场竞争的日益激烈、制度红利的逐渐消退以及经营成本的不断上升，我国实体经济的利润空间日渐收窄，为寻求新的利润增长点，实体企业也倾向于投资回报更高且快的金融领域（Van der Zwan，2014）。众所周知，大量资金在金融体系内部滞留空转，不仅恶化实业投资环境，更会挤占创新进而损害企业的核心竞争力建设。**因此，探索并厘清**影响企业金融化的诸多因素及其制度渊源，进而采取有效措施抑制企业金融化趋势，引导金融回归实体，对于防范金融系统性风险、促进创新驱动经济高质量发展无疑具有重要意义。

然而，值得注意的是，政策以及理论与实务界至今似乎仍**更多聚焦于**实体经济受限本身，对于产权、行业等企业异质性特征，尤其是新兴转轨背景下政府对于资源配置的主导作用以及国企因此而享有的管制性便利“诱致”的其他企业，特别是处于弱产权地位的诸多民企的行为变迁问题——民企的“竞争性模仿”，**却尚未给予足够的重视**①，而这种“竞争性模仿”不仅有损民企的投资效率（吴昊旻和宋静云，2018），还会损害民企创新进而引致更大的效率损失——因为这种背离市场竞争正轨的简单模仿行为会加剧企业代理问题（Morck 等，2005；Aghion 等，2010；杨其静，2011），进而使民企也患上“国企病”。②

民企何以会选择“竞争性模仿”？——这需要从其过去的发展路径（依赖）以及其如今面临的增长困境予以历史地认知。得益于时代机遇尤其是改革开放初期的“放权让利”等诸多政策便利，民营经济逐渐壮大成为推动中国经济增长的最主要力量，同时也日益成长为国家创新驱动发展的最重要载体③。**然而，不可否认的是**，在不断深化国企改革和完善资源配置的市场化进程中，相对于国企在要素及产品市场等诸多方面拥有的“先天性优势”，民企在行业准入、融资便利等关键市场机会方面依然面临诸多非公平待遇甚或“歧视”（胡旭阳，2006；方军雄，2007；杜勇和陈建英，2016；任爱莲和秦俊文，2019），这使得民企的发展及其转型日益面临瓶颈，而这种“**瓶颈效应**”在深化市场化、法治化改革的新时期就更加凸显（李姝和谢晓嫣，2014；刘贯春等，2019）。这种困境引致的一个显著的变化或后果便是，越来越多的民企在资源获取、行业准入以及政策便利等诸多方面**开始倾向甚或热衷于**采取与国企相类似的经营

① 民企的重要性已与日俱增。张文魁（2021）认为从经济增长原理及其发展历史看，企业发展政策当重于宏观政策和产业政策，当今尤其如此；同时指出自改革开放以来，搞活国有企业一度是企业发展政策的主题，但随着时间推移，促进民企发展政策的重要性日益凸显，而其时代趋势或政策取向将是如何维护企业之间尤其是不同所有制企业之间的公平竞争。

② 见第4章理论分析部分的脚注。

③ 民企吸纳的就业人数已超过中国城镇全部就业人数的70%及新增就业的90%（王钦敏，2013）；同时，民企在创新领域也逐渐崭露头角，并涌现出一大批具有国际顶尖科技实力的创新型企业。全国工商联发布的《2020中国民营企业500强调研分析报告》显示，民企500强中已有402家企业的关键技术源于自主开发，研发投入强度超过3%的企业已达59家。

行为或发展策略①，进而逐渐走上低层次的、非市场化导向的“竞争性模仿”道路（吴昊旻和宋静云，2018）。**此时，若考虑到**市场竞争日益激烈、制度红利逐渐消退以及经营成本不断上升大背景下实体经济利润空间压缩的现状，处于弱产权地位的民企可谓面临着“雪上加霜”的“**双重窘境**”——**故可以预见**，诸多民企尤其是那些“竞争性模仿”民企②，在要素资源本来就受限的情况下，势必也会更倾向于选择回报更高且快的金融化投资。

本章的描述性统计显示，中国民企的金融化依赖确实也在加剧（如图5－4和图5－5），进而导致创新发展基础被不断挤占，并已成为制约我国企业尤其是民营经济发展及其转型的最主要原因（谢家智等，2014；杜勇等，2017；万良勇等，2020）。可见，在深化市场化改革以及推动经济高质量发展的转型进程中，我国民企自身竞争及治理模式的“转型升级”亦至关重要且依然任重道远。因此——考虑到民营经济的比重及其贡献，我国民企经营行为的嬗变无疑攸关国计民生，这在深化国企改革、重振实体经济、推进经济高质量发展的新时期将更加凸显其现实意义。而这或许也正是或应当成为新时期中央明确强调要“守住系统性金融风险底线”的**另一个新背景**。

基于上述背景及考虑，**本章试图考察**民企的“竞争性模仿”是否会加剧企业金融化以及这种行为的作用机理及其经济后果。本章基于2007－2019年中国沪深A股民营上市公司样本的实证研究表明：民企的“竞争性模仿”确实加剧了其金融化依赖，而缓解融资约束、挤占实业投资是这种加剧效应的两种主要渠道；进一步研究发现，区域金融发展水平会强化民企“竞争性模仿”对其金融化依赖的加剧效应，而宏观经济政策不确定性以及政府实施的外部金融监管的强有力冲击则有助于抑制这种负面效应——可见，民企“竞争性模仿”下的金融化选择“**适时**”**兼具**了投机套利动机（加剧效应）和预防性动机（缓解效应）；经济后果检验表明，民企“竞争性模仿”取向下的金融化依赖最终会损害企业效率，无益于民企长远发展；考虑内生性及金融危机影响等情形的稳健性测试均支持以上结论。**本章研究结论的差异化贡献主要体现在如下三个方面**：

首先，不同于现有研究更多直接或单边考察民企的“被歧视”或国企的“低效率”，本章的研究则以“反向或相对”的视角③，深入关注中国诸多民企的行为嬗变即

---

① 需要说明的是，国企因其先天优势，故未见得就会依赖金融化。本章所谓的“民企对于国企的竞争性模仿”，并非特指其金融化选择，而是指民企通过“模仿”国企在获取要素资源、参与市场竞争等方面的经营模式进而谋取政府青睐之优势地位。

② 根据寻租经济学理论，这种竞争的实质其实就是“模仿－传染”效应。利益诱导之下，作为理性经济人的企业其竞争行为都会逐渐趋同，从而诱发“传染效应”。实际上，所有通过简单模仿（如寻租）即可获取利润的行为都会引致高度竞争（Krueger，1974），进而形成短期逐利的“竞争性模仿”现象，最终加剧市场的无序竞争和更大的效率损失。

③ 相对于现有研究要么“过于”强调国企的“先天优势”及其低效，要么“过分”凸显民企的“后天劣势”及其贡献，**尚绝少**直面关注制度变革或转型之下民企行为的潜在变迁及其效率递减问题，**绝少将**民企的效率递减或其增长困境同时归咎于其自身的转型滞后，**绝少将**国企改革及其治理效率与民企振兴及其增长动力“联动”起来予以系统考察。这两种“过度”其实反映出现有研究范式的某种对立割裂或惯性局限。实际上，二者是辩证统一的，即推动国企改革与民企振兴实具有“因果关联”，民企的劣势或困境及其“竞争性模仿”，既是国企优势诱致的一个“结果”，同时又映射出民企自身的局限及转型困境，故应该从“有机联动”的纵深视角予以综合考量。

其“竞争性模仿”的经济后果或可能引致的更大效率损失；这种考察有利于将民企的劣势或困境作为政府主导以及国企改革现状的一个“后果”予以“因果”对照分析，进而又有利于将民企的治理或转型作为推进国企改革及其有效治理的“正外部效应”予以纵深认知①，从而有助于在“互动关联、辩证统一”的基础上弥合并推进民企转型与国企改革的深入研究与实践。

其次，在界定民企“竞争性模仿”的内涵及其本质——非市场化导向的低效竞争行为——的基础之上，本章以金融化依赖为“落点”验证了民企“竞争性模仿”的经济后果或其效率损失②。企业的金融化依赖会加剧其自身乃至整个产业的“空心化”，进而集聚系统性金融风险，而民营经济发展已然攸关国民经济增长及其质量，故民企自身的转型至少当与国企改革及其治理同等重要。本章的研究将民企转型、国企改革与防范金融风险、抑制脱实向虚“**有机联动**”考量③，**这有助于**进一步凸显深化国企改革及治理进而推动民企发展及转型的重大现实意义。

最后，本章基于金融监管力度、区域金融发展水平以及经济政策不确定性等中宏观的视角，对我国诸多民企的“竞争性模仿”行为及其经济后果进行了多维而系统的理论解析与实证检验，**进而揭示了**这种非市场化导向的低效竞争行为的制度渊源，提醒防范要素资源配置及市场竞争参与环节中的非市场化的倾向性干预，已经诱致了诸多民企取向“竞争性模仿”并使得民企自身的治理及其转型更加现实而紧迫，这对于新时期深化国企改革、重振实体经济、更好推动民营经济发展当具有别样的意义。

5.2 文献回顾、理论分析与研究假设

5.2.1 文献回顾

5.2.1.1 企业金融化：动机、影响因素及经济后果

Krippner（2005）对于企业“金融化”（Financialization）的定义被学界广泛接受，即利润对金融投资活动的依赖性高于生产贸易活动。关于企业金融化的研究，现有研

① 本研究认为，推进国企改革及其有效治理实具有“双重效应”，即提升国企自身效率的“直接效应”以及引导更多民企回归创新驱动之市场化竞争正轨的“间接效应”，而后者正是国企改革及其有效治理促生的“正外部效应”（吴昊旻和宋静云，2018；吴昊旻，2018）。实际上，这正是中央始终将推进国企改革作为我国深化体制机制改革之最重要抓手的一个背景。国企并无“原罪”，这既有利于保持和巩固社会主义市场经济之体制根本，又有利于引导和造就创新驱动高质量发展的“国－民合力”。

② 本章以金融化为落点，即是为了从一个典型的侧面考察这种“模仿”的经济后果——毕竟金融化的回报更高且更快，（在困境或危机时）也更容易成为弱产权地位民企的优先选择。

③ 经典的“组织学习生态观”认为不同类型企业间的“社群性互动”会导致社群内社会规范的同构扩散，进而产生组织间学习——是一种社会规范的同构化过程，这种学习可以为企业适应外部环境变化创造优势，而政府在其中扮演着重要角色——You 等（2021）的研究指出，社群逻辑对组织学习的促进作用受到政府逻辑的负向调节，而当社群和当地政府出现强社会关联时（如公平对待），这种负向调节作用会得到削弱，多个逻辑可以和谐共存。

究主要围绕金融化的动机、影响因素及其经济后果等**三个方面**展开。

企业持有金融资产的动机主要有预防性动机和投机套利动机（Keynes，1936；黄贤环等，2018）。预防性动机是指企业具有闲置资金时会购入金融资产，在面临资金短缺时出售资产以补充或缓解流动资金不足的压力（Almeida 等，2004；胡奕明等，2017）；而投机套利动机则是指企业持续或大量增加金融份额，从而对其主营业务、创新活动等长期投资产生“挤出效应”的投机性行为，这会导致收入从产业部门转移到金融部门（Demir，2008）。谢家智等（2014）、王红建等（2017）的实证研究发现金融化与企业创新负相关，证实了目前我国企业进行金融化投资的动机主要是基于投机套利动机而非预防性动机。杜勇等（2017）的研究也表明，金融资产并未通过预防性动机的“蓄水池”功能帮助企业缓解投资不足，反而降低了企业的创新产出和实物投资，损害了企业绩效，“挤出”效应占据主导地位。**那么，**是什么因素引致了企业的金融化选择呢？诸多研究基于宏观层面探讨了经济环境变迁以及政策差异等因素对于企业金融化的影响，发现宏观经济状况的持续向好以及政府的政策性补贴有利于降低企业的金融化水平（陈冉等，2020）；而经济政策不确定性的加剧以及传统生产制造业利润率的持续走低，已成为企业不断扩大金融投资的重要动因（邓超等，2017；Xu 和 Xuan，2021）。与此同时，企业微观层面的公司业绩、管理层特征、产权性质以及社会责任履行等异质性因素也会影响企业的金融资产配置行为（杜勇等，2019；黄贤环等，2019；顾雷雷等，2020；张成思和郑宁，2020）。在宏微观因素共同影响之下，诸多研究表明，企业的金融化依赖会“挤占”其实业投资，进而损害实体企业未来的主业业绩（宋军和陆旸，2015；Orhangazi，2008），同时不利于企业的创新产出及其财务平稳性（King 和 Levine，1993；雷新途等，2020），并在总体上加剧了金融市场整体的运行风险（彭俞超等，2018b）；而受制于禀赋差异及其风险承担能力，上述负面效应在民营企业中更为显著（许志勇等，2020；万良勇等，2020）。

5.2.1.2 民企的“竞争性模仿”：动机、现状及其影响

改革开放以来我国经济成就举世瞩目，这与中国特色社会主义市场经济体制的最终确立、国企渐进式改革的持续推动以及广大民企的突出贡献息息相关（平新乔，2000；张军等，2003；张晖和曲延芬，2006）。得益于改革开放的时代机遇尤其是改革初期的“放权让利”等政策空间，民营经济取得长足进步，并已发展成为中国国民经济的主体。然而，在以“政治集中、经济分权”为主要制度特征的中国“**渐进式改革模式**”下，市场经济体制的逐步确立虽然伴随着政府干预的逐步减少，但资源配置仍然呈现出显著的非市场化特征（孔东民等，2013；Wang，2015），各级政府对于宏观经济发展以及在金融机构、微观企业等中微观层面仍然具有主导性影响，这导致形成错综复杂的**“政－银－企”关系**。诸多研究表明，金融市场管制下资本要素的“错配”导致不同所有制、不同规模企业融资能力及其成本的巨大差异（罗德明等，2012）。本章的描述性统计也发现——如图 5－1 和图 5－2（国企时为 1，民企时为 0）[①]，国企的

① 本章采用 ifsoe 衡量企业产权性质，当 ifsoe = 1 时为国企，ifsoe = 0 时为民企；为消除规模影响，采用长期借款/总资产的比重（LDBASS）衡量企业负债状况；资本收益采用净利润/总资产的比重（ROA）进行衡量。

资本收益仅为民企的一半，而其获得的银行贷款却是民企的3倍左右。

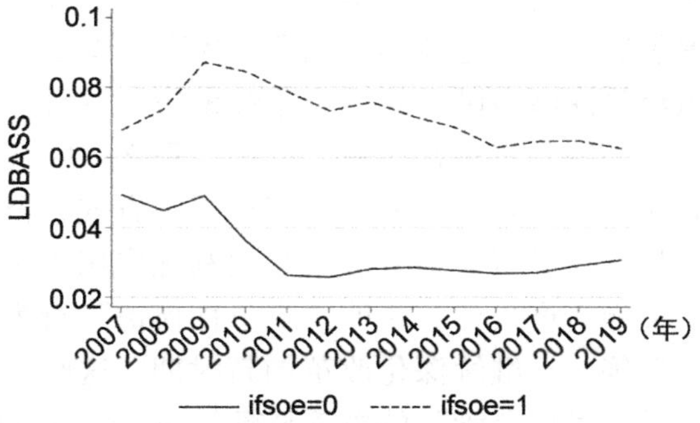

图5-1　国企/民企长期借款年度变化趋势

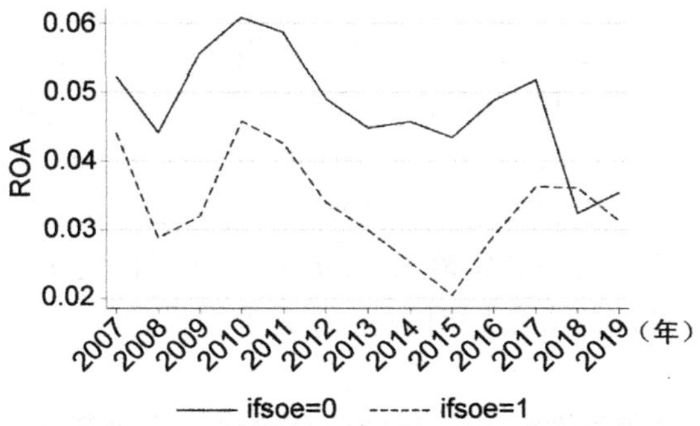

图5-2　国企/民企资产净利率年度变化趋势

在此背景下，政府对于国企的倾向性管制便利往往具有诱导效应，而这种效应对于那些处在非优势地位的广大民企而言可能会更显著。吴昊旻和宋静云（2018）的研究发现，我国诸多民企会通过构建政企关系、寻租等非市场化手段在要素/资源获取、市场竞争参与等方面采取与国企相类似的经营发展路径，从而造成普遍的“竞争性模仿”现象。短期来看，这种模仿会给企业带来一定的利好，如更多的银行贷款及政策性优惠，或以更低的融资成本获取更多发展资金等（Cull和Xu，2000；Chan等，2012；袁建国等，2015），进而有助于缓解民企面临的融资约束甚至增加企业的业绩（林毅夫和李志赟，2004；杨洋等，2015）。然而，若从长远考量则未必如此（Fan等，2007；杨其静，2011）。企业投融资渠道及其依赖方式的变化会潜在影响其资产配置行为，而那些回报更高且快的项目又自然更受企业的青睐。因此，类似于国企获得的财政补贴、融资优势以及行业准入等政府管制性便利，不仅会诱导其他企业尤其是民企的“竞争性模仿”，而且还会进而引致这些企业对于金融化投资的依赖，并最终加剧企业乃至产业的“空心化”（张成思和张步昙，2016；肖忠意和林琳，2019），这无疑会阻碍创新驱动以及整个经济的可持续发展。

处于新兴/转轨背景下的中国，金融发展的不平衡以及信贷配给的结构性矛盾仍然突出而普遍。政府主导及其管制便利下的国企占优以及广大民企的现实困境已经或正在“叠加诱致”诸多民企的“竞争性模仿”[①]。**然而**，在“让市场在资源配置中发挥决定性作用”已然成为新时期经济发展主导基调的大背景下，**目前尚鲜有文献**立足我国特定制度环境，深入聚焦这种“逆趋势/常态化”的资源配置方式对于民企经营及其效率的长远影响，**尚未纵深关注**诸多民企的“竞争性模仿”这种非市场化的经营取向对其自身效率乃至整个国民经济的长远甚或更大损害。**那么**，宏观层面的金融资源配置格局会传导并影响到企业微观层面的（金融）资产配置方式，企业尤其是那些“竞争性模仿”民企，是将其所获得的资金甚或政策性便利优先用于主业或创新投资，还是会出于逐利动机而增加金融资产投资？这种“竞争性模仿”行为及其资产配置决策又会导致哪些经济后果？等等。在继续深化改革的新时期，这些问题都需要在新的框架——“市场充分竞争＋政府适度监管”的**中道平衡**[②]——之下进行更深入的探究。

5.2.2 理论分析及假设提出

新规制经济学不再将制度作为外生变量，认为制度可以通过影响微观经济主体的偏好进而改变其行为（Laffont 和 Tirole，1993；梯若尔和拉丰，2004）[③]。我国特定制度背景下政府对于要素资源配置与市场竞争格局的主导性影响以及国企享有的管制性便利（罗德明等，2012；杨继生和阳建辉，2015），是引致企业尤其是诸多民企之非市场化行为取向的制度渊源（吴昊旻和宋静云，2018）。基于相关文献梳理，这里主要从预防性动机和投机套利动机这两大角度对民企“竞争性模仿”如何影响其金融化选择进行理论解析。

5.2.2.1 民企的“竞争性模仿”与企业金融化：投机套利动机

民企的“竞争性模仿”在深层次上其实是宏微观治理环境低效进而导致市场竞争低效的结果，因为资源配置不公而引发的低层次模仿会加剧市场的无序竞争，进而导致恶性循环。诸多民企尤其是那些“竞争性模仿”民企，出于缓解资源配置失衡以及经济环境与政策波动等不确定性而倒逼形成的投资空间受限等困境，很可能更倾向于将其谋取到的资金投入回报更高且快的金融化活动中去，进而表现出明显的投机套利动机。民企“竞争性模仿”对其金融化的这种加剧效应，具体可从融资缓解、主业挤占、市场利差等**三大层面**予以解析。

（1）资源依赖有助于融资缓解。面对要素配置中“**资源－效率**”的错配及“**贡献－待遇**”的失配（罗德明等，2012；文东伟，2019），民企更有动机通过“竞争性模仿”

---

① 改革开放以来高速增长的民营经济再次面临“增长困境”，融资难、融资贵等老问题再次成为制约我国民企持续健康发展的制度性障碍，而这正是新时期中央提出要继续深化改革、推动国企治理、重振民营经济之战略规划的一大背景。

② 任何经济体都是市场开放与政府监管的统一体，市场与监管的中道平衡（胡永刚等，2016）是维持宏观经济稳健发展的重要保障，这也是以2014年诺贝尔经济学奖得主让·梯若尔（Tirole）——对市场势力及其规制分析的开创性贡献——为代表的“新规制经济学”理论的基本观点。

③ 新规制经济学将其研究重点从为什么规制转到如何规制，将委托代理、激励问题引入信息不对称和不完全竞争条件下的规制分析中，进而将规制问题转化为最优机制设计问题，在信息结构、约束条件和可行工具前提下，分析规制双方的行为及其最优权衡，并对规制中的很多问题都尽可能从本源上内生地加以分析。

以求谋取政府的青睐及其政策的适度倾斜，进而弥补其与国企在资源分配及政策扶持上的先天性差异（Zheng 和 Zilibotti，2011）。一方面，因“竞争性模仿”而获得的政府补贴、信贷资金配给等政策性便利有助于降低民企的资本成本，间接增加了现金流入；另一方面，更为密切的“**政企关系**”往往会成为企业综合实力及其银行授信评估的重要参考，并被视为产业政策调整或付诸实施的潜在信号（Chan 等，2012；万良勇等，2020）。可见，更**紧密政企关系**下的融资便利以及为尽早兑现维持“政企关系”的业绩承诺，都会导致金融化投资成为这类民企的现实优先选择。

（2）**主业挤占促成金融优先**。金融/信贷资源的配置失衡导致我国诸多实体产业面临利润空间收窄、创新动力不足、持续增长乏力的“窘境”，为了维持企业业绩以及出于超额收益及职业晋升等考虑，管理层可能更倾向于将有限的资金用于回报更高且快的金融化投资中去。同时，值得强调的是，这种“竞争性模仿”行为往往需要政治联系天然较弱的民企付出大量的隐性成本，以维持其构建的“政－银－企”等复杂政商或社会网络关系的可持续，而这种“争宠式”的竞争“不自觉”地就会导致生产要素偏离其最优配置（吴昊旻和宋静云，2018；俞金红和于明超，2019），进而导致主业被“**双重挤占**”——经济与政策环境的不确定性下的投资空间受限＋金融资源的配置倾斜——下企业微观层面的“金融优先”（Boubakri 等，2013；姚晶晶等，2015；于连超等，2021）。**这实际上可以解读为**中央适时提出“增强金融服务实体经济能力”以扭转“脱实向虚”和“更好推动民营经济”的一个现实背景或深层原因。

（3）**市场利差诱导企业逐利**。实际上，无论是融资缓解还是管理层自利动机（内因），无论经济或政策环境不确定性高低与否（外因），企业都会进行金融化投资——差别只在多少而已，究其原因即在于市场回报之差异，即相较于非金融资产投资周期长、投入数量大、回报率更低等局限，金融化投资则更为容易实施且更有机会获取超额回报，而其收益率亦远高于实体或创新投资（王红建等，2016）。近年来，受制于全球经济金融变迁以及国内制度环境的内外双重约束，我国经济的“脱实向虚”趋势日益显著，而日趋激烈的行业竞争又使企业无暇、无意甚至无力拓展实业或创新，金融化高企便日益成为“自然而然”之现象。由上可见，“争宠式”竞争带来的短期利好、租金耗散下的主业挤占、实体与金融投资的回报利差，这三者及其叠加均会显著诱致并加剧民企尤其是“竞争性模仿”民企的金融化选择。据此，本章首先提出如下假设：

H1：出于投机套利动机，民企的“竞争性模仿”会加剧企业金融化。

5.2.2.2　民企的“竞争性模仿”与企业金融化：预防性动机

民企的“竞争性模仿”既是理性经济人对于短期利好的利益最大化追求，也是特定制度背景下对于既有利益格局的“适应性选择”（Brandt 和 Li，2002；Ying 和 Qiu，2007；王彦超，2014；吴昊旻和宋静云，2018），出于持续经营及长远发展考量，这种选择也可能体现为预防性动机，进而呈现为负向的“缓解效应”。具体可以从融资替代、主业建设、政策响应等三个方面予以解析。

（1）**融资替代有助弱化金融动机**。受制于产权弱势以及规模差异等现实约束，民企面临着更为严重的信贷约束，而激烈的市场竞争又会放大经营及政策风险，进而促成预防性金融资产配置倾向（杜勇等，2017）。因此，民企的“竞争性模仿”对于信贷约束的缓解就具有了“融资替代”效应，故融资约束的缓解以及金融化投资的高风险或机会成本可能有助于抑制这类民企的金融化行为（张红凤和汲昌霖，2015）。

（2）**维持长远还须夯实核心主业**。出于可持续发展等战略性考量，民企还须依托主业不断提升核心竞争力，而“竞争性模仿”下更紧密的政企关系有助于民企缓解融资约束、获得产权青睐、突破行业壁垒（Chan 等，2012），进而使民企得以有动机、有能力“回补”或夯实其主业，助力民企巩固竞争地位、促进创新及可持续发展（杨其静，2011；Denis 和 Sibilkov，2010），这会间接弱化企业的金融化动机及其过度投入。

（3）**政策响应反向抑制金融导向**。企业尤其是国企是一国（地区）政府——作为协调方或主导者——推动落实其宏观经济战略及其政策导向的最主要载体，而企业对于国家战略及其政策导向的“响应”① 反映甚至决定着政企关系的水平及其走向。防范金融风险、防止脱实向虚进而推进创新驱动高质量增长、振兴实体经济、更好促进民企发展等已经成为新时期我国长期坚持的战略导向，而“有形之手”即政府的干预或引导在其中发挥着重要作用——政府可能会通过财政补贴、税收优惠、产业政策或者绩效考核、晋升激励等方式引导并督促企业强化落实。此时，如同国企的“典范性”倾向（Khanna 和 Yafeh，2007；吴昊旻，2018），其他企业尤其是那些“竞争性模仿”民企也会积极主动响应政府的战略调整及其政策导向，这显然又有助于抑制民企的过度金融化倾向。

本章研究的逻辑架构如图 5 - 3 所示。

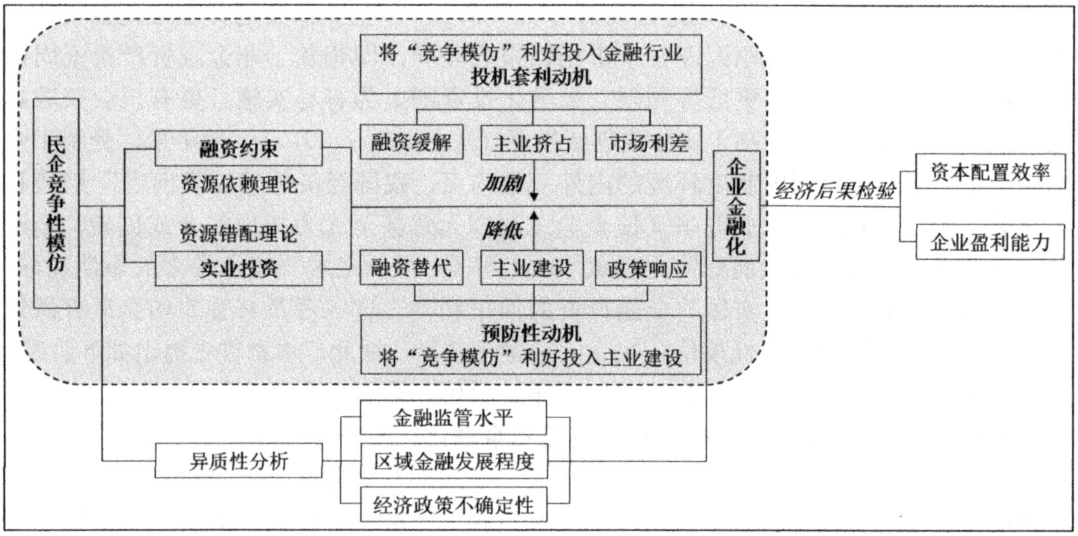

图 5 - 3　民企的“竞争性模仿”与企业金融化：加剧 or 抑制？

① 这里的“政策响应”实际上包含了两层意思：一是民企谋取管制性便利后需要尽早兑现维持“政企关系”的业绩承诺——这可能会加剧其金融化投资（如 H1）；二是如同国企一样，带头积极响应政府新的政策导向——这有助于弱化其金融化动机或投入（如 H2）。

综上可见，民企“竞争性模仿”下的金融化选择可能“**适时**”**兼具**了投机套利动机（加剧效应）和预防性动机（缓解效应）[①]。基于此——相对于 H1，本章提出如下的竞争性假设：

H2：出于预防性动机，民企的“竞争性模仿”会抑制企业金融化。

5.3　实证研究设计

5.3.1　样本与数据

本章以 2007－2019 年中国沪深 A 股民营上市公司为样本[②]，并按如下条件对样本进行筛选：剔除金融、保险类样本；剔除样本期间内出现 ST、*ST、PT 情形的样本；剔除数据缺失样本。为避免异常值对实证结果的影响，本章对连续变量在 1% 水平上进行了 Winsor 缩尾处理，并对研究模型标准误在公司层面进行了 Cluster 处理，最终得到 14673 个样本年度观测值。本章所需的上市公司财务数据来自 CSMAR 及 Wind 数据库，金融监管及宏观层面控制变量数据通过手工查阅、整理国家统计局上的披露数据获得。本章运用 Stata16.0 对样本数据进行实证分析。

由表 5－1 的行业分布可见，至少有 26.18% 的民营上市公司存在“竞争性模仿”现象，主要分布在卫生和社会工作，水利、环境和公共设施管理业，公共管理、社会保障和社会组织行业（排名前三）；从其排名来看，占比较高的均是政府管制较为严格、行业准入要求较高的行业，且都是国企主导的传统优势行业，这与我国（上市）企业的行业分布及其发展现状相吻合。

表 5－1　　**样本行业分布**

行业代码	行业名称	CI = 0		CI = 1		Total
		频数	比例	频数	比例	
A	农、林、牧、渔业	152	78.76%	41	21.24%	193
B	采矿业	120	72.73%	46	27.88%	166
C	制造业	7495	74.59%	2706	26.52%	10201
D	电力、热力、燃气及水生产和供应业	104	72.73%	39	27.27%	143
E	建筑业	250	75.30%	82	24.70%	332
F	批发和零售业	504	83.86%	97	16.14%	601

① 模仿者总是“善于”根据其周遭环境以及被模仿者的特征及其变化而“因风转向”，故“竞争性模仿”动机的存废或强弱直接影响着民企后续的行为选择，而一个倾向于创新驱动的民企，其金融化依赖也自然较低。正如前文的分析，国企虽具有管制优势却未见得倾向于金融化。

② 2006 年财政部新颁发了《企业会计准则》，该准则针对会计确认、计量和披露做了重大调整，为使会计信息前后可比，本章选择 2007 年作为研究起始年度。

续表

行业代码	行业名称	CI =0		CI =1		Total
		频数	比例	频数	比例	
G	交通运输、仓储和邮政业	109	70.32%	46	29.68%	155
I	信息传输、软件和信息技术服务业	950	70.68%	394	29.32%	1344
K	房地产业	405	80.52%	98	19.48%	503
L	租赁和商务服务业	172	71.97%	67	28.03%	239
M	科学研究和技术服务业	121	70.35%	51	29.65%	172
N	水利、环境和公共设施管理业	144	65.75%	75	34.25%	219
P	教育	30	71.43%	12	28.57%	42
Q	卫生和社会工作	61	59.80%	41	40.20%	102
R	文化、体育和娱乐业	110	70.97%	45	29.03%	155
S	公共管理、社会保障和社会组织	74	69.81%	32	30.19%	106
Total	/	10801	73.82%	3872	26.18%	14673

5.3.2 变量定义

（1）被解释变量：企业金融化（FIN）。本章拟从两个层面度量企业金融化：首先，根据上市企业财务报表项目，将交易性金融资产、衍生金融资产、发放贷款及垫款、可供出售金融资产、持有至到期投资、长期股权投资、投资性房地产7个科目划分为金融资产（张成思和张步昙，2016；彭俞超等，2018a），采用金融资产占总资产的比值衡量企业的金融化水平（FIN1）①；其次，本研究采用非金融企业投资收益、公允价值变动损益以及其他综合收益等金融渠道获利加总占营业利润的比值衡量企业的金融渠道收益率（FIN2），以捕捉企业金融性投资行为的变化情况。

（2）解释变量：民企“竞争性模仿”（CI）。同前文之界定，具体见第4章4.3.2节。

（3）控制变量。本章基于企业微观层面及其所在的经济金融环境等宏观层面综合考虑控制变量，为此控制了反映企业特征、财务状况以及公司治理的相关变量（张成思和张步昙，2016；杨筝等，2019），同时控制了金融监管、区域金融发展、经济政策不确定性等影响企业金融化选择的宏微观变量。本章基于企业财务状况、企业特征以及公司治理等方面综合确认控制变量，主要涉及的控制变量包括：资产负债率（Lev）、公司规模（Size）、成长性（Growth）、账面市值比（BM）、董事会规模（Numbers）、股权集中度（Top1）、应收账款比例（REC）、存货比例（INVA）、公司年龄（Age）等。此外，本章还控制了年度效应和行业效应。各变量的具体定义如表5-2所示。

① 需要说明的是，本章对金融资产的定义未包括货币资金，原因在于企业持有货币资金的目的大多是用于企业日常生产经营，而非资本增值，故将其从金融资产中剔除。

表5-2　变量定义表

类型	名称	符号	变量含义
被解释变量	金融化水平	FIN1	（交易性金融资产+衍生金融资产+发放贷款及垫款+可供出售金融资产净额+持有至到期投资净额+长期股权投资+投资性房地产净额）/资产总额
	金融渠道收益率	FIN2	（投资收益+公允价值变动收益+其他综合收益损失）/营业利润
解释变量	民企“竞争性模仿”	CI	民营企业中具有政治关联与企业寻租的交集，“竞争性模仿”取值为1，否则取值为0
控制变量	融资约束水平	KZ	根据公司经营性净现金流、股利、现金持有、资产负债率以及Tobin's Q等财务指标构建融资约束指数（Kaplan和Zingales，2000）
	实业投资行为	CAP	期末构建固定资产、无形资产和其他长期资产支付的现金/总资产
	金融监管	SV	区域金融监管支出/金融业增加值
	区域金融发展	FinDep	区域金融机构存贷款规模与GDP的比值
	经济政策不确定性①	EPU	中国经济政策不确定性月度指数的年度均值/100
	资产负债率	Lev	总负债/总资产
	公司规模	Size	总资产的自然对数
	成长性	Growth	年末营业收入增长率
	账面市值比	BM	期末市值与账面价值的比值
	董事会规模	Numbers	公司董事人数
控制变量	股权集中度	Top1	第一大股东持股比例
	应收账款比例	REC	应收账款净额/总资产
	存货比例	INVA	存货净额/总资产
	两职合一	Daul	若董事长和总经理兼职，则赋值为1；否则为0
	公司年龄	Age	当年年度-公司成立年度

5.3.3　模型构建

本章构建了如下的模型用于实证检验：

$$FIN1_{i,t}/FIN2_{i,t} = \alpha_0 + \alpha_1 CI_{i,t} + \alpha_2 Lev_{i,t} + \alpha_3 Size_{i,t} + \alpha_4 Growth_{i,t} + \alpha_5 BM_{i,t} + \alpha_6 Numbers_{i,t}$$

① 中国经济政策不确定性（EPU）数据来源于 www.policyuncertainty.com/china_monthly.html，具体使用《南华早报》中同时包括“中国”“经济”“不确定性”以及“政策”四个关键词的相关报道的数量占当月文章总数量的比重来衡量（Baker等，2016）经济政策不确定性。

$$+\alpha_7 Top1_{i,t}+\alpha_8 REC_{i,t}+\alpha_9 INVA_{i,t}+\alpha_{10} Invta_{i,t}+\alpha_{11} Age_{i,t}+\lambda Industry+\theta Year+\varepsilon_{i,t} \quad (5-1)$$

$$TFP_{i,t}/Tobin'Q_{i,t}=\alpha_0+\alpha_1 CI_{i,t}+\alpha_2 Lev_{i,t}+\alpha_3 Size_{i,t}+\alpha_4 Growth_{i,t}+\alpha_5 BM_{i,t}+\alpha_6 Numbers_{i,t}+\alpha_7 Top1_{i,t}+\alpha_8 REC_{i,t}+\alpha_9 INVA_{i,t}+\alpha_{10} Invta_{i,t}+\alpha_{11} Age_{i,t}+\lambda Industry+\theta Year+\varepsilon_{i,t} \quad (5-2)$$

$$TFP_{i,t}/Tobin'Q_{i,t}=\alpha_0+\alpha_1 CI_{i,t}+\alpha_2 FIN1_{i,t}/FIN2_{i,t}+\alpha_3 Lev_{i,t}+\alpha_4 Size_{i,t}+\alpha_5 Growth_{i,t}+\alpha_6 BM_{i,t}+\alpha_7 Numbers_{i,t}+\alpha_8 Top1_{i,t}+\alpha_9 REC_{i,t}+\alpha_{10} Inva_{i,t}+\alpha_{11} Age_{i,t}+\lambda Industry+\theta Year+\varepsilon i,t \quad (5-3)$$

其中：模型（5－1）用于检验假设 *H*1，被解释变量 $FIN1_{i,t}$ 与 $FIN2_{i,t}$ 分别用于衡量企业金融化水平与金融渠道获利，解释变量 $CI_{i,t}$ 是民企的“竞争性模仿”。本章还基于 Baron 和 Kenny（1986）及温忠麟等（2004）提出的中介效应检验方法构建了模型（5－2）和模型（5－3），以检验民企“竞争性模仿”是否会通过金融资产配置决策进而影响企业效率：首先用模型（5－2）检验民企“竞争性模仿”是否影响其资本配置效率（$TFP_{i,t}$）与盈利能力（$Tobin'Q_{i,t}$）；然后在模型（5－1）的基础上进一步考察民企“竞争性模仿”下其金融化决策所引致的经济后果，即模型（5－3）。*Industry* 和 *Year* 分别代表行业和时间影响。模型中的 i 代表公司，t 代表年度，ε 为残差项。

5.4 实证结果分析

5.4.1 描述性统计

表 5－3 为各主要变量的描述性统计结果（已剔除缺失值）。可见，企业金融化水平（FIN1）的均值为 0.058，中位数为 0.023，即样本期内我国民营上市公司整体的金融资产配置占比约为 5.8%，样本公司的金融资产配置水平总体呈现右偏态势，表明很大一部分民企的金融化水平已然高企，我国民企投资行为的转型及其动机变化值得重视；金融渠道收益率（FIN2）的均值约为 0.16，标准差接近 0.6，表明样本期内我国民营上市公司间金融渠道获利水平存在明显差异，这与已有研究基本一致（张成思和张步昙，2016）。核心变量民企“竞争性模仿”（CI）的均值为 0.262，这表明样本中至少已有 26.2% 的公司存在“竞争性模仿”①，我国民营上市公司以及更多非上市民企的经营取向嬗变及其渊源与后果值得纵深关注，这与前期研究（吴昊旻和宋静云，2018）以及我国诸多民企面临的困境及其现实选择相吻合。

主要控制变量中，金融监管（SV）的均值为 0.0075，中位数为 0.0047，总体分布呈右偏态势，表明当前我国整体监管力度仍有待提升及优化（唐松等，2020）；区域金融发展水平（FinDep）的标准差为 1.4103，这与我国各地区金融发展水平显著非平衡

① 考虑到本章采用的是显性与隐性政企关系的交集以及政企关系情形本身的复杂性，存在“竞争性模仿”行为的民营企业实际上会更多（吴昊旻和宋静云，2018）。

性的现实格局相符合；而经济政策不确定性（EPU）的标准差为2.0382，也印证了处于新兴/转轨时期的中国其经济政策不确定性的整体时变性仍然明显（彭俞超等，2018a）的制度环境特征。

表5-3 样本描述性统计

变量	目标值	均值	标准差	最小值	中位数	最大值
FIN1	14673	0.0584	0.0867	0.0000	0.0228	0.4437
FIN2	14673	0.1599	0.5987	-1.5680	0.0226	0.3662
CI	14673	0.2618	0.4408	0.0000	0.0000	1.0000
SV	14673	0.0075	0.0073	0.0009	0.0047	0.0386
FinDep	14673	3.4942	1.4103	1.6741	3.1215	7.8752
EPU	14673	2.0382	0.9241	1.1420	2.3789	3.7091
KZ	14673	0.3147	1.6913	-4.9213	0.5280	4.1621
CAP	14673	0.0556	0.0504	0.0004	0.0410	0.2430
Lev	14673	0.3788	0.1915	0.0468	0.3689	0.8331
Size	14673	21.7527	1.0304	19.7813	21.6495	24.8893
Growth	14673	0.2090	0.4156	-0.5462	0.1387	2.5922
BM	14673	0.5654	0.2368	0.0000	0.5731	1.0670
Numbers	14673	8.2683	1.4433	5.0000	9.0000	12.0000
Top1	14673	0.3411	0.1412	0.0895	0.3201	0.7242
REC	14673	0.1357	0.1038	0.0004	0.1179	0.4832
INVA	14673	0.1471	0.1293	0.0000	0.1160	0.7145
Daul	14673	0.3511	0.4773	0.0000	0.0000	1.0000
Age	14673	2.4474	0.5190	1.3863	2.3979	3.3322

为了更清晰地对比分析民企的"竞争性模仿"选择其动机差异，本章以是否存在"竞争性模仿"为依据，将样本公司分为非竞争性模仿组（CI=0）、竞争性模仿组（CI=1）。由表5-4基于分层样本的差异性检验结果可知，竞争性模仿组的金融化水平（FIN1）及金融渠道收益率（FIN2）均明显高于非竞争性模仿组。本章进一步描述了分层样本的金融化水平及金融渠道收益率的时间变化趋势，由图5-4及图5-5可见，虽然分层样本均呈现波动态势，但竞争性模仿组的金融化水平及金融渠道收益率仍普遍高于非竞争性模仿组——尤其是2013年之后[①]，两大指标的分化差异均日益明显。这与本章的理论预期以及中国民营经济——改革开放40年来——再次面临"增长及转

① 由美国次贷危机引发的2008年金融危机至2011年底得以缓解，但其影响深远已属共识——甚至至今仍被称为"后危机时代"。为应对危机，美国等发达国家纷纷施行量化宽松政策，中国政府在适时推出一系列财政及货币政策的同时还明确要求国企"现金为王"。因此，在投资空间受限及国企的"引导"之下，民企的经营取向亦势必随之而转型，故2011年呈现出明显的"拐点"；其后特别是2013年之后更为明显的分化差异则又与近几年中央重振民营经济、促进金融服务实业的倡导及其现实背景相吻合——诸多民企不愿甚或无力进行创新及实体投资的"增长及转型困境"无疑加剧了其金融化依赖。

型困境”的现实背景相一致。

表5-4 样本均值差异性检验

变量	非竞争性模仿组	均值（1）	竞争性模仿组	均值（2）	组间差异
FIN1	10802	0.0560	3873	0.0660	-0.010***
FIN2	10802	0.1521	3873	0.1832	-0.031***

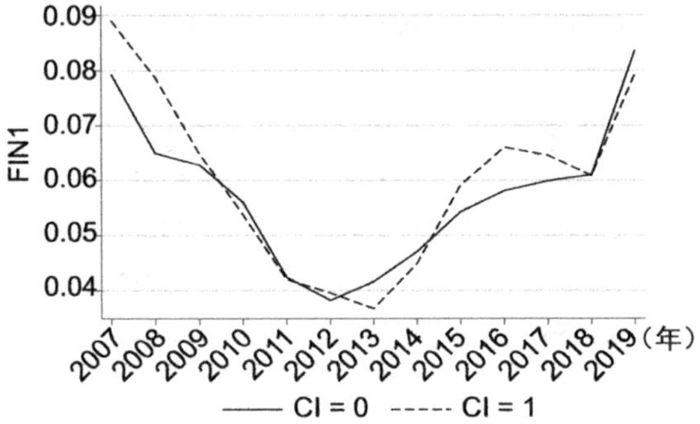

图5-4 民营企业金融化水平年度变化趋势

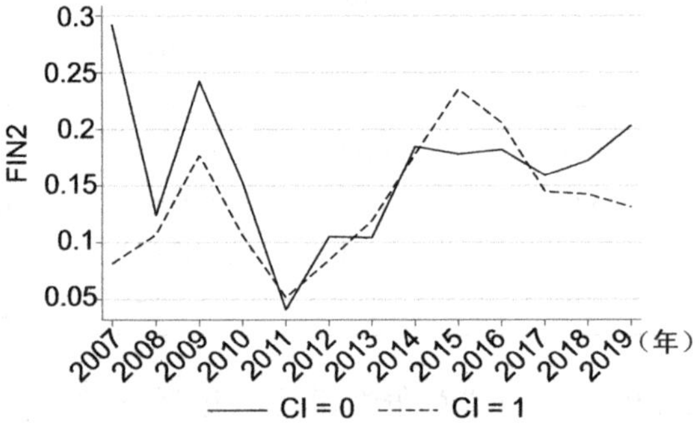

图5-5 民营企业金融渠道获利情况年度变化趋势

5.4.2 基本影响及其机制

在描述性分析的基础上，本章对假设进行实证检验。由表5-5的基本回归结果可见，民企的“竞争性模仿”（CI）与金融化水平（FIN1）和金融渠道收益率（FIN2）显著正相关，即其会加剧企业的金融化依赖；在控制了年份及行业固定效应之后，该结果依然显著，这初步验证了假设H1的预期。

表5-5 民企的“竞争性模仿”与企业金融化

变量	FIN1（1）	FIN2（2）	FIN1（3）	FIN2（4）
CI	0.0049***	0.0252**	0.0080***	0.0341***
	(3.0611)	(2.2595)	(5.2590)	(3.0593)

续表

变量	FIN1（1）	FIN2（2）	FIN1（3）	FIN2（4）
Lev	-0.0007	0.0696*	-0.0144***	-0.0001
	(-0.1609)	(1.8990)	(-3.0920)	(-0.0029)
Size	0.0101***	0.0270***	0.0038***	-0.0043
	(11.7525)	(4.5411)	(3.6972)	(-0.6003)
Growth	-0.0136***	-0.0705***	-0.0114***	-0.0624***
	(-7.5063)	(-4.9586)	(-6.3810)	(-4.3534)
BM	-0.0174***	-0.0328	-0.0198***	0.0536*
	(-5.2744)	(-1.3426)	(-5.0222)	(1.8496)
Numbers	-0.0046***	-0.0183***	-0.0027***	-0.0122***
	(-8.8872)	(-4.8435)	(-5.3039)	(-3.1619)
TOP1	-0.0246***	-0.0435	-0.0141***	-0.0113
	(-4.8702)	(-1.2610)	(-2.8882)	(-0.3199)
REC	-0.1582***	-0.4487***	-0.1614***	-0.4680***
	(-25.1424)	(-9.6301)	(-23.2982)	(-8.8111)
INVA	-0.0919***	-0.1762***	-0.1067***	-0.2020***
	(-15.8781)	(-4.0788)	(-15.1772)	(-3.7733)
Daul	-0.0028**	-0.0021	-0.0020	-0.0001
	(-1.9718)	(-0.2081)	(-1.4973)	(-0.0115)
Age	0.0238***	0.1000***	0.0400***	0.1582***
	(13.9020)	(9.2057)	(19.9699)	(10.9689)
_cons	-0.1254***	-0.4183***	-0.0514***	0.1753
	(-7.1015)	(-3.4867)	(-2.5845)	(1.2405)
year	No		Yes	
ind	No		Yes	
F	115.701	27.180	38.289	7.544
N	14673	14673	14673	14673
r2_a	0.101	0.024	0.189	0.042

注：***、**、* 分别表示在1%、5%、10%的水平上显著。

在此基础上，本章对民企“竞争性模仿”何以会加剧其金融化的内在影响机制进行深入探究。前文的理论分析表明，民企“竞争性模仿”主要是通过“竞争性模仿—缓解融资约束—加剧金融化”或者“竞争性模仿—主业挤占—加剧金融化”这两种路径进而传导加剧了其金融化，即“竞争性模仿”企业因此而获得的政府补贴、产业资金配给等政策性利好降低了其资本成本，而投资环境的受限以及企业的逐利动机又会促使其将所得资源优先投入那些回报更高且快的金融领域，以替代主业投资进行投机套利，进而加剧企业金融化。为有效识别上述的作用机制，这里对这两种路径进行检验。由表5-6及表5-7结果可见，民企的“竞争性模仿”确实通过缓解融资约束、挤占实业投资这两条路径进而加剧了其金融化程度，这与 H1 的预期一致。

表 5－6　　基于融资约束的中介机制检验

变量	FIN1（1）	SA（2）	FIN1（3）	FIN2（4）	SA（5）	FIN2（6）
CI	0.0080***	－0.0090**	0.0138***	0.0341***	－0.0090**	0.0539***
	(5.2590)	(－1.9844)	(9.3096)	(3.0593)	(－1.9844)	(4.8775)
SA			－0.0522***			－0.0720***
			(－7.3770)			(－2.6502)
Lev	－0.0144***	－0.1255***	－0.0202***	－0.0001	－0.1255***	－0.0069
	(－3.0920)	(－11.1551)	(－4.2905)	(－0.0029)	(－11.1551)	(－0.1750)
Size	0.0038***	－0.0146***	0.0030***	－0.0043	－0.0146***	－0.0052
	(3.6972)	(－5.5707)	(2.9832)	(－0.6003)	(－5.5707)	(－0.7258)
Growth	－0.0114***	－0.0111***	－0.0118***	－0.0624***	－0.0111***	－0.0625***
	(－6.3810)	(－3.5098)	(－6.6595)	(－4.3534)	(－3.5098)	(－4.3638)
BM	－0.0198***	0.0295***	－0.0176***	0.0536*	0.0295***	0.0578**
	(－5.0222)	(3.5220)	(－4.5097)	(1.8496)	(3.5220)	(1.9933)
Numbers	－0.0027***	0.0018	－0.0026***	－0.0122***	0.0018	－0.0118***
	(－5.3039)	(1.6095)	(－5.0134)	(－3.1619)	(1.6095)	(－3.0467)
TOP1	－0.0141***	0.0104	－0.0129***	－0.0113	0.0104	－0.0080
	(－2.8882)	(0.9062)	(－2.6589)	(－0.3199)	(0.9062)	(－0.2268)
REC	－0.1614***	0.1112***	－0.1556***	－0.4680***	0.1112***	－0.4602***
	(－23.2982)	(5.9972)	(－22.7117)	(－8.8111)	(5.9972)	(－8.6594)
INVA	－0.1067***	－0.0230	－0.1071***	－0.2020***	－0.0230	－0.2006***
	(－15.1772)	(－1.4401)	(－15.4014)	(－3.7733)	(－1.4401)	(－3.7471)
Daul	－0.0020	0.0122***	－0.0014	－0.0001	0.0122***	0.0008
	(－1.4973)	(3.6013)	(－1.0258)	(－0.0115)	(3.6013)	(0.0810)
Age	0.0400***	－0.3401***	0.0228***	0.1582***	－0.3401***	0.1355***
	(19.9699)	(－64.7921)	(7.2326)	(10.9689)	(－64.7921)	(8.4684)
_cons	－0.0514***	－1.9594***	－0.1587***	0.1753	－1.9594***	0.0168
	(－2.5845)	(－37.8686)	(－6.7983)	(1.2405)	(－37.8686)	(0.1133)
year	Yes					
ind	Yes					
	机制有效－负向传导					
F	38.289	51.079	39.297	7.544	51.079	7.754
N	14673	14673	14673	14673	14673	14673
r2_a	0.189	0.577	0.204	0.042	0.577	0.043

注：***、**、* 分别表示在 1%、5%、10% 的水平上显著。

表5－7　基于实业投资水平的中介机制检验

变量	FIN1（1）	CAP（2）	FIN1（3）	FIN2（4）	CAP（5）	FIN2（6）
CI	0.0080***	－0.0017**	0.0139***	0.0341***	－0.0017**	0.0535***
	(5.2590)	(－2.0398)	(9.4379)	(3.0593)	(－2.0398)	(4.8516)
CAP			－0.2889***			－0.7890***
			(－20.4716)			(－7.4770)
Lev	－0.0144***	－0.0061***	－0.0052	－0.0001	－0.0061***	0.0253
	(－3.0920)	(－4.6997)	(－1.1369)	(－0.0029)	(－4.6997)	(0.6389)
Size	0.0038***	0.0078***	0.0055***	－0.0043	0.0078***	0.0006
	(3.6972)	(14.5654)	(5.4857)	(－0.6003)	(14.5654)	(0.0772)
Growth	－0.0114***	0.0033***	－0.0102***	－0.0624***	0.0033***	－0.0590***
	(－6.3810)	(3.3485)	(－5.8159)	(－4.3534)	(3.3485)	(－4.1190)
BM	－0.0198***	－0.0088***	－0.0220***	0.0536*	－0.0088***	0.0480*
	(－5.0222)	(－4.1690)	(－5.6682)	(1.8496)	(－4.1690)	(1.6572)
Numbers	－0.0027***	－0.0003	－0.0027***	－0.0122***	－0.0003	－0.0121***
	(－5.3039)	(－0.9716)	(－5.3209)	(－3.1619)	(－0.9716)	(－3.1259)
TOP1	－0.0141***	－0.0064**	－0.0151***	－0.0113	－0.0064**	－0.0133
	(－2.8882)	(－2.3549)	(－3.1245)	(－0.3199)	(－2.3549)	(－0.3796)
REC	－0.1614***	－0.0720***	－0.1854***	－0.4680***	－0.0720***	－0.5337***
	(－23.2982)	(－18.3663)	(－25.8829)	(－8.8111)	(－18.3663)	(－9.8278)
INVA	－0.1067***	－0.0674***	－0.1291***	－0.2020***	－0.0674***	－0.2622***
	(－15.1772)	(－20.0627)	(－17.7753)	(－3.7733)	(－20.0627)	(－4.7826)
Daul	－0.0020	0.0038***	－0.0009	－0.0001	0.0038***	0.0030
	(－1.4973)	(4.6202)	(－0.6656)	(－0.0115)	(4.6202)	(0.2984)
Age	0.0400***	－0.0305***	0.0312***	0.1582***	－0.0305***	0.1344***
	(19.9699)	(－30.0681)	(15.5326)	(10.9689)	(－30.0681)	(9.1359)
_cons	－0.0514***	0.0303***	－0.0379*	0.1753	0.0303***	0.2086
	(－2.5845)	(2.8115)	(－1.9295)	(1.2405)	(2.8115)	(1.4747)
year	Yes					
ind	Yes					
	机制有效－负向传导					
F	38.289	61.997	42.449	7.544	61.997	8.290
N	14673	14673	14673	14673	14673	14673
r2_a	0.189	0.210	0.214	0.042	0.210	0.046

注：***、**、*分别表示在1%、5%、10%的水平上显著。

5.4.3 进一步研究

（1）区域金融发展程度影响。金融资源在地区间的流动或替代往往会受到地理空间层面的限制，故而企业外部资金的可获得性势必受其金融空间供给结构之制约，而供给结构显然又受制于金融政策、投资者预期以及信息流动等关键性宏微观环境因素（Fischer 和 Stanley，1977），这在中国等地区发展水平差距明显的发展中国家可能更为显著。因此，考察区域金融发展程度差异，有助于深入揭示金融资源配置差异及其对于企业投融资行为变化的影响，即应该存在“区域金融发展水平—金融资源配置差异—企业投融资行为变迁”这样一个**基本影响链**。

实际上，随着区域金融发展水平的提升，金融机构空间集聚数量的不断增加应该有助于促进金融资源的配置效率。然而，在市场规模仍然有限时，如市场化进程滞后、产业结构失衡、行业壁垒严重时①，金融机构出于生存发展及自利动机，往往也会通过降低资金门槛主动寻求甚或迎合投资群体，进而会加剧要素价格竞争、扭曲资源配置，并最终诱致企业尤其是那些处于弱产权地位的诸多民企的非市场化竞争行为，造成“要素价格竞争加剧—金融资源配置失衡（错配+失配）—竞争性模仿加剧”的**恶性循环**。**因此，可以预见**，在更为发达的区域金融环境中，因其金融资源配置相对丰富而高效，那些“竞争性模仿”民企也更可能倾向于将其获得的融资用于回报更高且快的金融化投资；而在相对滞后、市场规模有限的区域金融环境中，这类民企又可能会“反向”迎合金融机构的“促销”，从而追求以更高的金融化回报——相对实业的回报更高更快且其资本成本更低——去抵消投资空间受限或环境不确定性等的负面影响。**可见，在两种背景之下**，民企的“竞争性模仿”都可能最终加剧其金融化程度。

为考察区域金融发展程度（FinDep）对于民企竞争性模仿的影响，本章采用区域金融机构存贷款规模与 GDP 的比值来度量地区金融发展水平（张成思等，2013）。表 5-8 的结果表明，区域金融发展水平（FinDep）会显著强化民企的“竞争性模仿”（CI）对其金融化水平（FIN1）及金融渠道收益率（FIN2）的加剧效应，这进一步支持了 H1 的预期。

表 5-8　　区域金融发展程度之调节效应分析

变量	FIN1（1）	FIN2（2）	FIN1（3）	FIN2（4）
CI	0.0033	0.0004	0.0055*	0.0131
	(0.9742)	(0.0161)	(1.7562)	(0.5468)
FinDep	0.0023***	0.0115***	0.0013***	0.0095***
	(5.6939)	(3.2644)	(3.3325)	(2.6567)

① 此时，金融机构引发的资源价格竞争，使得金融资源配置的低效与诸多“弱势”企业的寻租形成“双负叠加或恶性循环”，进而呈现出金融市场的所谓“虚假繁荣”。

续表

变量	FIN1 (1)	FIN2 (2)	FIN1 (3)	FIN2 (4)
*CI * FinDep*	0.0026***	0.0118**	0.0022***	0.0105*
	(3.2583)	(1.9705)	(3.0533)	(1.7933)
Lev	0.0023	0.0816**	−0.0127***	0.0079
	(0.5047)	(2.2285)	(−2.7477)	(0.2009)
Size	0.0094***	0.0232***	0.0036***	−0.0055
	(10.9240)	(3.8526)	(3.5306)	(−0.7683)
Growth	−0.0136***	−0.0708***	−0.0111***	−0.0609***
	(−7.5876)	(−5.0226)	(−6.2295)	(−4.2731)
BM	−0.0145***	−0.0201	−0.0185***	0.0595**
	(−4.4360)	(−0.8245)	(−4.7368)	(2.0514)
Numbers	−0.0043***	−0.0169***	−0.0026***	−0.0115***
	(−8.2866)	(−4.4851)	(−4.9966)	(−2.9663)
TOP1	−0.0225***	−0.0357	−0.0134***	−0.0090
	(−4.4994)	(−1.0385)	(−2.7489)	(−0.2557)
REC	−0.1627***	−0.4700***	−0.1632***	−0.4795***
	(−25.7763)	(−9.9469)	(−23.6012)	(−8.9658)
INVA	−0.0892***	−0.1639***	−0.1047***	−0.1915***
	(−15.5412)	(−3.8076)	(−14.9733)	(−3.5805)
Daul	−0.0034**	−0.0048	−0.0024*	−0.0022
	(−2.4055)	(−0.4838)	(−1.7659)	(−0.2179)
Age	0.0254***	0.1068***	0.0407***	0.1612***
	(14.7432)	(9.6818)	(20.4145)	(11.1718)
_cons	−0.1307***	−0.4233***	−0.0570***	0.1506
	(−7.4309)	(−3.5170)	(−2.8750)	(1.0714)
year	No		Yes	
ind	No		Yes	
N	14673	14673	14673	14673
F	106.180	26.266	37.964	7.663
r2_a	0.111	0.027	0.195	0.044

注：***、**、* 分别表示在 1%、5%、10% 的水平上显著。

（2）**金融监管政策影响**。党的十九大报告已明确指出要“深化金融体制改革，增强金融服务实体经济能力，健全金融监管体系，守住不发生系统性金融风险的底线”，优化金融资源的投放方向和结构，完善金融调节与监管，引导金融要素协同向实体经济集聚已经成为我国金融监管的主要方向和任务。在此背景下，外部金融监管的强化无疑会间接加剧民企“竞争性模仿”的预期成本——如融资便利降低、金融回报波动、违规风险增加等；而政府对于金融资源投向的宏观导向或优化，还会增加这类企业的信息披露及其内部治理压力（马思超和彭俞超，2019），这都会导致“竞争性模仿”企业通过投机套利而获得的金融资产很可能会在未来因监管政策影响而难以兑付，其资产价格也将因持有者的抛售而遭遇大幅下跌，进而有助于抑制企业的金融化倾向。

基于此，本章采用“区域金融监管支出”作为金融监管（SV）的基础代理变量（王韧等，2019；唐松等，2020），并采用区域金融业增加值以消除规模之影响，即“金融监管 = 区域金融监管支出/金融业增加值”。由表 5 - 9 的结果可见，金融监管（SV）显著削弱了民企“竞争性模仿”（CI）对于企业金融化水平（FIN1）及金融渠道收益率（FIN2）的加剧效应。可见，政府实施的外部金融监管政策的强有力冲击确实能够有效抑制企业的金融化依赖，进而有助于从总体上——因为占比更多的民企的简单模仿行为受到了抑制[①]——防止经济的脱实向虚，这支持本章 H2 基于预防性动机的理论预期。

表 5 - 9　　金融监管之调节效应分析

变量	FIN1（1）	FIN2（2）	FIN1（3）	FIN2（4）
CI	0.0151***	0.0643***	0.0156***	0.0713***
	(8.9881)	(5.3641)	(9.9371)	(5.9361)
SV	0.0042	0.0034	-0.3271***	-1.9650**
	(0.6817)	(0.0774)	(-3.1031)	(-2.5178)
CI×SV	-0.0243**	-0.2775***	-0.0236**	-0.2885***
	(-2.1285)	(-4.2013)	(-2.0989)	(-4.3864)
Lev	0.0004	0.0785**	-0.0138***	0.0005
	(0.0905)	(2.1166)	(-2.9736)	(0.0117)
Size	0.0103***	0.0245***	0.0038***	-0.0041
	(11.1388)	(3.8988)	(3.7273)	(-0.5744)
Growth	-0.0135***	-0.0691***	-0.0112***	-0.0610***
	(-7.4677)	(-4.8684)	(-6.2445)	(-4.2674)
BM	-0.0167***	-0.0288	-0.0188***	0.0579**
	(-5.0674)	(-1.1869)	(-4.7912)	(1.9949)
Numbers	-0.0045***	-0.0174***	-0.0027***	-0.0119***
	(-8.5788)	(-4.5659)	(-5.1427)	(-3.0847)

① 前文理论分析指出，模仿者的“善于转向”以及新时期政策导向等环境变迁的“倒逼”等，均会影响或改变民企的行为，而“竞争性模仿”动机的弱化或消失，自然也有助于抑制其金融化行为，这正是本章竞争性假设 2 的基本逻辑。

续表

变量	FIN1（1）	FIN2（2）	FIN1（3）	FIN2（4）
TOP1	-0.0233***	-0.0363	-0.0134***	-0.0080
	(-4.6102)	(-1.0526)	(-2.7384)	(-0.2267)
REC	-0.1589***	-0.4563***	-0.1620***	-0.4721***
	(-25.2927)	(-9.7278)	(-23.4794)	(-8.8773)
INVA	-0.0906***	-0.1666***	-0.1054***	-0.1934***
	(-15.6788)	(-3.8524)	(-15.0373)	(-3.6126)
Daul	-0.0028**	-0.0029	-0.0022	-0.0012
	(-2.0140)	(-0.2931)	(-1.6136)	(-0.1206)
Age	0.0245***	0.1080***	0.0409***	0.1624***
	(13.5268)	(9.3563)	(20.4754)	(11.2609)
_cons	-0.1356***	-0.4062***	0.1043*	1.1263***
	(-7.3655)	(-3.2811)	(1.9035)	(2.7837)
year	No		Yes	
ind	No		Yes	
N	14675	14675	14675	14675
F	103.947	26.389	37.872	7.685
r2_a	0.106	0.026	0.193	0.044

注：***、**、*分别表示在1%、5%、10%的水平上显著

（3）经济政策不确定性影响。经济政策不确定性是指政府未明确经济政策预期、政策执行和政策立场变更的指向和强度引致的不确定性（Quan和Zak，2006；Gulen和Ion，2016）。处于新兴/转轨背景下的中国，其宏观政策调整稳中有变。一方面，经济政策不确定性上升可能加剧股票市场波动，推升投资者风险溢价水平和融资成本，进而引发金融资产价格波动性上升及其流动性下降，故可能导致“竞争性模仿”民企的金融投资套利动机减弱，从而抑制其金融化行为；另一方面，经济政策不确定性会增加金融体系的系统性风险，经济政策噪声信号和借贷主体羊群效应的干扰会引发银行惜贷现象（Baum等，2009）——这些主客观变化都会成为抑制企业金融化倾向的环境因素。**然而**，政府主导资源配置的金融格局并未实质性改变，甚至于此时的金融政策调整还会更倾向于抵押能力和市场势力更强的国企。因此，在经济政策不确定性环境下，那些处于弱产权地位的诸多民企实际上面临着投资空间受限、融资约束加剧的“双重困境”——这势必会强化更多民企的“竞争性模仿”动机，而那些已经选择“竞争性模仿”的民企仍可能更倾向于将有限的资金优先投入那些回报更高且快的金融化项目。

为验证上述分析，本章借鉴Baker等（2016）根据《南华早报》进而关键词搜索而测算得到的经济政策不确定性指数，即《南华早报》中同时包括“中国”“经济”

"不确定性"以及"政策"四个关键词的相关报道的数量占当月文章总数量的比重来衡量经济政策不确定性（EPU）。表5－10的结果显示，经济政策不确定性（EPU）显著削弱了民企"竞争性模仿"（CI）对其金融资产配置（FIN1）及金融渠道获利（FIN2）的加剧效应①，这与H2的预期一致。可见，因国际宏观经济环境变迁以及国家相关政策的适应性调整而引发的经济政策不确定性，也会对民企的金融化倾向形成一种可信的威慑，迫使其更加谨慎，从而体现出明显的预防性动机。

表5－10　　经济政策不确定性调节效应分析

变量	FIN1（1）	FIN2（2）	FIN1（3）	FIN2（4）
CI	0.0779***	0.2478**	0.0717***	0.2301**
	(4.7420)	(2.5213)	(4.6490)	(2.4030)
EPU	-0.0004***	-0.0020***	-0.0002***	-0.0022***
	(-6.2534)	(-5.0432)	(-2.7924)	(-3.8727)
*CI * EPU*	-0.0005***	-0.0014**	-0.0004***	-0.0013*
	(-3.9324)	(-2.0481)	(-3.7660)	(-1.8636)
Lev	-0.0042	0.0499	-0.0142***	0.0004
	(-0.9131)	(1.3493)	(-3.0709)	(0.0108)
Size	0.0098***	0.0254***	0.0038***	-0.0043
	(11.4264)	(4.2503)	(3.7149)	(-0.5973)
Growth	-0.0133***	-0.0694***	-0.0111***	-0.0613***
	(-7.4014)	(-4.8894)	(-6.2295)	(-4.2846)
BM	-0.0143***	-0.0195	-0.0188***	0.0568**
	(-4.3669)	(-0.7909)	(-4.7971)	(1.9602)
Numbers	-0.0044***	-0.0172***	-0.0026***	-0.0118***
	(-8.3516)	(-4.5506)	(-5.1031)	(-3.0622)
TOP1	-0.0232***	-0.0390	-0.0135***	-0.0089
	(-4.6336)	(-1.1328)	(-2.7607)	(-0.2547)
REC	-0.1583***	-0.4480***	-0.1615***	-0.4684***
	(-25.3901)	(-9.6328)	(-23.4655)	(-8.8278)
INVA	-0.0893***	-0.1642***	-0.1058***	-0.1986***
	(-15.4835)	(-3.7974)	(-15.0614)	(-3.7067)
Daul	-0.0025*	-0.0006	-0.0020	0.0000
	(-1.7868)	(-0.0645)	(-1.4770)	(0.0011)

① 相对于区域金融发展程度的（中观）"结果"，经济政策不确定性则属于"动因"的层面，更多地受制于国际经济变迁以及国内制度背景等宏观因素，故其影响也是"不确定的"，而其后果也更趋于复杂，还有待纵深检验。

续表

变量	FIN1 (1)	FIN2 (2)	FIN1 (3)	FIN2 (4)
Age	0.0263 ***	0.1110 ***	0.0405 ***	0.1597 ***
	(15.1709)	(10.0513)	(20.2560)	(11.0967)
_cons	-0.0820 ***	-0.1497	-0.0364	0.3507 **
	(-4.2166)	(-1.0884)	(-1.6224)	(2.2181)
year	No		Yes	
ind	No		Yes	
F	109.527	29.349	38.510	7.684
N	14675	14675	14675	14675
r2_a	0.113	0.028	0.194	0.043

注：***、**、* 分别表示在1%、5%、10%的水平上显著。

5.4.4　经济后果检验

企业经营行为的嬗变最终都将反映在绩效上。民企的“竞争性模仿”虽然会加剧其金融化，但考虑到金融化投资的回报往往更高且快，故其最终绩效尚不可断定。实际上，本章旨在通过金融化加剧或“企业空心化”这个“结果”来反证民企“竞争性模仿”这种非市场化取向的低效或失当，故而本章在模型（5-1）的基础上，通过建立中介效应模型，从宏微观两大层面即沿着“竞争性模仿-企业金融化-资本配置效率”以及“竞争性模仿-企业金融化-盈利能力”**两个维度**①，拟对民企“竞争性模仿”引致的金融化加剧的经济后果进行验证。由表5-11及表5-12可见，民企的“竞争性模仿”（CI）确实通过提升其金融化水平（FIN1）及金融渠道收益率（FIN2）而显著损害了企业的资本配置效率（TFP）及其未来盈利能力（Tobin'Q），不利于企业的长远发展。

表5-11　　基于资本配置效率（TFP）的经济后果检验

变量	TFP (1)	FIN1 (2)	TFP (3)	FIN2 (4)	TFP (5)
CI	-0.0248 **	0.0080 ***	-0.0233 **	0.0341 ***	-0.0241 **
	(-2.3426)	(5.2590)	(-2.2100)	(3.0593)	(-2.2721)
FIN1			-0.1867 **		
			(-2.3774)		
FIN2					-0.0216 **
					(-2.0714)

① 考虑到同时性偏差问题，本章借鉴Olley-Pakes的半参数三步估计法计算全要素生产率（TFP），用以衡量企业的资本配置效率；同时采用托宾Q值（Tobin'Q）来度量企业的未来盈利能力。

续表

变量	TFP（1）	FIN1（2）	TFP（3）	FIN2（4）	TFP（5）
Lev	0.1552 ***	-0.0144 ***	0.1525 ***	-0.0001	0.1552 ***
	(4.2151)	(-3.0920)	(4.1397)	(-0.0029)	(4.2133)
Size	0.2228 ***	0.0038 ***	0.2235 ***	-0.0043	0.2228 ***
	(29.6953)	(3.6972)	(29.7217)	(-0.6003)	(29.6917)
Growth	0.2194 ***	-0.0114 ***	0.2173 ***	-0.0624 ***	0.2181 ***
	(14.9226)	(-6.3810)	(14.7628)	(-4.3534)	(14.8086)
BM	0.0934 ***	-0.0198 ***	0.0897 ***	0.0536 *	0.0946 ***
	(3.0547)	(-5.0222)	(2.9294)	(1.8496)	(3.0894)
Numbers	0.0012	-0.0027 ***	0.0007	-0.0122 ***	0.0009
	(0.3133)	(-5.3039)	(0.1789)	(-3.1619)	(0.2446)
*TOP*1	0.3063 ***	-0.0141 ***	0.3037 ***	-0.0113	0.3061 ***
	(8.0844)	(-2.8882)	(8.0507)	(-0.3199)	(8.0785)
REC	1.2963 ***	-0.1614 ***	1.2662 ***	-0.4680 ***	1.2862 ***
	(21.8890)	(-23.2982)	(20.9186)	(-8.8111)	(21.7087)
INVA	0.7790 ***	-0.1067 ***	0.7591 ***	-0.2020 ***	0.7747 ***
	(12.6430)	(-15.1772)	(12.2956)	(-3.7733)	(12.5720)
Daul	-0.0707 ***	-0.0020	-0.0711 ***	-0.0001	-0.0707 ***
	(-6.4414)	(-1.4973)	(-6.4749)	(-0.0115)	(-6.4452)
Age	-0.0990 ***	0.0400 ***	-0.0915 ***	0.1582 ***	-0.0956 ***
	(-6.2724)	(19.9699)	(-5.8089)	(10.9689)	(-6.0326)
_cons	-5.1028 ***	-0.0514 ***	-5.1124 ***	0.1753	-5.0990 ***
	(-34.4399)	(-2.5845)	(-34.4414)	(1.2405)	(-34.4317)
year			Yes		
ind			Yes		
F	475.568	38.289	466.774	7.544	465.816
N	14673	14673	14673	14673	14673
r2_a	0.579	0.189	0.579	0.042	0.579

注：***、**、* 分别表示在1%、5%、10%的水平上显著。

表5-12　基于企业盈利能力（Tobin'Q）的经济后果检验

变量	Tobin'Q（1）	FIN1（2）	Tobin'Q（3）	FIN2（4）	Tobin'Q（5）
CI	-0.0525 **	0.0080 ***	-0.0494 **	0.0341 ***	-0.0489 **
	(-2.4838)	(5.2590)	(-2.3340)	(3.0593)	(-2.3143)
*FIN*1			-0.4108 ***		
			(-3.3176)		

续表

变量	Tobin'Q (1)	FIN1 (2)	Tobin'Q (3)	FIN2 (4)	Tobin'Q (5)
FIN2					-0.1390***
					(-6.4367)
Lev	-0.7016***	-0.0144***	-0.7077***	-0.0001	-0.6782***
	(-10.3878)	(-3.0920)	(-10.4792)	(-0.0029)	(-9.9700)
Size	-0.0835***	0.0038***	-0.0818***	-0.0043	-0.0745***
	(-5.2405)	(3.6972)	(-5.1426)	(-0.6003)	(-4.6268)
Growth	0.2717***	-0.0114***	0.2671***	-0.0624***	0.2671***
	(8.9803)	(-6.3810)	(8.8623)	(-4.3534)	(8.7254)
BM	-5.5505***	-0.0198***	-5.5598***	0.0536*	-5.4955***
	(-78.5315)	(-5.0222)	(-78.6173)	(1.8496)	(-77.4450)
Numbers	-0.0230***	-0.0027***	-0.0241***	-0.0122***	-0.0229***
	(-3.3846)	(-5.3039)	(-3.5516)	(-3.1619)	(-3.3511)
TOP1	0.3821***	-0.0141***	0.3763***	-0.0113	0.3613***
	(5.7084)	(-2.8882)	(5.6259)	(-0.3199)	(5.3735)
REC	-0.6544***	-0.1614***	-0.7211***	-0.4680***	-0.6719***
	(-6.0568)	(-23.2982)	(-6.5795)	(-8.8111)	(-6.1995)
INVA	-0.4714***	-0.1067***	-0.5144***	-0.2020***	-0.4971***
	(-5.1163)	(-15.1772)	(-5.5575)	(-3.7733)	(-5.3614)
Daul	0.0254	-0.0020	0.0246	-0.0001	0.0289
	(1.2970)	(-1.4973)	(1.2515)	(-0.0115)	(1.4676)
Age	-0.4951***	0.0400***	-0.4788***	0.1582***	-0.4646***
	(-18.5862)	(19.9699)	(-17.6021)	(10.9689)	(-17.0333)
_cons	9.6130***	-0.0514***	9.5890***	0.1753	9.0831***
	(32.4709)	(-2.5845)	(32.4189)	(1.2405)	(30.3685)
year			Yes		
ind			Yes		
F	200.171	38.289	197.352	7.544	198.668
N	14333	14673	14333	14673	14010
r2_a	0.659	0.189	0.660	0.042	0.662

注：***、**、*分别表示在1%、5%、10%的水平上显著。

5.4.5 稳健性检验

为保证实证结果的可靠性，本章还做了如下稳健性测试：(1) 为避免民企的“竞争性模仿”与其金融化水平间可能存在的企业层面的内生性问题——如样本选择偏误等，采用 PSM 匹配后的样本重新检验；（2）控制 2008 年金融危机的特定性影响；（3）变换为 Tobit 回归重新检验；（4）考虑宏观层面遗漏变量的影响等。

（1）内生性问题。为解决样本选择偏误问题，本章采用倾向得分匹配（Propensity Score Matching）法进行稳健性测试。步骤如下：首先，以民企“竞争性模仿”（CI）为被解释变量，资产负债率（Lev）、公司规模（Size）、成长性（Growth）、账面市值比（BM）、董事会规模（Numbers）、股权集中度（Top1）、应收账款比例（REC）、存货比例（INVA）、公司年龄（Age）以及行业虚拟变量、年份虚拟变量为特征变量进行 Logit 回归，并计算倾向得分值（Propensity Score）；其次，依据倾向得分值，按照最近邻匹配（1:1）的原则进行配对；最后，将匹配后的样本进行多元回归。表 5 – 13 中的 FIN1（1）和 FIN1（2）栏的结果显示匹配效果良好，且在匹配后的样本回归中，民企“竞争性模仿”（CI）的估计系数仍然显著为正。这与本章的基本假设 H1 保持一致。

（2）金融危机特定影响。2008 年金融危机致使全球金融市场均受到不同程度冲击，中国亦不例外。这种巨大的“外生性冲击”必然影响企业尤其是处于弱产权地位的诸多民企的金融资产配置决策，进而影响实证结果的可靠性。考虑到全球金融危机的影响总体仍然是特定的——持续时间有限、轻重显著有别，不可一概而论，故此这里剔除 2008 年及其前后各一年的样本进行了重新检验，表 5 – 13 中的 FIN1（3）与 FIN1（4）栏的结果显示，民企“竞争性模仿”（CI）的系数依然显著为正。

表 5 – 13　　PSM 样本匹配、控制金融危机特定影响的回归结果

	PSM 样本匹配		金融危机特定影响	
变量	FIN1（1）	FIN2（2）	FIN1（3）	FIN2（4）
CI	0.0138 ***	0.0720 ***	0.0141 ***	0.0648 ***
	(6.8335)	(4.7849)	(8.6341)	(5.6337)
Lev	0.0047	−0.0020	0.0001	0.0050
	(0.6280)	(−0.0328)	(0.0190)	(0.1219)
Size	0.0045 ***	−0.0151	0.0106 ***	−0.0117
	(2.6563)	(−1.4093)	(11.3707)	(−1.5808)
Growth	−0.0142 ***	−0.0837 ***	−0.0144 ***	−0.0538 ***
	(−5.1433)	(−4.0195)	(−7.7616)	(−3.5694)
BM	−0.0291 ***	0.0444	−0.0186 ***	0.0629 **
	(−4.5951)	(1.0364)	(−5.5299)	(2.1084)
Numbers	−0.0014 *	−0.0059	−0.0041 ***	−0.0099 **
	(−1.8279)	(−1.0368)	(−7.5766)	(−2.4961)
*TOP*1	−0.0269 ***	−0.0246	−0.0229 ***	−0.0041
	(−3.5075)	(−0.4715)	(−4.4060)	(−0.1118)
REC	−0.1746 ***	−0.3915 ***	−0.1541 ***	−0.4474 ***
	(−15.4417)	(−5.1112)	(−24.0702)	(−8.3060)

续表

	PSM 样本匹配		金融危机特定影响	
变量	*FIN1*（1）	*FIN2*（2）	*FIN1*（3）	*FIN2*（4）
INVA	-0.1105***	-0.2007**	-0.0852***	-0.1754***
	(-9.3427)	(-2.4162)	(-13.7485)	(-3.0615)
Daul	-0.0043**	0.0005	-0.0023	0.0000
	(-2.0709)	(0.0352)	(-1.6077)	(0.0035)
Age	0.0338***	0.1474***	0.0213***	0.1561***
	(9.9148)	(6.5566)	(11.7848)	(10.6771)
_cons	-0.0493	0.3697*	-0.1395***	0.1828
	(-1.4780)	(1.6759)	(-7.4435)	(1.2353)
year	Yes			
ind	Yes			
N	6127	6127	13509	13509
F	47.612	12.081	109.139	7.027
r2_a	0.203	0.041	0.101	0.041

注：***、**、*分别表示在1%、5%、10%的水平上显著。

（3）**变换模型回归方法**。由表5-3的描述性统计可见，我国民营上市公司总体的金融化水平虽然分布在一个正数范围内，但仍有一部分企业该值为0。考虑被解释变量取值存在一定限制的情况，这里采用Tobit模型并使用聚类稳健标准误重新进行检验（杜勇等，2019），结果如表5-14所示，仍然与H1的预期保持一致。

表5-14　　Tobit模型的回归结果

变量	FIN1（1）	FIN1（2）	FIN2（3）	FIN2（4）
CI	0.0167***	0.0172***	0.0667***	0.0798***
	(9.2152)	(10.1557)	(4.8599)	(5.8797)
Lev	0.0112**	-0.0037	0.0552	-0.0322
	(2.1709)	(-0.7177)	(1.2236)	(-0.6746)
Size	0.0167***	0.0087***	0.0916***	0.0304***
	(17.3447)	(7.8381)	(12.1399)	(3.5495)
Growth	-0.0156***	-0.0129***	-0.1010***	-0.0864***
	(-7.5821)	(-6.4392)	(-5.7151)	(-4.9923)
BM	-0.0268***	-0.0274***	-0.1336***	0.0139
	(-7.1746)	(-6.2654)	(-4.3852)	(0.3955)
Numbers	-0.0049***	-0.0026***	-0.0224***	-0.0107**
	(-8.2728)	(-4.5084)	(-4.8376)	(-2.2900)

续表

变量	FIN1（1）	FIN1（2）	FIN2（3）	FIN2（4）
*TOP*1	-0.0312***	-0.0189***	-0.0888**	-0.0321
	(-5.4451)	(-3.4102)	(-2.0646)	(-0.7399)
REC	-0.1636***	-0.1707***	-0.7613***	-0.8059***
	(-22.7029)	(-21.6623)	(-12.2399)	(-11.6605)
INVA	-0.1005***	-0.1114***	-0.2876***	-0.2901***
	(-15.7398)	(-14.3119)	(-5.3344)	(-4.3564)
Daul	-0.0030*	-0.0020	-0.0104	-0.0087
	(-1.8530)	(-1.2749)	(-0.8160)	(-0.6840)
Age	0.0280***	0.0476***	0.0723***	0.1926***
	(14.3518)	(21.5854)	(5.5975)	(11.6035)
_cons	-0.2841***	-0.1846***	-1.7217***	-0.7513***
	(-14.3039)	(-8.4142)	(-11.3893)	(-4.3655)
var（*Fe. FIN*1）	0.0084***	0.0075***		
	(45.2519)	(45.2365)		
var（*Fe. FIN*2）			0.4762***	0.4559***
			(24.9306)	(25.1267)
year	No	Yes	No	Yes
ind	No	Yes	No	Yes
N	14675	14675	14675	14675
F	130.611	46.592	44.689	12.112
*r*2_*p*	0.095	0.180	0.020	0.042

注：***、**、*分别表示在1%、5%、10%的水平上显著。

（4）宏观层面遗漏变量影响。考虑到宏观经济波动对于企业金融化行为的外在影响，本章从经济发展、货币政策这两个与企业金融资产配置行为紧密关联的宏观层面出发，增加了国内生产总值指数（GDP2）、M2 增长率（M2growth）、贷款利率水平（Loanrate）等三个控制变量滞后一期的数据进行重新回归，以缓解宏观层面遗漏变量的问题，表 5-15 的检验结果仍然与 H1 的预期一致。

表 5-15 加入宏观层面控制变量的回归结果

变量	FIN1（1）	FIN2（2）	FIN1（3）	FIN2（4）
CI	0.0147***	0.0513***	0.0143***	0.0545***
	(9.3909)	(4.6737)	(9.5586)	(4.9441)
Lev	0.0018	0.0758**	-0.0137***	0.0021
	(0.3865)	(2.0553)	(-2.9506)	(0.0538)

续表

变量	FIN1（1）	FIN2（2）	FIN1（3）	FIN2（4）
Size	0.0027***	-0.0010	0.0038***	-0.0042
	(2.6792)	(-0.1380)	(3.7485)	(-0.5818)
Growth	-0.0123***	-0.0635***	-0.0112***	-0.0617***
	(-6.8589)	(-4.4913)	(-6.2884)	(-4.3091)
BM	-0.0045	0.0231	-0.0191***	0.0557*
	(-1.3124)	(0.8911)	(-4.8753)	(1.9225)
Numbers	-0.0033***	-0.0134***	-0.0027***	-0.0119***
	(-6.2621)	(-3.5034)	(-5.1295)	(-3.0752)
TOP1	-0.0181***	-0.0202	-0.0134***	-0.0087
	(-3.6297)	(-0.5868)	(-2.7452)	(-0.2480)
REC	-0.1605***	-0.4571***	-0.1614***	-0.4682***
	(-25.8346)	(-9.7774)	(-23.4111)	(-8.8238)
INVA	-0.0820***	-0.1415***	-0.1059***	-0.1990***
	(-14.2956)	(-3.2676)	(-15.0812)	(-3.7160)
Daul	-0.0028**	-0.0020	-0.0020	-0.0001
	(-2.0124)	(-0.2035)	(-1.4915)	(-0.0056)
Age	0.0412***	0.1626***	0.0406***	0.1600***
	(20.0842)	(11.5110)	(20.2944)	(11.1143)
GDP2_1	0.0004***	0.0007	0.0006***	0.0028***
	(4.6198)	(1.2490)	(5.7196)	(4.0811)
M2growth_1	-0.0002***	-0.0002	-0.0001***	-0.0003
	(-6.3566)	(-1.1490)	(-4.2478)	(-1.3059)
Loanrate_1	-0.0020***	-0.0079***	-0.0017***	-0.0077***
	(-13.9196)	(-7.3052)	(-8.6542)	(-6.1813)
_cons	-0.3463***	-0.4205	-0.6347***	-2.4914***
	(-3.6795)	(-0.6838)	(-5.5014)	(-3.3896)
year	No		Yes	
ind	No		Yes	
F	119.748	26.745	38.787	7.750
N	14675	14675	14675	14675
r2_a	0.129	0.031	0.192	0.042

注：***、**、*分别表示在 1%、5%、10% 的水平上显著。

5.5 本章结论及其启示

经济的“脱实向虚”以及系统性金融风险的集聚是当前我国经济社会发展中面临的严峻问题，正日益受到政府及学术界的广泛关注。深化金融体制改革、增强金融服务实体经济能力、防范系统性金融风险以及如何更好推动民企与经济高质量发展，已经成为亟须解决的重大战略性问题。然而，新兴/转轨国家政府在资源配置中的主导作用以及国企因此享受的诸多管制性便利，**无疑会“诱致”**其他企业尤其是处于弱产权地位的诸多民企的“竞争性模仿”——且这种简单模仿广泛存在于要素资源获取及市场竞争参与的全环节，而这种低效的模仿势必损害民企及国民经济的长远发展。

本章基于民企“竞争性模仿”之成因及其何以加剧金融化的理论解析以及结合中国沪深A股民营上市公司样本的实证研究表明：民企的“竞争性模仿”确实会加剧其金融化依赖，而缓解融资约束、挤占实业投资是这种加剧效应的两种可信的传导路径；进一步研究发现，区域金融发展水平会强化民企“竞争性模仿”对其金融化依赖的加剧效应，而宏观经济政策不确定性以及政府实施的外部金融监管的强有力冲击则有助于抑制这种加剧效应——可见，民企“竞争性模仿”取向下的金融化选择**“适时”兼具**了投机套利动机（加剧效应）和预防性动机（缓解效应）；经济后果检验表明，“竞争性模仿”取向下的金融化依赖最终会损害民企的效率，无益于民企的长远发展；考虑内生性以及金融危机特定影响等情形的稳健性测试均支持以上结论。本章研究结论的政策启示主要体现在如下**三个方面**：

首先，民企的发展及其治理直接攸关国民经济的发展及其质量，必须从深从重考虑民企的增长困境及其路径约束。考虑到民营经济在我国经济中的比重与贡献以及民企自改革开放以来经历的“成长-繁荣-困境”之演进现实及其制度背景，必须要以“**与国企治理同等重要的高度**”（张文魁，2021），**适时关注**民企在面临增长困境及其路径约束之下的行为变迁及其可能引致的更大效率损失问题。本章以特定制度背景下民企的“竞争性模仿”取向为视角，以企业的金融化水平为落点，验证了这种非市场化导向的低效“竞争性模仿”会加剧民企的金融化依赖并会损害其效率，这有助于引导聚焦民企的行为转向及其对于我国“国民”经济发展“**增长之基**”（国民合力+创新驱动）的系统性影响，对于引导推进民企转型与国企改革及其“有机联动”的研究与实践，无疑具有重要的理论意义。

其次，要借此纵深认识“市场充分竞争+政府适度监管”之“中道平衡”的深刻理论内涵及其治理实践意义。本章关于民企“竞争性模仿”取向及其多重动机下的加剧与缓解“**双效应并存**”的结果，一方面表明在体制约束下的“**利益大格局**”——政府主导资源配置以及国企因此享受更多管制性便利等——尚未发生实质性变迁的背景下，类似于区域金融发展程度等差异化的、非全局性改革或仅仅依靠金融监管等外力冲击，仍然不足以有效引导和改变处于弱产权地位的诸多民企的非市场化取向及其可能引致的更大效率损失；另一方面则凸显了在宏观经济政策不确定性更高时——因国际经济环境变迁及国内政策的适时调整等，政府的适时金融监管（外部强有力冲击）仍然是抑制企业金融化、防止脱实向虚的有效路径[①]。在新时期推动“让市场在资源配置中起决定性作用”的大背景下，“有为政府”的适度监管功能必要而不可偏废。

最后，要借此纵深认识推进国企改革及其有效治理而促生的“正外部效应”，实现经济的高质量发展必须依赖创新驱动之下的“国民”合力。基于本书第 2 章的理论概观以及本章的理论解析，民企“竞争性模仿”取向的经济实质是特定背景下国企享有的管制性便利的“诱致性变迁”，因此，破除民营经济增长困境、推动民企自身转型进而实现创新驱动的“国民”合力，**还须依托**国企改革的**有效引导及其榜样示范**，而这正是持续推进国企改革及其有效治理而促生的“**正外部效应**”。为此，在全面深化改革的新时期，除须进一步优化政企关系、改善营商环境外，**还须特别重视**要通过持续推动国企改革及其有效治理切实引导更多民企认识并秉持“创新驱动可持续发展”和“金融回归服务实体经济本源”的正确理念，进而在“有效市场 + 有为政府”以及“因应外部冲击 + 依托改革推动”的科学治理范式之下，最终形成“国企改革及其治理有效—民企回归市场竞争正轨—国民发展全赖创新驱动”的企业**合力协同**。

① 本章的实证结论的多元性，也映射出现实环境的复杂性——市场经济中政府适时监管的必要性、国企占优的“利益大格局”以及处于弱产权地位民企的多重动机等。这一点尤其值得警示，这或许正是新时期中央明确要求“守住系统性金融风险底线、重振实体经济、更好推动民营经济发展”的一个现实背景。

第 6 章　拓展研究：僵尸企业更依赖金融化吗？

【本章提要】

加快僵尸企业分类处置以及有效抑制企业“**脱实向虚**”是新时期我国推进经济结构转型升级、提升资源配置效率的**两大主要任务和关键抓手**。**本章关注**僵尸企业是否更易金融化以及这种倾向是否会**加剧或诱致**其他正常企业的金融化行为（即“溢出效应”）。实证**研究发现**：僵尸企业确实更易金融化，且具有显著的“**溢出效应**”，即当省份内僵尸企业密度越大时，区域内的非僵尸企业亦更倾向于金融化；机制分析表明，僵尸企业对非僵尸企业的溢出效应在融资约束越强、市场竞争越激烈以及市场化程度越低时更为明显，表明僵尸企业通过加剧要素资源挤占和市场竞争扭曲等渠道**进而加剧了其他**正常企业的金融化行为，并最终损害了全要素生产率（TFP）。这些结果在考虑了内生性等问题后仍然保持稳健。

本章的研究对于厘清僵尸企业治理或其处置方向、促进要素资源的优化配置以及优化市场竞争格局等具有一定的政策参考价值。如同本书第 5 章关于“民企模仿是否会加剧其金融化”的研究指出的那样，企业的金融化选择甚或其依赖行为，实与企业在其行业竞争格局中的市场势力、竞争地位等“实力状态”密切相关。**因此，本章**实属于与“国/民”差异及其结果紧密相关的一个“**拓展性**”**研究**①，即旨在**拓展揭示**僵尸企业——既可能是企业行为嬗变的结果，也可能是其原因或背景——的行为选择及其经济后果，故其研究结论对于本书研究主题，即民企“竞争性模仿”之行为取向、制度渊源、经济后果以及其**治理路径**的研究，无疑也具有**直接攸关**之意义。

---

① 与本章研究相关的前期成果可参见：Haomin Wu，Meng Yang，Gu Jun. Are Zombie Firms More Incentivized to Financialize? . *China Journal of Accounting Research*. 2021，14（4）100199：1 – 19.

6.1 引　言

2019 年 5 月，国家发展和改革委员会下达了《关于做好 2019 年重点领域化解过剩产能工作的通知》，提出“要加快分类处置僵尸企业”，确保 2020 年底前完成全部处置工作。清理处置僵尸企业是供给侧结构性改革去产能政策的重要抓手。在我国经济转型发展和宏观经济下行的趋势和背景下，僵尸企业自身无盈利能力，却依靠政府补贴或外部融资的支持吸收大量资源（申广军，2016），严重影响了资源配置效率，其背后的原因值得深入探究。近年来，中国经济又呈现出明显的“脱实向虚”趋势，其主要表现为：一方面，金融机构逐渐偏离实体经济，导致大量资金涌入金融企业，形成**“金融空转”**；另一方面，越来越多的实体企业日益偏离主业，将大量实业资本投入金融业等更高回报率的行业中，从而加剧了企业的金融化（王红建等，2016；彭俞超等，2018），而其中亦不乏仍能获取资源倾斜的僵尸企业（Hoshi 和 Kim，2012；饶静和万良勇，2018）。僵尸企业问题并非中国独有①，而其成因及治理路径亦各不同。学术界认为僵尸企业自身经济效益低下，濒临破产境地，已无力应对正常的市场竞争，但同时却仍然能够依靠政府和银行的不断输血、以低于市场最优利率的成本吸收了大量的信贷资源，这是我国特定制度背景及其所处的经济社会发展阶段中的一个必然现象和现实问题（何帆和朱鹤，2016）。诸多证据表明，僵尸企业的大量存在的确拖累了（实体）企业的健康发展，恶化了中国经济的整体效率（黄少卿和陈彦，2017；王万珺和刘小玄，2018）。

僵尸企业问题已经在政策层面引起广泛热议，但考察其影响的相关研究仍多聚焦于其对研发投资的抑制效应以及对企业创新的挤出效应等方面（谭语嫣等，2017；王永钦等，2018）；还有少数研究探讨了僵尸企业对于就业增长（肖兴志等，2019）、财务信息透明度的传染效应（戴泽伟和潘松剑，2018）以及税负的扭曲效应（李旭超等，2018）等，但对于僵尸企业与金融化之间的关系尚鲜有深入系统的实证研究。由于僵尸企业自身已无持续盈利能力，需要借助或依靠资源倾斜及外部力量的大力支持，在经济社会发展转型的新时期和新趋势之下，为尽快改变和提升其在利益相关者尤其是债权人心目中的形象和地位，僵尸企业势必会主动寻求转型机会，例如，依赖其（政策）资源优势而将更多的资金投资于金融等高回报行业以求快速实现其脱困目标；而金融业的高回报诱惑以及政府的管制便利或资源倾斜还会引致诸多企业——如国企及

① 欧债危机爆发后，欧盟国家出现了许多“僵尸企业”问题（Bruche 和 Llobet，2014）。“僵尸企业”在发达国家和转型时期的社会主义国家均会产生（Papava，2010）。有文献指出日本的企业破产制度改革大力清除了企业重整和清算的障碍，使得日本的企业破产效率仅次于效率最高的英国，而这很可能是 2000 年以后日本经济逐步恢复的重要原因之一（Fukuda 和 Nakamura，2011）。

市场势力更强企业等——的竞争模仿①，从而进一步加剧了企业的“脱实向虚”。学术界将这种“外部性”影响称之为企业金融化行为的“溢出效应”（Libo 等，2016；金祥荣等，2019）。

那么，在党的十八届三中全会提出“让市场在资源配置中起决定性作用”和十九大报告强调“深化金融体制改革、增强金融服务实体经济能力”的制度背景和大趋势，以及当前实体经济趋冷、虚拟经济偏热的现实背景之下，深入探究僵尸企业是否更易于金融化以及这种倾向是否具有“溢出效应”及其具体作用机制等问题，可谓正应其时，而这也正是本章关注的主要问题。本研究认为，深入分析僵尸企业与金融化之间的关联以及其系统性经济后果，有助于厘清僵尸企业的治理或处置方向，对于提高资本市场运行效率、促进金融市场健康发展、优化要素资源配置以及推进国企改革及其有效治理等方面亦具有重大现实意义。

鉴于此，本章基于中国沪深 A 股上市公司样本，实证考察僵尸企业的金融化及其溢出效应问题。结合中国的国情，借鉴修正的 FN 模型对僵尸企业进行识别之后，本章的研究发现：僵尸企业确实更倾向于金融化，且这种现象具有显著的溢出效应，即当省级僵尸企业密度更大时，会加剧区域内其他非僵尸企业的金融化行为；进一步的研究表明，僵尸企业对非僵尸企业的溢出效应在融资约束越强、产品市场竞争越激烈以及市场化程度越低的企业中更为明显，说明僵尸企业通过加剧资源挤占和市场竞争扭曲等渠道加剧了正常企业的金融化行为。上述结果在考虑了内生性问题之后仍然保持稳健。

本章研究的差异化贡献体现在：首先，本章将僵尸企业议题与金融化问题关联起来，不仅可以为进一步处置僵尸企业提供政策建议，亦有助于丰富企业金融化的相关研究；其次，相对于信息透明度传染效应、投资挤出效应以及税负扭曲效应等视角的已有研究，本章为僵尸企业如何影响其他正常企业经营行为的进一步研究**提供了新视角、赋予了新内涵**，即僵尸企业及其行为选择引致的负面效应不仅危害自身，还会通过加剧资源挤出和无序竞争进而扭曲其他正常企业的经营行为乃至整个（实体）经济的发展取向；最后，本章从企业金融化的角度进一步揭示出僵尸企业的系统性危害，为政府清理处置僵尸企业提供了理论及经验证据，为政府引导资金流向实体经济进而引导企业“脱虚向实”提供了有益参考。

6.2 文献综述

6.2.1 僵尸企业的成因及其后果

国内外相关学者主要从僵尸企业的识别、成因及经济后果等角度进行了大量探索

① 类似寻租的行为往往是高度竞争的（Krueger，1974），而竞争方式往往具有“传染/模仿效应”；政府管制便利或资源倾斜配置的资金由于其“廉价”而往往更易于被“投机性”地用于回报更高且更易获取的金融行业中去。

性研究，得出了一些有价值的研究结论。对于僵尸企业的识别测度主要有**三种方法**：第一种是由 Hoshi（2006）和 Caballero 等（2008）最早提出的“银行信贷标准”；第二种是经 Fukuda 和 Nakamura（2011）补充“利润原则”和“常青贷款原则”的 FN - CHK 识别法；随后诸多学者分别进行修正，包括纳入财务费用率指标（Hoshi 和 Kim，2012）、考虑政府补贴因素（张栋等，2016；黄少卿和陈彦，2017；蒋灵多和陆毅，2017）、连续多期识别（Imai，2016；聂辉华等，2016）以及核定过度借贷标准（申广军，2016）和企业利润信息调整（谭语嫣等，2017）等，统称为修正的 FN - CHK 方法。

在恰当识别的基础上，关于僵尸企业的国内外研究主要从以下两方面展开：其一，关注僵尸企业的成因。蒋灵多和陆毅（2017）认为，受“三期叠加”① 效应的影响，导致部分行业存在严重的产能过剩问题，从而使僵尸企业问题日益凸显。更多的学者从政府和银行角度对僵尸企业成因进行了广泛的探索。何帆和朱鹤（2016）认为地方政府通过财政补贴等方式救助濒临破产企业以保障就业，而银行不断为僵尸企业提供贷款是为了掩盖不良贷款，防止资本金损失。还有学者从企业破产法制度的无效性（王万珺和刘小玄，2018）、政府为了保稳定促就业、银行避免不良贷款显性化（Peek 和 Rosengren，2005；Hoshi，2006）以及政企合谋（聂辉华等，2016）等方面探讨僵尸企业为什么在资不抵债的情况下依然能够生存。

其二，考察僵尸企业的经济后果。关于僵尸企业对经济增长方面的负面影响，Caballero（2008）基于日本企业的数据，利用理论模型证明了在经济遭遇负向冲击时，僵尸企业的大量存在会造成市场拥挤，进而会破坏市场的更新换代过程。这一发现揭示了为什么日本在危机后出现经济的长期停滞状况。Kwon（2015）的研究验证了日本 20 世纪 90 年代僵尸企业的借贷通过扭曲劳动力配置造成了 37% 的生产率损失。Shen 和 Chen（2017）发现僵尸企业通过排挤健康企业导致产能过剩并使其恶化。国内学者的相关研究亦得出基本一致的结论，僵尸企业不仅自身存在问题，还会对非僵尸企业产生“溢出效应”（许江波和卿小权，2019），僵尸企业的大量存在挤出了正常企业的投资，造成了信贷资源配置的扭曲（谭语嫣等，2017）、扭曲了正常企业的税负（李旭超等，2018），还会引致非僵尸企业更低的信息透明度以及更差的信息环境、危害 TFP 增长（李旭超和申广军，2017；王永钦等，2018）。肖兴志等（2019）的研究还从就业增长的视角考察了僵尸企业对正常企业劳动力就业增长的挤出效应及其作用机制。

6.2.2　企业金融化：动机及其经济后果

诸多企业明显的“脱实向虚”使得金融化日益成为近年来学者关注的问题，现有研究主要从企业金融资产配置的动机及其经济后果两大方面展开。Orhangazi（2008）的研究指出，由于资本的逐利性、金融市场发展的滞后以及实业环境的日益恶劣，实

---

① “三期叠加”是指经济增长的换挡期、结构调整的阵痛期与前期刺激性政策的消化期在同一时间重合出现产生叠加效应，对中国经济增长造成明显的下行压力。

体企业往往会投资进入金融、房地产等高回报行业，以获取更高的收益。在金融市场发展相对滞后以及监管不善的条件下，金融化一方面可以成为实体企业获得更高回报率的一种有效的套利方式（胡奕明等，2017；韩珣等，2017；王红建等，2016），同时还可以作为金融中介用以缓解融资约束和流动性储蓄的替代方式，进而有助于公司平滑未来投资，提高投资效率（Smith 和 Stulz，1985；Stulz，2010；胡弈明等，2017）。杨筝等（2019）的研究还发现放松贷款利率下限对非国有企业的金融化具有显著的负向作用，他们认为导致我国实体企业金融化的重要原因是金融市场化程度的不足。相关研究认为，企业在配置包括现金在内的金融资产时主要表现出预防和以储蓄为目的的“蓄水池”动机①，而对其他非现金的金融资产配置则主要表现为追逐金融资产回报为目的的“替代”动机（杨筝等，2017；胡奕明等，2017）②。

微观企业的金融资产配置具有显著的宏观经济后果。Stockhammer 和 Grafl（2010）研究指出，金融化所造成的虚拟经济过度发展是2008 年美国次贷危机的重要根源之一（干胜道等，2018）。过度的金融化会助长虚拟经济，加剧实体经济发展的资金流失，并导致收入差距和失业率的增加以及区域经济发展的不平衡问题（Stockhammer，2004）③。Trivedi（2014）分析认为，实体企业的金融化虽然能够提高企业的股票股息和投机者的资本积累，但因其资金是来自金融资源的供给而非经营利润的增长，故势必会加剧金融资源的错配状况，进而阻碍金融市场环境的健康发展。可见，过度金融化实质上是一国/地区金融发展滞后的表现，且其经济后果或影响是系统性的④。诸多研究表明，金融资产的大量配置将使实体企业日益偏离主业发展，并逐渐惰于技术创新、不断减少研发投入（Gleadle 等，2014），造成实体企业未来主业业绩下降（杜勇等，2017）；过度的金融化还会加剧资产泡沫化和“去工业化”，进而导致产业的“空心化”（Orhangazi，2008；Seo 等，2012；Tori 和 Onaran，2017）。

综上所述可见，现有研究对僵尸企业的识别及其成因已基本形成较为一致的结论，并从投资、创新以及税负等的挤出效应等视角对其经济后果进行了广泛的研究，但对于僵尸企业是否也会甚至更倾向于金融化，即僵尸企业与金融化的关联及其经济后果或“溢出效应”还鲜有涉及，考虑到僵尸企业的特征、成因及其制度渊源，将其与金融化相关联，切合现实背景，值得深入研究。基于此，本章使用中国上市公司数据，旨在对僵尸企业的金融化行为及其经济后果——是否会加剧或诱致其他正常企业的金融化行为的“溢出效应”等——进行深入的理论及实证分析，以期为相关机构妥善处

---

① Smith 和 Stulz（1985）以及 Stulz（1996）等研究指出，金融资产配置表现出的“蓄水池效应”使企业可以通过出售金融资产改变资产负债表结构，进而降低财务困境成本和杠杆率，实现企业再融资（刘贯春等，2018）。

② 宋军和陆旸（2015）的研究发现，非金融企业非货币金融资产和经营收益率之间呈现“U”形关系，即对高业绩公司体现出“富余效应”，对低业绩公司则呈现“替代效应”。

③ 刘小玄等（2011）基于中国样本的实证研究发现，金融发展滞后造成的信贷资源结构性歧视会引致经济结构的失衡，而地区生产率与金融深化呈显著的正相关关系。

④ 彭俞超等（2018）的研究揭示了企业金融化与金融市场稳定的一条新渠道，即上市公司为隐藏坏消息而倾向于持有金融资产，从而加剧了企业的股价崩盘风险。

置僵尸企业、进一步厘清金融化的背景因素以及助推我国经济结构转型升级和资源优化配置等提供政策建议。

6.3　理论分析与研究假设

6.3.1　僵尸企业更倾向于金融化吗？

在经济正处于转型升级和结构调整的重要节点上，我国颁布的一系列文件和政策，充分凸显了解决僵尸企业问题对于我国经济持续健康发展的紧迫性，同时也体现了政府解决僵尸企业问题的决心。直观来看，僵尸企业已普遍陷入长期亏损、没有偿债能力、濒临破产的境地（王海林和高颖超，2019；何帆和朱鹤，2016a；2016b），其多个绩效指标均明显低于正常企业（谭语嫣等，2017）。僵尸企业背负了大量的债务却无偿债能力，随着时间的推移，其经济效益不能好转，债务问题将日益加剧并进而引发其他问题。由于僵尸企业的负债规模过于庞大以及资本结构的不合理，当面临外部宏观经济环境不确定时，资金链的断裂使僵尸企业更容易成为风险因素（王海林和高颖超，2019）。金融资产配置或投资行为是企业内部人调节利润的一种工具。由此可以预见，在实体经济利润率明显低于金融部门利润率的残酷现实面前，处于生死关头的僵尸企业更容易做出短视的投资决策，会有更强的动机和压力去选择回报率更高的金融“投机”活动并可能“乐此不疲”。

从僵尸企业的成因来看，政府和银行的不断“输血”是僵尸企业之所以长期存在或“僵而不死”的制度渊源。我国处于新兴/转轨阶段，上市公司多由国企转制而来，在要素资源配置以及产品市场竞争格局（PMC）方面依然带有明显的政府主导特征[①]，而国企及国有金融机构仍然是国家调整经济结构、落实宏观政策、体现制度导向——通过产业政策等途径——的主要工具，而僵尸企业中更多恰恰是国有企业或具有政治关联，或能够享受管制便利的大中型企业（也包括民企）[②]，这些企业往往享受甚至依赖着倾斜性的融资便利和政府补贴过活。因此，对于那些已经不具备盈利能力的僵尸企业而言，获取融资便利以及政府补贴直接决定着其生存发展机会。此时，这些僵尸企业为了获取补贴，往往会利用“哭穷”的策略，通过负向盈余等方式操纵调低利润（戴泽伟和潘松剑，2018）[③]，而各级政府出于“稳增长、保就业、造繁荣”以及保护

---

① 即政府主导的要素资源配置、国企主导的行业竞争格局的特征依然明显（吴昊旻，2018）。

② 虽然数据描述显示，僵尸企业更多为国有企业——占比达57.78%，但考虑到诸多民企也会通过寻租及政治关联等方式构建起紧密的政企关系，故很多民企也会成为“僵尸企业”并进而也可能依赖金融化。

③ Lin（2014）的研究发现，僵尸企业的管理层投资决策更趋短视，有更强的盈余管理动机。

“壳资源”等目的[①]，**亦乐意为**一些僵尸企业（尤其是国企等）主动“输血”（黄少卿和陈彦，2017）。王万珺和刘小玄（2018）的研究就指出，中国僵尸企业的形成及其长期存在**几乎无一例外**都是由于银行给予的倾向性信贷补贴（更低的利率）或过度信贷（谭语嫣等，2017），而国有银行因为有政府的“背书或兜底”，亦乐意为僵尸企业“供血”[②]。

那么——在此背景下，考虑到金融化投资的更高回报以及将补贴资金用于研发创新的更高风险——创新的巨大沉没成本可能加剧僵尸企业的灭亡，**故可以预见**，政府对于僵尸企业的不断扶持可能会使得僵尸企业更有动机将补贴资金投资于回报率更高的金融化业务，以期待更快脱困和改善企业形象。

基于以上分析，本章提出如下的假设1：

H1：相对于非僵尸企业，僵尸企业更倾向于金融化。

6.3.2 僵尸企业的金融化是否具有“溢出效应”？

如上分析，僵尸企业具有更高的概率或更强的动机从事回报更高的金融化业务（实属于“投机”性活动），而且僵尸企业的长期存在及其金融化行为均具有深层的制度渊源。僵尸企业和其他正常企业处在同一个大的市场竞争环境之中，在要素资源的获取方式以及产品市场竞争的参与方式等方面，因为市场竞争的互动，故势必存在或多或少、或强或弱的相似性或同质性，即在具体的经营模式上会选择相互学习甚或模仿，尤其是在类似于政府管制便利（如融资倾斜、政府补贴等）这样的稀缺资源方面，其潜在的竞争和模仿就更为显著。Krueger（1974）指出，寻租行为通常都是高度竞争的，而竞争方式往往具有“传染/模仿效应”。像上述僵尸企业的“政－银－企关系”这种类似于“寻租”的行为，**势必引发**潜在的激烈竞争和简单模仿。此外，大量僵尸企业的存在还会导致市场出清受到阻碍，进而恶化产能过剩现象，拖累经济的健康发展（黄少卿和陈彦，2017；王万珺和刘小玄，2018）。所以，僵尸企业的长期存在及其金融化行为不只影响其自身，还具有显著的“负外部性效应”，即可能会进一步加剧（包括其自身及其他正常）企业的“脱实向虚”，并对一国/地区的宏观经济结构及其效率造成显著负面影响。

本章研究认为，僵尸企业金融化引发的“竞争模仿”会进一步扭曲要素市场（SM）及产品市场（PM）的竞争格局，进而加剧了市场的无序/低效竞争[③]。Fukuda和

---

① 此外，上市公司因具有“壳资源”价值，当僵尸企业濒临破产倒闭时，地方政府作为利益相关者往往会主动施以援手，从多方面帮助这些企业以使其财务指标达到监管部门的规定，避免失去上市机会（唐清泉和罗党论，2007；赵璨等，2015）。

② 考虑到企业的还款能力问题可能引发大规模的不良贷款，银行会“借机”增加风险准备金，故银行并不担心向僵尸企业“供血”。这一方面使得僵尸企业无须担心破产风险（有恃无恐），另一方面又因资金总供给的减少而传导和抑制了实体经济的发展，并且导致金融市场结构的日益畸形。

③ 这与国有企业改革及其治理低效（刘瑞明，2011；吴延兵，2012）以及其享受的政策便利引致的“竞争性模仿”即民企的“类国企化”行为相类似（吴昊旻和宋静云，2018；吴昊旻等，2019），在显著扭曲要素资源配置的同时，还会进一步加剧产品市场的无序/低效竞争（刘瑞明，2011；袁建国等，2015；吴昊旻，2018）。僵尸企业占用了大量土地、资本和劳动力等社会资源，使正常企业的资源获取量减少（朱舜楠和陈琛，2016），还会造成正常企业的税负扭曲，进而加剧行业层面的资源错配（李旭超等，2018）。

Nakamura（2011）研究就指出，政府的“父爱式”扶持在短期内可以达到稳定就业、降低系统性金融风险等作用，但长期来看将会对要素资源配置产生不利的影响（朱舜楠和陈琛，2016；李旭超等，2018）。资源在一定区域内总是有限的，要素资源的稀缺性势必加剧产品、服务以及经营行为等方面的同质化竞争。当某区域内的僵尸企业更多或其密度越大时，政府及银行给予的资源倾斜势必挤占区域内其他正常企业的资金供给和发展空间；同时，由于投入到僵尸企业的金融资源难以收回又导致债权人资金流动性的降低，从而进一步加剧正常企业的资金困境。此时，面对生存和发展的压力，区域内的其他正常企业势必会效仿僵尸企业的金融化行为，进而引发“溢出效应”。

值得指出的是，除了“竞争模仿”之外，**这种扭曲还有一个重要原因就是**，僵尸企业和非僵尸企业的经营目标**本不相同**。正常企业即非僵尸企业是以实现（股东）价值最大化为其目标，而支撑僵尸企业赖以生存的并非股东而是债权人，故通过金融化投资尽快获取回报、还本付息以确保其在债权人心目中的地位就更重要。基于此，本章认为，僵尸企业扭曲市场竞争进而引发或加剧正常企业金融化主要通过**两条路径**，且这两条路径是**相互影响或“连贯”**的：其一，是通过企业间产品/服务定价的价格竞争扭曲。僵尸企业自身已无盈利能力，为生存不惜以更低的价格获取市场，但因其有政府和银行的“背书或兜底”，故其价格底线更低（何帆和朱鹤，2016）。竞争对于企业价值的影响具有负向影响，这意味着企业在竞争环境中实现的利润更低（Beiner 等，2011），那么相对于僵尸企业，正常企业在“价格战”中处于不利地位。这就使得其他企业无法通过正常的经营方式完成既定目标，受制于管理层解聘威胁、竞争地位下滑乃至破产清算风险等现实压力，非僵尸企业为改善流动性而增加金融资产配置的动机可能增强。

其二，是通过企业内创新挤占的非价格竞争扭曲。激烈竞争下僵尸企业的“价格掠夺”还将使正常企业难以从其产品差异化策略/战略中获益（王凤荣等，2019），低层次的创新很容易被模仿或复制，而更高水平的创新又同时面临着资金和风险的双重威胁，为避免被激烈的市场竞争所淘汰，正常企业有动机将更多的资金用于变现更快、回报更高的金融化业务中去。

基于以上分析，本章提出假设2：

H2：僵尸企业的金融化具有溢出效应，当某省域内的僵尸企业密度越大时，区域内的非僵尸企业亦更倾向于金融化。

6.4　实证研究设计

6.4.1　样本选择与数据

本章的实证分析基于2006－2017年我国沪深A股上市公司样本，由于僵尸企业的测度涉及滞后两期的数据，故样本的实际研究样本区间为2008－2017年。根据研究的需要，本章对数据库进行了以下几个方面的调整：剔除了金融和保险业公司，剔除主要变量存在缺失值的公司，剔除处于特殊状态（ST、*ST、暂停上市、退市）的公司样本，最终得到18145个观测值。本章的财务数据来自CSMAR和WIND数据库，省份层面的数据主要来自国家统计年鉴。为排除极端值的影响，本章对所有连续变量在1%的水平上进行了缩尾处理，并运用Stata15.0对样本数据进行实证分析。

6.4.2 僵尸企业的测度

学界对于僵尸企业的识别方法主要有三种，即CHK法、FN法和“官方标准”法。其中，CHK法虽被广泛使用却不够精准，容易产生“漏网之鱼”①。Fukuda和Nakamura（2013）提出用“过度借贷”（evergreen lending）的方法（即“FN法”）识别僵尸企业。这种方法将贷款和还款能力都较差却仍然能够获取贷款的企业识别为僵尸企业，其贷款和还款能力可通过企业当前的盈利状况和资产负债表情况等来定义。第三种方法“官方标准”是由国务院提出的清理僵尸企业的具体标准，即将“不符合国家能耗、环保、质量和安全等标准，持续亏损三年以上且不符合结构调整方向的企业”认定为僵尸企业。三种方法各有侧重及不足，基于综合考量，本章借鉴黄少卿和陈彦（2017）等的做法，以FN法为基础进行修正并专门针对上市公司来衡量识别僵尸企业，具体识别条件是扣除各类补贴后实际利润总额连续若干年之和为负，即：

$$\sum_{j=0}^{T} realprofit_{i,t-j} < 0$$

其中，T=2（即连续三年）是基准识别结果。

按照上述识别条件，应分别计算政府补贴和信贷补贴以计算一家企业的实际利润。在计算信贷补贴时，本章借鉴了CHK法，即首先计算每年的最低利率和最低应付利息，其中，最低短期贷款利率可用最优贷款利率来表示。我们根据每年调息前后的时间和贷款基准利率，加权平均得到隔年不同期限的平均贷款利率。假设企业的短贷期限符合均匀分布，则将期限为6个月（含）和6个月至一年（含）的贷款基准利率年化平均后得到短期最优贷款利率，计算公式如下：

$$rs = \int_0^{1/2} r_{0-6} t\, d_t + \int_{1/2}^{1} r_{6-12} t\, d_t$$

考虑到长期贷款利息对应的贷款期限皆为1年以上，长期最优贷款利率为1-3年（含）贷款基准利率、3-5年（含）和5年以上贷款基准利率的算数平均值。借鉴CHK（2008）的方法计算t年最低应付利息（minlxzc）：

$$\min lxzc_{i,t} = rs_t \times ldfzhj_{i,t-1} + \left(\frac{1}{5}\sum_{j=0}^{4} rl_{t-j}\right) \times cqfzhj_{i,t-1}$$

① 即存在有些正常企业可能因资质优秀取得了银行优惠利率而被误认为是僵尸企业，而一些真正的僵尸企业又因未享受优惠利率却能依靠宽松的贷款政策得以存活而未能予以有效识别，这被称作CHK识别方法的“漏网之鱼”（Fukuda and Nakamura，2011）。

其中，rs 为短期最优贷款利率，rl 为长期最优贷款利率，Sdeat 为短期借款，Ldeat 为长期借款。由此计算出信贷补贴：

$banksub_{i,t} = minlxzc_{i,t} - lxzc_{i,t}$

其中，*lxzc* 为利息支出。

最后，将净利润减去上述政府补贴和信贷补贴，得到扣除补贴后的实际利润：

$realprofit_{i,t} = netprofit_{i,t} - subsidy_{i,t} - banksub_{i,t}$

在此基础上，在运用上市公司数据进行识别时，本章也考虑到了退市制度可能引发上市公司较为强烈的盈余管理动机（魏志华等，2009），故还需对上述的识别方法作出调整。若业绩不佳的上市公司不愿意退市，往往会选择盈余管理。为此，本章将连续三年扣除补贴后的实际利润总额进行平滑，将分别对 t－2 至 t 年、t－1 至 t+1 年、t 至 t+2 年三个连续三年的实际利润总额进行加总，这三个总和中只要有一个小于 0，则该企业在 t 年即被识别为是僵尸企业。

6.4.3　变量定义

（1）**被解释变量：企业金融化**（Fin）。遵循 Demir（2009）、宋军和陆旸（2015）、杜勇等（2017）等国内外学者的主流做法，本章以企业持有的金融资产比例来度量金融化程度。根据资产负债表，本章将交易性金融资产、衍生金融资产、发放贷款及垫款净额、可供出售金融资产净额、持有至到期投资净额、投资性房地产净额都纳入金融资产的范畴[①]。由此，本章关于金融化程度的计算公式为：

Fin =［（交易性金融资产 + 衍生金融资产 + 发放贷款及垫款净额 + 可供出售金融资产净额 + 持有至到期投资净额 + 投资性房地产净额）／总资产］×100%。

（2）**解释变量：僵尸企业**（Zombie）。本章采用虚拟变量度量僵尸企业，同时考虑了地区差异，又采用各省份的僵尸企业数量度量僵尸企业的密度（Zombie1）。具体见表6－1。

（3）**控制变量**。与 Gietzen（2017）、黄贤环等（2018）、杜勇等（2019）等国内外相关研究保持一致，本章分别控制了公司特征和宏观环境等因素。其中，上市公司特征层面的变量包括产权性质（State）、企业规模（Size）、资产负债率（Lev）、成长性（Growth）、主营业务收入增长率（Mgrowth）、资产结构（As）、盈利能力（Gp）、资本性支出（FA）、两职兼任（Dual）、独立董事占比（Indirector）、高管薪酬（Pay）以及董事会规模（Board）；宏观环境因素主要涉及 GDP 增长率。本章还控制了年度（Year）和行业（Ind）影响。变量的具体界定见表 6－1。

---

① 考虑到房地产业已日益脱离实体经济，故本章的金融化度量包含了投资性房地产净额。此外，需要指出的是，虽然货币资金也属于金融资产，但经营活动本身会产生货币，故本章的金融资产不包括货币资金。

表 6－1　变量定义

变量类型	变量名称	变量符号	变量定义
被解释变量	金融化	Fin	＝［（交易性金融资产＋衍生金融资产＋发放贷款及垫款净额＋可供出售金融资产净额＋持有至到期投资净额＋投资性房地产净额）/资产总计］×100%
解释变量	僵尸企业	Zombie	僵尸企业记为1，否则记为0
	僵尸企业密度	Zomine1	表示省份内的僵尸企业数量，见后模型说明
控制变量	产权性质	State	产权性质为国有记为1，否则记为0
	资产负债率	Lev	负债总额/资产总额
	成长性	Growth	以托宾Q值作为衡量指标：个股市值/（资产总计－商誉净额－无形资产净额）
	盈利能力	Gp	以营业毛利率作为衡量指标
	资产结构	As	以流动资产比率作为衡量标准
	主营业务收入增长率	Mgrowth	等于本年主营业务收入减去上年主营业务收入除以上年主营业务收入
	GDP 增长率	GDP	等于宏观经济的年度增长率乘以100
	企业规模	Size	总资产的自然对数
	两职兼任	Dual	如果董事长和总经理为同一人，Duality＝1，否则 Duality＝0
	高管薪酬	Pay	前三大高管薪酬/总资产
	资本性支出	FA	固定资产/总资产
	独立董事占比	Indirector	独立董事人数/董事会总人数
	董事会规模	Board	董事会人数的自然对数

6.4.4 模型设定

本章关于僵尸企业是否更易金融化的实证检验，采用如下的模型：

$$Fin_{it} = \beta_0 + \beta_1 Zombie_{it} + \beta_i Controls_{it} + Year_t + Ind_j + \varepsilon_{it} \tag{6-1}$$

其中，下标 i 表示企业，t 表示年份。若僵尸企业的金融化程度更高，则 β_1 应显著为正。本文检验僵尸企业金融化之“溢出效应”的模型如下：

$$Fin_{irt} = \beta_0 + \beta_1 Zomine1_{rt} + \beta_i Controls_{irt} + Year_t + Ind_j + \varepsilon_{irt} \tag{6-2}$$

其中，核心解释变量为 Zomine1，表示省份内的僵尸企业密度①，该变量前的 β 系数反映了僵尸企业对其他正常企业金融化的影响。此外，本章还控制了地区因素变量，包括省份人均 GDP 实际增长率（人均 GDP）、国有工业企业数量占全部工业企业比重

① 考虑到地方政府在要素资源配置和市场竞争格局中的实质性影响，这里按省份层级考察僵尸企业分布密度及其影响。

以及贸易总额/GDP。采用正常企业即非僵尸企业样本时，若 β_1 系数显著为正，说明省份僵尸企业密度越大，正常企业的金融化程度越高，说明僵尸企业的金融化对其产生"溢出效应"。采用全样本时，若系数 β_1 显著为正，说明省份僵尸企业密度越大，正常企业与僵尸企业的金融化程度均越高。

6.5 实证结果分析

6.5.1 描述性统计分析

表6-2报告了变量的描述性统计结果，样本的累计观测值为18145个。其中：企业金融化（Fin）的平均值为3.33%，最小值为-0.0179，最大值为98.0693，说明我国上市公司之间的金融化程度存在显著的差异，且一些企业金融资产占总资产的比重较大；僵尸企业（Zombie）的均值为0.212，即上市公司中的僵尸企业已经占到总样本的21.2%，这个占比介于黄少卿和陈彦（2017）基于2011-2015年采用修正的FN识别法和专门针对上市公司计算僵尸企业的比率12.1%-26%之间。

表6-2　变量描述性统计

变量	N	均值	标准差	最小值	中位数	最大值
Fin	18145	3.3328	7.4655	-0.0179	0.4991	98.0693
Zombie	18145	0.2114	0.4083	0.0000	0.0000	1.0000
Size	18145	22.0936	1.2779	19.5175	21.9186	26.0536
Lev	18145	0.4363	0.2073	0.0521	0.4335	0.9409
Growth	18145	0.5907	0.1938	0.1227	0.6123	1.0067
Gp	18145	0.2841	0.1711	-0.0131	0.2491	0.8199
Mgrowth	18145	0.2256	0.5132	-0.5613	0.1267	3.3900
As	18145	2.3587	2.4796	0.2576	1.5913	16.1952
State	18145	0.4414	0.4966	0.0000	0.0000	1.0000
GDP	18145	1.2309	0.4415	0.4119	1.3368	1.8466
Indirector	18145	0.3717	0.0529	0.3077	0.3333	0.5714
Pay	18145	0.0006	0.0007	0.0000	0.0004	0.0039
FA	18145	0.2289	0.1690	0.0022	0.1947	0.7233
Board	18145	2.1535	0.1972	1.6094	2.1972	2.7081
Dual	18145	0.2273	0.4191	0.0000	0.0000	1.0000

由表6-3的分年度统计结果可见，僵尸企业的数量呈现出先增后减的趋势，这可能与国家——尤其是自2008年金融危机影响之后——聚焦处置僵尸企业的政策实施效果及其变化有关，也从侧面反映出僵尸企业清理处置的难度。表6-4进一步对僵尸企业的数量变化进行分行业统计，可见僵尸企业主要集中在机械、设备、石油等产能过剩行业，说明僵尸企业的确与产能过剩息息相关。

表 6-3　僵尸企业分年份统计

变量	年度	N	均值	中位数	标准差	最小值	最大值
Zombie	2008	137	0.129	0	0.335	0	1
	2009	241	0.206	0	0.404	0	1
	2010	342	0.261	0	0.439	0	1
	2011	363	0.226	0	0.418	0	1
	2012	409	0.223	0	0.416	0	1
	2013	506	0.253	0	0.435	0	1
	2014	542	0.268	0	0.443	0	1
	2015	487	0.233	0	0.423	0	1
	2016	432	0.182	0	0.386	0	1
	2017	376	0.144	0	0.351	0	1

表 6-4　僵尸企业分行业统计

变量	行业	N	均值	中位数	标准差	最小值	最大值
Zombie	农、林、牧、渔业	282	0.433	0	0.496	0	1
	采掘业	529	0.287	0	0.453	0	1
	食品、饮料	730	0.177	0	0.382	0	1
	纺织、服装、毛皮	496	0.256	0	0.437	0	1
	木材、家具	99	0.202	0	0.404	0	1
	造纸、印刷	307	0.30	0	0.459	0	1
	石油、化学、塑胶、塑料	1724	0.274	0	0.446	0	1
	电子	958	0.238	0	0.426	0	1
	金属、非金属	1451	0.345	0	0.476	0	1
	机械、设备、仪表	3595	0.169	0	0.375	0	1
	医药、生物制品	1157	0.118	0	0.323	0	1
	其他制造业	102	0.049	0	0.217	0	1
	电力、煤气	714	0.378	0	0.485	0	1
	建筑业	497	0.217	0	0.413	0	1
	交通运输、仓储业	650	0.171	0	0.377	0	1
	信息技术业	1495	0.132	0	0.338	0	1
	批发和零售贸易	1206	0.178	0	0.383	0	1
	房地产业	987	0.193	0	0.394	0	1
	社会服务业	718	0.142	0	0.349	0	1
	传播与文化产业	340	0.056	0	0.23	0	1
	其他	179	0.307	0	0.463	0	1

6.5.2 基准检验

表6-5是僵尸企业金融化的基准回归结果，在控制行业和年份固定效应之后的结果显示，Zombie的系数约为0.358，表明僵尸企业与金融化程度（Fin）显著正相关，即僵尸企业更倾向于金融化，这符合本章假设H1的预期。

表6-5　　僵尸企业金融化的回归结果

变量	Fin (1)	Fin (2)
Zombie	0.3578**	0.3578***
	(2.55)	(2.89)
Size	0.1187*	0.1187**
	(1.92)	(2.11)
Lev	-1.6212***	-1.6212***
	(-3.36)	(-3.00)
Growth	-5.9030***	-5.9030***
	(-16.29)	(-15.79)
Gp	2.3292***	2.3292***
	(6.14)	(4.70)
Mgrowth	-0.2412**	-0.2412*
	(-2.34)	(-1.72)
As	-0.4093***	-0.4093***
	(-14.19)	(-12.47)
State	0.5740***	0.5740***
	(4.62)	(4.18)
GDP	0.0816	0.0816
	(0.44)	(0.43)
Indirector	0.9199	0.9199
	(0.82)	(0.85)
Pay	49.6833	49.6833
	(0.48)	(0.40)
FA	-10.2103***	-10.2103***
	(-25.78)	(-23.11)
Board	-1.3836***	-1.3836***
	(-4.29)	(-4.19)
Dual	-0.2924**	-0.2924**
	(-2.27)	(-2.40)
_cons	9.4261***	9.4261***
	(6.30)	(6.47)
Industry	Yes	Yes
Year	Yes	Yes
r2_a	0.1606	0.1606
F	83.6272***	39.7173***
N	18145	18145

注：括号内为t统计量，* $p<0.1$，** $p<0.05$，*** $p<0.01$。

6.5.3 僵尸企业金融化之“溢出效应”的检验

在验证了僵尸企业与金融化的基本关系（见表6－5）基础上，表6－6列示了僵尸企业金融化是否具有“溢出效应”的检验结果，其中的第（1）列和第（2）列基于正常企业即非僵尸企业样本的OLS回归和聚类回归结果表明，当省份内的僵尸企业更多即其密度越大时，非僵尸企业亦越倾向于金融化；第（3）列和第（4）列基于全样本的OLS和聚类回归的结果表明，僵尸企业密度越大时，僵尸企业与非僵尸企业的金融化程度均越高。这说明僵尸企业的金融化确实会引发“溢出效应”，符合本章假设2的预期。

表6－6　　僵尸企业金融化之“溢出效应”的回归结果

变量	Fin（1）	Fin（2）	Fin（3）	Fin（4）
*Zombie*1	0.0144**	0.0144**	0.0125**	0.0125**
	(2.07)	(2.16)	(2.06)	(2.15)
Size	−0.0424	−0.0424	−0.0253	−0.0253
	(−0.56)	(−0.59)	(−0.41)	(−0.44)
Lev	−1.0364*	−1.0364*	−0.7630	−0.7630
	(−1.84)	(−1.65)	(−1.64)	(−1.52)
Growth	−5.8305***	−5.8305***	−5.8086***	−5.8086***
	(−14.49)	(−14.41)	(−16.19)	(−15.82)
Gp	3.0526***	3.0526***	2.6383***	2.6383***
	(7.04)	(5.37)	(7.04)	(5.33)
Mgrowth	−0.2576**	−0.2576	−0.2260**	−0.2260*
	(−2.16)	(−1.60)	(−2.23)	(−1.66)
As	−0.3903***	−0.3903***	−0.3786***	−0.3786***
	(−12.22)	(−11.00)	(−13.30)	(−11.85)
State	0.8385***	0.8385***	0.7784***	0.7784***
	(5.55)	(4.86)	(6.17)	(5.40)
GDP	−0.4509	−0.4509	−0.6408	−0.6408
	(−0.64)	(−0.56)	(−1.08)	(−0.92)
Indirector	1.0768	1.0768	1.4284	1.4284
	(0.79)	(0.82)	(1.28)	(1.34)
Pay	−2.3*e*+02*	−2.3*e*+02	−2.6*e*+02**	−2.6*e*+02**
	(−1.96)	(−1.57)	(−2.53)	(−1.98)
FA	−10.7829***	−10.7829***	−9.4615***	−9.4615***
	(−22.51)	(−20.22)	(−24.16)	(−21.99)
Board	−1.2617***	−1.2617***	−1.2933***	−1.2933***
	(−3.27)	(−3.13)	(−4.05)	(−3.99)

续表

变量	Fin (1)	Fin (2)	Fin (3)	Fin (4)
Dual	-0.2675 *	-0.2675 *	-0.3466 ***	-0.3466 ***
	(-1.80)	(-1.88)	(-2.72)	(-2.84)
人均 *GDP*	0.5312	0.5312	1.0832	1.0832
	(0.49)	(0.43)	(1.17)	(1.01)
number	0.3703	0.3703	1.1308	1.1308
	(0.05)	(0.06)	(0.19)	(0.20)
Trade	-0.0003	-0.0003	-0.0003	-0.0003
	(-1.40)	(-1.21)	(-1.60)	(-1.33)
_cons	7.5980	7.5980	0.8811	0.8811
	(0.66)	(0.59)	(0.09)	(0.08)
Industry	Yes	Yes	Yes	Yes
Year	Yes	Yes	Yes	Yes
Add	Yes	Yes	Yes	Yes
r2_a	0.1881	0.1881	0.1843	0.1843
F	45.8079 ***	22.0281 ***	56.3970 ***	26.1726 ***
N	14310	14310	18145	18145

注：括号内为 t 统计量，* $p < 0.1$，** $p < 0.05$，*** $p < 0.01$。

6.5.4　稳健性检验

（1）僵尸企业的替代性识别方法。僵尸企业（Zombie）是本章的核心变量，为避免不同识别标准影响结果的稳健性，本章又选用“官方标准”法对僵尸企业进行重新识别，即若一家企业连续三年实际利润总额为负则识别为僵尸企业（Zombie1），并对僵尸企业金融化（表6－5）及其溢出效应（表6－6）进行重新回归，表6－7和表6－8的检验结果仍保持一致。

表6－7　　替换僵尸企业识别方法后的回归结果

变量	Fin (1)	Fin (2)
*Zombie*1	0.6643 ***	0.6643 ***
	(3.83)	(4.29)
Size	0.1236 **	0.1236 **
	(2.00)	(2.21)
Lev	-1.7321 ***	-1.7321 ***
	(-3.61)	(-3.23)

续表

变量	Fin (1)	Fin (2)
Growth	-5.8797***	-5.8797***
	(-16.23)	(-15.72)
Gp	2.3505***	2.3505***
	(6.22)	(4.75)
Mgrowth	-0.2477**	-0.2477*
	(-2.41)	(-1.77)
As	-0.4128***	-0.4128***
	(-14.32)	(-12.55)
State	0.5555***	0.5555***
	(4.46)	(4.04)
GDP	0.0213	0.0213
	(0.11)	(0.11)
Indirector	0.8876	0.8876
	(0.79)	(0.82)
Pay	47.3158	47.3158
	(0.46)	(0.38)
FA	-10.2678***	-10.2678***
	(-25.96)	(-23.12)
Board	-1.3953***	-1.3953***
	(-4.33)	(-4.22)
Dual	-0.2882**	-0.2882**
	(-2.24)	(-2.36)
_cons	9.4957***	9.4957***
	(6.36)	(6.56)
Industry	Yes	Yes
Year	Yes	Yes
r2_a	0.1609	0.1609
F	83.8596***	39.8061***
N	18145	18145

注：括号内为 t 统计量，* $p<0.1$，** $p<0.05$，*** $p<0.01$。

表 6-8　　替换僵尸企业识别方法后对“溢出效应”的回归结果

变量	Fin (1)	Fin (2)	Fin (3)	Fin (4)
Zombie1	0.0220*	0.0220**	0.0219**	0.0219**
	(1.93)	(2.01)	(2.06)	(2.15)
Size	-0.0177	-0.0177	-0.0253	-0.0253
	(-0.25)	(-0.27)	(-0.41)	(-0.44)
Lev	-1.0925**	-1.0925*	-0.7630	-0.7630
	(-2.12)	(-1.91)	(-1.64)	(-1.52)
Growth	-5.8135***	-5.8135***	-5.8086***	-5.8086***
	(-15.39)	(-15.12)	(-16.19)	(-15.82)
Gp	2.9103***	2.9103***	2.6383***	2.6383***
	(7.21)	(5.49)	(7.04)	(5.33)
Mgrowth	-0.2202**	-0.2202	-0.2260**	-0.2260*
	(-1.98)	(-1.45)	(-2.23)	(-1.66)
As	-0.3862***	-0.3862***	-0.3786***	-0.3786***
	(-12.83)	(-11.46)	(-13.30)	(-11.85)
State	0.8231***	0.8231***	0.7784***	0.7784***
	(5.93)	(5.20)	(6.17)	(5.40)
GDP	-0.5824	-0.5824	-0.6408	-0.6408
	(-0.91)	(-0.79)	(-1.08)	(-0.92)
Indirector	1.5160	1.5160	1.4284	1.4284
	(1.23)	(1.28)	(1.28)	(1.34)
Pay	-2.4e+02**	-2.4e+02*	-2.6e+02**	-2.6e+02**
	(-2.20)	(-1.74)	(-2.53)	(-1.98)
FA	-10.2013***	-10.2013***	-9.4615***	-9.4615***
	(-23.42)	(-21.10)	(-24.16)	(-21.99)
Board	-1.2750***	-1.2750***	-1.2933***	-1.2933***
	(-3.62)	(-3.52)	(-4.05)	(-3.99)
Dual	-0.3418**	-0.3418***	-0.3466***	-0.3466***
	(-2.49)	(-2.62)	(-2.72)	(-2.84)
人均 *GDP*	0.7068	0.7068	1.0832	1.0832
	(0.71)	(0.62)	(1.17)	(1.01)
number	-0.2726	-0.2726	1.1308	1.1308
	(-0.04)	(-0.04)	(0.19)	(0.20)
Trade	-0.0004*	-0.0004	-0.0003	-0.0003
	(-1.73)	(-1.47)	(-1.60)	(-1.33)
_cons	5.3633	5.3633	0.8245	0.8245
	(0.51)	(0.45)	(0.08)	(0.07)
Industry	Yes	Yes	Yes	Yes
Year	Yes	Yes	Yes	Yes
Add	Yes	Yes	Yes	Yes
r2_a	0.1869	0.1869	0.1843	0.1843
F	50.6347***	24.1966***	56.3970***	26.1726***
N	15984	15984	18145	18145

注：括号内为 *t* 统计量，* $p < 0.1$，** $p < 0.05$，*** $p < 0.01$。

（2）考虑金融危机引致的政策变迁影响。样本期间的2008年，正值国际金融危机全面爆发。为应对危局，中央政府相机出台了十大主要措施，旨在通过扩充基建、促进创新、减轻税负等举措，进一步扩大内需、促进经济平稳协调增长。这些举措从2008年9月起至2010年底基本结束，持续近两年，涉及投资总额超过4万亿元①，故其涉及面广且影响深远。全球性金融危机的冲击是系统性的，而随之的政策变迁必然影响资源配置，进而又会“重塑”企业的行为。考虑到这个“一揽子计划”中要素资源配置政策倾向国资的“基本面”并未发生实质性变化，而诸多的僵尸企业也在其中。那么，金融危机期间及其政策变迁前后的僵尸企业又会如何选择？其选择又具有何种外部性影响？这就需要特别的考量。

为此，本章进一步考虑了两种设计：由于政策的影响效应具有滞后性，首先是剔除政策影响即2008－2011年间的样本；其次是单独考虑金融危机引致的政策变迁之影响，即区分政策影响期间（2008－2011年）以及政策影响之后（2011年之后）两段样本分别予以检验。表6－9和表6－10的结果显示，“一揽子计划”对僵尸企业的金融化及其溢出效应的显著性水平呈现出先减缓后增加的现象，证明了金融危机引发的政策变迁对僵尸企业金融化及其溢出效应产生了影响。

表6－9　　改变样本研究区间后的回归结果

变量	Fin（2008－2011年）	Fin（2012－2017年）
Zombie	0.5069**	0.2872**
	(2.08)	(2.00)
Size	0.0250	0.1589**
	(0.26)	(2.29)
Lev	−2.4534**	−1.3686**
	(−2.39)	(−2.14)
Growth	−5.6266***	−5.9272***
	(−7.55)	(−13.63)
Gp	1.8390*	2.5908***
	(1.88)	(4.48)
Mgrowth	−0.0821	−0.3033*
	(−0.32)	(−1.84)
As	−0.4893***	−0.3843***
	(−7.82)	(−9.91)

① 我国民间和国内外一些媒体将其称之为“四万亿投资计划”，且对其影响的负面批评居多。实际上，该计划是“一揽子计划”，就其政策初衷及措施设计而言，亦与我国的中长期发展规划“一脉相承”；聚焦其负面影响的症结在于政府主导要素资源配置、国企主导市场竞争格局的政策倾斜“基本面”（即倾向于国资、扶持僵尸企业等）仍然没有实质性改变，甚至是获得了增强——也因此，十八大、十九大重新强调“让市场在资源配置中起决定性作用”。

续表

变量	Fin（2008－2011年）	Fin（2012－2017年）
State	0.6434***	0.4894***
	(2.85)	(2.83)
GDP	−0.0012***	0.0008***
	(−3.75)	(6.22)
Indirector	3.5054	0.0148
	(1.64)	(0.01)
Pay	−2.1e+02	148.4141
	(−0.95)	(0.97)
FA	−11.4718***	−9.7328***
	(−13.55)	(−18.42)
Board	−2.4057***	−1.0007**
	(−3.98)	(−2.53)
Dual	−0.4836*	−0.2131
	(−1.90)	(−1.53)
_cons	15.1532***	4.7621***
	(5.79)	(2.67)
Industry	Yes	Yes
Year	Yes	Yes
r2_a	0.1640	0.1617
F	14.8024***	31.1776***
N	5157	12988

注：括号内为 t 统计量，* $p<0.1$，** $p<0.05$，*** $p<0.01$。

表6－10　替换僵尸企业识别方法后对“溢出效应”的回归结果

变量	Fin (1) 2008－2011年	Fin (2) 2012－2017年	Fin (3) 2008－2011年	Fin (4) 2012－2017年
*Zombie*1	−0.0088	0.0067	0.0122	0.0173**
	(−0.32)	(0.28)	(1.35)	(2.26)
Size	−0.3224***	−0.2353**	0.0563	0.0481
	(−2.62)	(−2.33)	(0.64)	(0.69)
Lev	−1.1773	−1.5332	−1.1408	−0.5471
	(−1.02)	(−1.56)	(−1.50)	(−0.92)
Growth	−5.1958***	−5.3999***	−5.9425***	−5.8906***
	(−6.38)	(−7.25)	(−12.60)	(−13.78)

续表

变量	Fin (1) 2008-2011年	Fin (2) 2012-2017年	Fin (3) 2008-2011年	Fin (4) 2012-2017年
Gp	3.2346***	2.6266***	3.0817***	2.7848***
	(2.88)	(2.66)	(4.66)	(4.85)
Mgrowth	-0.0598	-0.0398	-0.3610*	-0.2905*
	(-0.22)	(-0.17)	(-1.87)	(-1.78)
As	-0.4529***	-0.4689***	-0.3748***	-0.3530***
	(-6.93)	(-7.74)	(-8.82)	(-9.37)
State	1.1462***	1.0136***	0.6612***	0.6316***
	(4.34)	(4.38)	(2.99)	(3.48)
GDP	-0.0025**	-0.0021**	0.0001	0.0003
	(-2.18)	(-2.06)	(0.14)	(0.72)
Indirector	6.5699**	5.0378**	-0.6994	0.1248
	(2.51)	(2.45)	(-0.46)	(0.10)
Pay	-7.1e+02***	-7.3e+02***	-59.6214	-90.8505
	(-2.80)	(-3.17)	(-0.34)	(-0.56)
FA	-11.3841***	-10.6492***	-10.5803***	-9.0321***
	(-11.72)	(-13.37)	(-16.30)	(-17.30)
Board	-2.4453***	-2.0723***	-0.8137*	-1.0100***
	(-3.48)	(-3.63)	(-1.68)	(-2.58)
Dual	-0.3437	-0.4456*	-0.2029	-0.2862**
	(-1.15)	(-1.78)	(-1.25)	(-2.05)
人均 *GDP*	3.2695	2.4304	2.7703	1.4224
	(1.34)	(1.16)	(1.38)	(0.84)
number	1.9349	2.1800	9.0895	5.6463
	(0.14)	(0.19)	(0.68)	(0.50)
Trade	-0.0006	-0.0014	-0.0003	-0.0004
	(-0.23)	(-0.64)	(-0.91)	(-1.39)
_cons	-9.9508	-4.7009	-22.7356	-8.8765
	(-0.39)	(-0.22)	(-1.01)	(-0.47)
Industry	Yes	Yes	Yes	Yes
Year	Yes	Yes	Yes	Yes
Add	Yes	Yes	Yes	Yes
r2_a	0.1944	0.1935	0.1907	0.1841
F	8.9018***	9.9875***	16.3099***	19.3524***
N	4074	5157	10236	12988

注：括号内为 t 统计量，* $p < 0.1$，** $p < 0.05$，*** $p < 0.01$。

6.5.5 内生性问题

尽管在基准回归中加入了较多的控制变量来避免遗漏变量所产生的内生性问题，但僵尸企业的分布还具有明显的行业特征，各行业中僵尸企业的比重还可能与其他未控制因素相关。此外，僵尸企业的金融化动机也可能受到非僵尸企业的影响。为解决遗漏变量和反向因果导致的内生性问题，本章参照谭语嫣等（2017）等研究的做法，选择了各省份样本初期国有企业资产占比与上一年全国国有企业资产负债率之积和解释变量的滞后一期作为省份僵尸企业的工具变量并运用 GMM 方法进行重新估计，表6－11 的回归结果依然保持稳健，并且 Aderson LR 统计量和 Hansen J 统计量也验证了工具变量选取的合理性。

表6－11　　　　工具变量回归结果

变量	Fin (1)
*Zombie*1	0.0098***
	(11.0910)
Size	−0.2310***
	(−2.5782)
Lev	−1.1732
	(−1.1931)
Growth	−3.6606***
	(−4.6761)
Gp	3.5013***
	(3.9061)
Mgrowth	−0.1964
	(−0.9833)
As	−0.5466***
	(−5.0235)
State	−0.4426
	(−0.3280)
GDP	0.0060**
	(2.5151)
Indirector	4.0458**
	(2.2990)
Pay	−5.0*e*+02
	(−1.1608)
FA	−9.5461***
	(−16.1710)
Board	−2.6634***
	(−5.4298)

续表

变量	Fin (1)
Dual	0.0891
	(0.2494)
_cons	16.5259***
	(5.9797)
r2_a	0.1263
F	516.59***
N	6667

注：括号内为 t 统计量，* $p<0.1$，** $p<0.05$，*** $p<0.01$。

6.6 溢出效应的机制分析

6.6.1 融资约束路径

在要素资源和市场格局既定的条件下，僵尸企业通过政府补贴和银行信贷等便捷渠道获得了“过多的”稀有资源，就势必会挤占其他正常企业的资源获取路径，势必提高其融资成本，进而加剧正常企业的融资约束。因此，融资约束变化可以作为僵尸企业金融化引发“溢出效应”的一个可信传导路径，即当融资约束加剧时，僵尸企业金融化的“溢出效应”将更为显著。

为此，本章采用 KZ 指数度量融资约束，观察其与省份内僵尸企业密度（Zombie1）的交乘项系数。由表 6－12 的第（1）列和第（2）列基于非僵尸企业样本、第（3）列和第（4）列基于全样本的回归结果可见，融资约束与省份内僵尸企业密度的交乘项系数均显著为正，表明融资约束加剧时（highkz），僵尸企业的金融化均具有显著的“溢出效应”，这与本章的预期仍然一致。

表 6－12　僵尸企业金融化的“溢出效应”：融资约束的影响

变量	Fin (1)	Fin (2)	Fin (3)	Fin (4)
Zombie1	0.0128*	0.0128*	0.0113*	0.0113*
	(1.85)	(1.93)	(1.87)	(1.94)
Zombie1_highkz	0.0033***	0.0033***	0.0025***	0.0025***
	(5.03)	(4.39)	(4.42)	(3.93)
Size	−0.0066	−0.0066	0.0017	0.0017
	(−0.09)	(−0.09)	(0.03)	(0.03)

续表

变量	Fin (1)	Fin (2)	Fin (3)	Fin (4)
Lev	−2.4677***	−2.4677***	−1.7300***	−1.7300***
	(−3.92)	(−3.27)	(−3.36)	(−2.96)
Growth	−5.7464***	−5.7464***	−5.7132***	−5.7132***
	(−14.28)	(−14.18)	(−15.90)	(−15.49)
Gp	3.1847***	3.1847***	2.7747***	2.7747***
	(7.34)	(5.57)	(7.38)	(5.54)
Mgrowth	−0.2441**	−0.2441	−0.2156**	−0.2156
	(−2.05)	(−1.51)	(−2.12)	(−1.58)
As	−0.4022***	−0.4022***	−0.3830***	−0.3830***
	(−12.57)	(−11.17)	(−13.45)	(−11.94)
State	0.8590***	0.8590***	0.7987***	0.7987***
	(5.69)	(4.97)	(6.33)	(5.53)
GDP	−0.4147	−0.4147	−0.6149	−0.6149
	(−0.59)	(−0.52)	(−1.03)	(−0.89)
Indirector	1.0334	1.0334	1.4128	1.4128
	(0.76)	(0.79)	(1.26)	(1.33)
Pay	−1.9*e*+02	−1.9*e*+02	−2.3*e*+02**	−2.3*e*+02*
	(−1.61)	(−1.29)	(−2.19)	(−1.72)
FA	−10.8028***	−10.8028***	−9.4994***	−9.4994***
	(−22.57)	(−20.27)	(−24.26)	(−22.08)
Board	−1.2140***	−1.2140***	−1.2520***	−1.2520***
	(−3.15)	(−3.02)	(−3.92)	(−3.87)
Dual	−0.2469*	−0.2469*	−0.3314***	−0.3314***
	(−1.66)	(−1.74)	(−2.60)	(−2.72)
人均 *GDP*	0.4327	0.4327	1.0164	1.0164
	(0.40)	(0.35)	(1.10)	(0.95)
number	0.4246	0.4246	1.1409	1.1409
	(0.06)	(0.06)	(0.19)	(0.20)
Trade	−0.0004	−0.0004	−0.0004*	−0.0004
	(−1.52)	(−1.31)	(−1.74)	(−1.44)
_cons	8.1802	8.1802	1.1411	1.1411
	(0.71)	(0.63)	(0.12)	(0.10)
Industry	Yes	Yes	Yes	Yes
Year	Yes	Yes	Yes	Yes
Add	Yes	Yes	Yes	Yes
r2_a	0.1895	0.1895	0.1851	0.1851
F	45.6124***	21.7658***	55.9629***	25.8339***
N	14310	14310	18145	18145

注：括号内为 t 统计量，* $p<0.1$，** $p<0.05$，*** $p<0.01$。

6.6.2 市场竞争路径

根据理论分析，僵尸企业的金融化主要是通过（要素/产品）市场竞争传导进而产生“溢出效应”的，即僵尸企业金融化引发的“竞争模仿”会扭曲要素市场（SM）及产品市场（PM）的竞争格局，进而加剧了从要素资源到产品服务、从生产模式到经营方式等方面的同质化竞争，使得市场竞争更趋于无序和低效，而这种无序/低效的竞争——往往是更为剧烈的竞争，既是上述“溢出效应”的结果体现，同时也是其制度渊源①。**可以预见，**当（要素/产品）市场竞争更为激烈时，僵尸企业金融化引发的“溢出效应”将更为显著。本章使用结构化指标赫芬达尔指数（HHI）度量市场竞争，观察其与省份内僵尸企业密度（Zombie1）的交乘项系数的变化。

由表6－13的第（1）列和第（2）列基于非僵尸企业样本、第（3）列和第（4）列基于全样本的回归结果可见，市场竞争（HHI）与省份内僵尸企业密度（Zombie1）的交乘项系数均显著为负，说明（要素/产品）市场的激烈竞争（集中度更低时）会进一步强化僵尸企业的金融化引发的“溢出效应”，这符合本章的理论预期。

表6－13　僵尸企业金融化的“溢出效应”：市场竞争的影响

变量	Fin（1）	Fin（2）	Fin（3）	Fin（4）
*Zombie*1	0.0130*	0.0130**	0.0132**	0.0132**
	(1.82)	(1.96)	(2.13)	(2.28)
*Zombie*1_*HHI*1	−0.0031***	−0.0031***	−0.0028***	−0.0028***
	(−4.34)	(−4.06)	(−4.45)	(−4.20)
Size	−0.0193	−0.0193	0.0025	0.0025
	(−0.25)	(−0.27)	(0.04)	(0.04)
Lev	1.3114**	1.3114**	1.5221***	1.5221***
	(2.36)	(2.20)	(3.31)	(3.16)
Growth	−6.4987***	−6.4987***	−6.5274***	−6.5274***
	(−15.87)	(−15.25)	(−17.89)	(−16.96)
Gp	3.8322***	3.8322***	3.5237***	3.5237***
	(9.71)	(7.12)	(10.31)	(7.53)
Mgrowth	−0.2245*	−0.2245	−0.1981*	−0.1981
	(−1.82)	(−1.36)	(−1.90)	(−1.43)
As	−0.4217***	−0.4217***	−0.4039***	−0.4039***
	(−12.90)	(−11.63)	(−13.88)	(−12.39)

① 市场中竞争主体（企业及其利益相关者如政府等）的行为变化（C）与市场本身的结构（S）及效率变迁（P），始终是因果互动的。这是产业和制度经济学的基本逻辑。

续表

变量	Fin (1)	Fin (2)	Fin (3)	Fin (4)
State	1.2802***	1.2802***	1.0818***	1.0818***
	(8.42)	(7.22)	(8.49)	(7.27)
GDP	-1.1946*	-1.1946	-1.0597*	-1.0597
	(-1.65)	(-1.45)	(-1.73)	(-1.49)
Indirector	0.8491	0.8491	1.1422	1.1422
	(0.61)	(0.64)	(1.00)	(1.06)
Pay	-1.6e+02	-1.6e+02	-2.0e+02*	-2.0e+02
	(-1.34)	(-1.08)	(-1.92)	(-1.50)
FA	-11.9961***	-11.9961***	-10.7321***	-10.7321***
	(-28.26)	(-26.20)	(-31.65)	(-29.49)
Board	-1.2368***	-1.2368***	-1.2294***	-1.2294***
	(-3.11)	(-3.06)	(-3.75)	(-3.78)
Dual	-0.4396***	-0.4396***	-0.4923***	-0.4923***
	(-2.87)	(-3.03)	(-3.76)	(-3.97)
人均 *GDP*	1.3853	1.3853	1.3989	1.3989
	(1.23)	(1.08)	(1.47)	(1.26)
number	0.4241	0.4241	0.8073	0.8073
	(0.06)	(0.06)	(0.13)	(0.14)
Trade	-0.0002	-0.0002	-0.0001	-0.0001
	(-0.63)	(-0.53)	(-0.66)	(-0.54)
_cons	-1.3699	-1.3699	-2.7894	-2.7894
	(-0.12)	(-0.10)	(-0.28)	(-0.24)
Year	Yes	Yes	Yes	Yes
Add	Yes	Yes	Yes	Yes
r2_a	0.1330	0.1330	0.1328	0.1328
F	40.9092***	23.1934***	51.4968***	28.3307***
N	14310	14310	18145	18145

注：括号内为 t 统计量，* $p<0.1$，** $p<0.05$，*** $p<0.01$。

6.6.3 市场化进程影响

微观企业的行为及其经济后果内生于其所在的宏观制度环境。市场化被认为是制约和替代政府行政干预（主观-偏向）的自然力量（客观-公平），而推进市场化进程即代表着政府行政力量或干预计划的缓解甚或退出（李文贵和余明桂，2012），预示着要素资源的配置将更多取决于市场，而其配置效率亦更高。当市场化进程更高时，可以较快的实现资本从低效率领域转移到高效率领域，进而优化资源配置（方军雄，2006）。然而，处于新兴/转轨时期的中国的市场化进程仍然存在明显的地区差异，各地区间市场化进程仍很不均衡，这就导致政府行为及其后果的显著影响差异（杨兴全等，2014；李慧云和刘镝，2016），这也在客观上成为僵尸企业的金融化行为及其"溢出效应"的一个制度渊源。此时——依据前文的理论分析，地区市场化进程的相对滞后即其地区政府干预力量的相对强大，势必会加剧僵尸企业的金融化及其"溢出效应"。鉴于此，可以推断，僵尸企业所处地区更高的市场化程度会弱化僵尸企业金融化的溢出效应。

本章采用王小鲁等2016年发布的中国各地区的市场化指数来刻画地区市场化进程①，并按其中位数将样本划分为市场化程度较高组和较低组，观察其与省份内僵尸企业密度（Zombie1）的交乘项系数。由表6－14的第（1）列和第（2）列基于非僵尸企业样本、第（3）列和第（4）列基于全样本的回归结果可见，交乘项系数显著为负，这表明地区市场化进程的滞后是加剧僵尸企业金融化及其"溢出效应"的重要环境因素。这与本章预期保持一致。

表6－14　僵尸企业金融化的"溢出效应"：市场化进程影响

变量	Fin (1)	Fin (2)	Fin (3)	Fin (4)
*Zombie*1	0.0196***	0.0196***	0.0177***	0.0177***
	(2.66)	(2.62)	(2.77)	(2.73)
*Mitotal_Zombie*1	-0.0027**	-0.0027**	-0.0028**	-0.0028**
	(-2.12)	(-2.09)	(-2.55)	(-2.49)
Size	-0.0446	-0.0446	-0.0270	-0.0270
	(-0.59)	(-0.63)	(-0.43)	(-0.47)
Lev	-1.0161*	-1.0161	-0.7520	-0.7520
	(-1.81)	(-1.61)	(-1.62)	(-1.49)
Growth	-5.8347***	-5.8347***	-5.8140***	-5.8140***
	(-14.51)	(-14.42)	(-16.20)	(-15.83)
Gp	3.0510***	3.0510***	2.6407***	2.6407***
	(7.04)	(5.37)	(7.04)	(5.33)
Mgrowth	-0.2583**	-0.2583	-0.2264**	-0.2264*
	(-2.16)	(-1.60)	(-2.23)	(-1.66)
As	-0.3899***	-0.3899***	-0.3787***	-0.3787***
	(-12.21)	(-10.99)	(-13.31)	(-11.86)
State	0.8367***	0.8367***	0.7768***	0.7768***
	(5.54)	(4.85)	(6.15)	(5.39)

① 由于报告中数据只更新到2016年，故2017年数据依然沿用2016年的市场化指数数据计算。

续表

变量	Fin (1)	Fin (2)	Fin (3)	Fin (4)
GDP	-0.1174	-0.1174	-0.3152	-0.3152
	(-0.16)	(-0.14)	(-0.52)	(-0.44)
Indirector	1.1100	1.1100	1.4391	1.4391
	(0.82)	(0.85)	(1.29)	(1.36)
Pay	-2.3e+02*	-2.3e+02	-2.6e+02**	-2.6e+02**
	(-1.93)	(-1.55)	(-2.51)	(-1.97)
FA	-10.7763***	-10.7763***	-9.4650***	-9.4650***
	(-22.50)	(-20.22)	(-24.17)	(-22.00)
Board	-1.2539***	-1.2539***	-1.2944***	-1.2944***
	(-3.25)	(-3.11)	(-4.05)	(-3.99)
Dual	-0.2681*	-0.2681*	-0.3461***	-0.3461***
	(-1.81)	(-1.88)	(-2.71)	(-2.84)
人均 *GDP*	0.2166	0.2166	0.7786	0.7786
	(0.20)	(0.17)	(0.83)	(0.71)
number	1.1323	1.1323	1.7984	1.7984
	(0.16)	(0.17)	(0.31)	(0.32)
Trade	-0.0003	-0.0003	-0.0003	-0.0003
	(-1.39)	(-1.20)	(-1.59)	(-1.32)
_cons	10.0980	10.0980	3.3498	3.3498
	(0.87)	(0.77)	(0.34)	(0.30)
Industry	Yes	Yes	Yes	Yes
Year	Yes	Yes	Yes	Yes
Add	Yes	Yes	Yes	Yes
r2_a	0.1883	0.1883	0.1845	0.1845
F	45.2682***	21.7727***	55.7485***	25.8586***
N	14310	14310	18145	18145

注：括号内为 t 统计量，* $p<0.1$，** $p<0.05$，*** $p<0.01$。

6.7　僵尸企业金融化之“溢出效应”：基于全要素生产率

已有研究指出，企业金融化会对全要素生产率的提升产生负面影响（杨筝，2019），僵尸企业的大量存在对要素资源的挤占，会增加正常企业的要素投入成本，这种资源配置的扭曲显然不利于全要素生产率的提高（张璇等，2019）。因此，有必要进一步检验在经济纵深转型尤其是实体经济趋冷的背景下，僵尸企业的金融化及其“溢出效应”如何影响全要素生产率（TFP）。为此，本章借鉴 Olley 和 Pakes（1992）的思路并参考鲁晓东和连玉君（2012）的方法，即首先采用 OLS 法拟合出全要素生产率（TFP）①，再将省份僵尸企业密度与金融化的交乘项（Fin_Zombie1）代入如下的模型（6-3）：

$$TFP_{irt} = \beta_0 + \beta_1 Fin\_Zombie1_{rt} + \beta_i Controls_{irt} + Year_t + Ind_j + \varepsilon_{irt} \tag{6-3}$$

由表 6-15 的回归结果可见，交乘项（*Fin_Zombie1*）的系数均显著为负，即僵尸企业的金融化及其“溢出效应”还会导致企业全要素生产率（*TFP*）的显著下滑，结果仍然符合本章预期。

表 6-15　僵尸企业金融化的经济后果：基于全要素生产率

变量	TFP (1)	TFP (2)	TFP (3)	TFP (4)
Fin_Zombie1	-0.0076**	-0.0076**	-0.0067**	-0.0067*
	(-2.46)	(-2.00)	(-2.32)	(-1.87)
Size	0.3571***	0.3571***	0.3752***	0.3752***
	(58.89)	(54.37)	(70.98)	(67.08)
Lev	0.1001**	0.1001**	-0.0207	-0.0207
	(2.23)	(2.04)	(-0.53)	(-0.48)
Growth	0.0529	0.0529*	0.0773**	0.0773**
	(1.64)	(1.65)	(2.53)	(2.56)
Gp	-0.3434***	-0.3434***	-0.3575***	-0.3575***
	(-9.92)	(-8.59)	(-11.24)	(-9.70)
Mgrowth	0.1364***	0.1364***	0.1470***	0.1470***
	(14.31)	(10.70)	(17.10)	(12.73)
As	0.0046*	0.0046*	0.0035	0.0035
	(1.82)	(1.87)	(1.44)	(1.44)
State	0.0132	0.0132	-0.0119	-0.0119
	(1.10)	(1.03)	(-1.11)	(-1.05)
Growthgdp	-0.0000	-0.0000	0.0001	0.0001
	(-0.05)	(-0.04)	(0.18)	(0.15)
Indirector	-0.2606**	-0.2606**	-0.1060	-0.1060
	(-2.41)	(-2.37)	(-1.12)	(-1.12)

① 其中，产出变量以营业收入取自然对数表示；劳动投入以员工人数的自然对数表示；资本投入以“购建固定资产、无形资产支付的现金除以总资产”表示；中间投入以“购买商品、接受劳务支付的现金除以总资产”表示。

续表

变量	TFP (1)	TFP (2)	TFP (3)	TFP (4)
Pay	63.8860***	63.8860***	80.6652***	80.6652***
	(6.85)	(6.21)	(9.15)	(8.37)
FA	-0.5183***	-0.5183***	-0.4659***	-0.4659***
	(-13.36)	(-12.82)	(-13.86)	(-13.19)
Board	-0.1785***	-0.1785***	-0.1295***	-0.1295***
	(-5.79)	(-5.50)	(-4.79)	(-4.53)
Dual	-0.0257**	-0.0257**	-0.0196*	-0.0196*
	(-2.17)	(-2.29)	(-1.81)	(-1.90)
人均 *GDP*	0.1744**	0.1744	0.1432*	0.1432
	(2.00)	(1.62)	(1.83)	(1.49)
number	-0.7353	-0.7353	-0.4254	-0.4254
	(-1.33)	(-1.22)	(-0.85)	(-0.80)
Trade	0.0000	0.0000	0.0000	0.0000
	(0.61)	(0.60)	(1.22)	(1.19)
_cons	-9.1214***	-9.1214***	-9.4297***	-9.4297***
	(-9.44)	(-7.68)	(-10.85)	(-8.93)
Industry	Yes	Yes	Yes	Yes
Year	Yes	Yes	Yes	Yes
Add	Yes	Yes	Yes	Yes
r2_a	0.4934	0.4934	0.5015	0.5015
F	186.7874***	194.2883***	244.3937***	262.5356***
N	14310	14310	18145	18145

注：括号内为 t 统计量，* $p<0.1$，** $p<0.05$，*** $p<0.01$。

6.8 本章结论及其启示

僵尸企业的长期存在及其金融化行为不只影响其自身，还具有显著的“负外部性效应”，即其可能会进一步加剧其他企业的“脱实向虚”，甚至还会对一国/地区的宏观经济结构及其效率造成显著负面影响。加快僵尸企业分类处置以及有效抑制企业“脱实向虚”已经成为新时期我国推进经济结构转型升级、提升资源配置效率的两个主要任务和关键抓手。本章聚焦僵尸企业是否更易金融化以及这种行为倾向是否还会加剧或诱致其他正常企业的金融化行为（即“溢出效应”）。本章的理论分析和实证研究表明：僵尸企业确实更易金融化，且其行为具有显著的“溢出效应”，即当省份内僵尸企业更多即其密度越大时，区域内的其他正常企业即非僵尸企业亦更倾向于金融化；机制分析显示，僵尸企业对非僵尸企业的溢出效应在融资约束越强、（要素/产品）市场竞争越激烈以及市场化程度越低时更为明显，说明僵尸企业是通过加剧要素资源挤占和市场竞争扭曲等渠道进而加剧了其他正常企业的金融化行为，**并进一步导致企业全要素生产率（TFP）的显著下滑**。

考虑到我国僵尸企业的特征、成因及其制度渊源，将其与实体企业的“脱实向虚”即过度金融化现象相关联，切合现实背景，因应政策趋势，故而本章的研究结论对于厘清僵尸企业治理/处置方向、促进要素资源优化配置以及优化市场竞争格局等方面均具有鲜明的决策参考价值。僵尸企业背后的“政—银—企关系”是其得以长期存在以及其金融化倾向的深层制度渊源。僵尸企业及其金融化行为引发的“**竞争模仿**”正在扭曲要素市场（SM）及产品市场（PM）的竞争格局，正在加剧从要素资源到产品服务、从生产模式到经营方式等方面的同质化竞争，进而使得（要素/产品）市场的竞争更加无序和低效，而这种无序/低效的市场竞争——往往是更为剧烈，既是上述“溢出效应”的结果体现，同时也是其制度渊源。**因此，**僵尸企业的治理或处置对于促进我国经济结构转型、提高资源配置效率等至关重要，而本章的结论为此提供了基于企业金融化视角的政策启示。

首先，是切实采取措施有效落实国家提出的“要加快分类处置僵尸企业”的方针举措，通过科学识别、多措并举（并购重组、监督预警、破产清算等）的市场化手段有序推进僵尸企业分类处置；同时，以抑制过度金融化为抓手，通过“断血”倒逼那些低质量的僵尸企业优先进入分类处置程序。

其次，是持续推进国有经济及金融体系的市场化改革，推进国企改革及其有效治理，逐步改变“政府主导要素资源配置、国企主导行业竞争格局”的计划思维范式和政策倾斜“基本面”，通过金融体系市场化改革带动融资投向的“实体优先”以及国企治理尤其是国有僵尸企业处置的“以身作则”，正向引导其他企业“脱虚向实”，切实提升使要素资源的配置效率。

最后，是立足国情持续全面推进各地区市场化进程，推动区域均衡发展，以抑制企业“脱实向虚”、推进国企混改等契机为突破口，切实约束政府在促进资源更高效配置方面的“先天性”能力短板或不当作用，让市场真正“在资源配置中起决定性作用”；切实引导和激励民资参与改革进程，从政企关系层面着手优化政府职能，从企业治理角度助推国家治理体系及治理能力的现代化。

下　篇

研究结论、启示及其他

本书整体采用“总-分框架、理-实布局”，即首先梳理阐述研究问题及其思理逻辑，然后区分命题予以实证分析及检验。本书略分**三篇八章**，这里的**下篇聚焦**“研究结论、启示及其他”，旨在系统梳理和呈现本研究的主要结论与政策启示，并就与本研究主题相关的未竟问题以及质疑或争议等予以回应和拓展。

本书下篇具体包含两章，其中：

第7章为“研究结论与政策启示”，即依序交代研究问题及其背景、研究目标及其关键、研究内容及其结构、研究方法及其说明、研究贡献及其差异等五节内容；

第8章为“结语：由惯性认知到有证之论”，旨在客观呈现本研究在立项评审、论文写作、学术交流以及投稿评审过程中面临的一些主要的质疑或争议，并予以**回应和挖掘**，以利研讨与展望。

第7章　研究结论与政策启示

充分的市场竞争是企业健康发展的环境保障，也被认为是改革开放初期中国民营经济和广大民企得以繁荣振兴的一个基础和背景。**创新是推动企业成长乃至经济社会发展的根本动力**。民营经济已经成长为支撑中国经济持续稳定增长的重要力量，同时也是技术创新的主力军，对于推进新时期创新驱动经济社会转型进程举足轻重。企业经营行为/模式的变迁内生于其所在的行业竞争环境及其制度背景，而**经济主体的行为选择在决定其绩效的同时也会"重塑"其所在行业竞争格局**。在政府依然是资源配置的主导性力量、国企依然享受诸多管制性便利的新兴/转轨背景下，广大民企在"事前的"要素资源获取以及"事后的"市场竞争参与等方面仍然面临着诸多的劣势甚或"歧视"，在"资源－贡献"或"效率－待遇"匹配方面仍然存在明显的错配或失配，仍然无法与国企进行公平的竞争。在此背景下，受到利益驱使或诱导的**"竞争模仿"行为**广泛而长期地存在于竞争激烈的企业或行业之间，而为了生存与发展，这种"竞争模仿"行为在广大民企之中就更为普遍。本研究将这种现象界定为民企的"竞争性模仿"，其描述性统计显示，我国民企的"竞争性模仿"行为普遍存在甚至呈现出显著增加的趋势（见图3－1）。

本研究关注特定制度背景下中国诸多民营企业的经营行为嬗变及其经济后果或效率损失，以**借此警示**理论及实务界**必须充分正视"路径依赖"之下**我国诸多民企已然面临的"增长困境"及其自身的**治理转型问题**，以**借此提请**国家及地方政策制定机构**应当更加重视**通过推动国企深化改革及其有效治理进而促生的"正外部效应"，以**有效引导**诸多民企回归创新驱动高质量发展的市场化竞争正轨，以最终夯实和形成中国经济整体高质量发展的"**增长之基**"及其"**国－民合力**"。**本章旨在**梳理凝练——基于理论分析以及实证检验各章之结论——本书的主要研究结论及其启示，并就与此研究命题相关的一些"**争议或未竟问题**"——如行为内涵之界定、效率损失之评估及其**校正/治理逻辑**等——予以**客观的呈现和针对性反思**。

7.1 主要研究结论

本研究基于市场结构、寻租竞争以及资源依赖等**多元理论**，从“事前的”要素/资源获取以及“事后的”的市场竞争参与这**两大维度**及其内涵分类，首先对我国特定制度背景之下的显著“国/民”差异（贡献－效率等）、民企经营行为嬗变与效率变迁以及其现实成因或制度渊源等进行**理论透视**、背景综观和**描述研究**（现状、表征及其后果），然后基于我国沪深A股民营上市公司等**差异化样本**，围绕和聚焦民企的投资效率、创新水平、金融化依赖以及僵尸企业治理（拓展）等**四大具体落点**进行描述性统计与实证检验。本研究主要得出如下**基本结论**：

（1）诸多民企的“竞争性模仿”（CI）是背离创新驱动之市场化竞争正轨的低效甚至无效行为，会加剧市场的无序竞争，本研究基于“两大维度”的理论透视以及描述研究，为此提供了逻辑证据或理论依据。

本书第2章立足研究问题及其制度背景之综观，基于要素资源禀赋（事前）和市场竞争参与（事后）两大维度，从行为表征、经济后果、制度渊源以及趋势导向等四个层面，对民企行为嬗变的经济内涵予以“全环节”透视及理论解析，为整合厘清本研究的基本逻辑及其总体框架奠定基础。本研究**强调指出：民企的“竞争性模仿”**与国有企业改革、政府职能转变的进程及其治理效果**密切关联，而其有效治理亦须诉诸这两大层面**——国企的改革进程实与民企的发展转型**相互推动**（见图2－3、图2－4、图2－5以及图2－6）；考虑到民营经济的主体地位，诸多民企的这种**背离市场竞争正轨**的低效模仿无疑会加剧市场的**无序竞争**，并会“**迟滞**”国企改革及其有效治理、政府职能及其有效转变以及创新驱动高质量发展的市场化进程——**因此**，认真审视民企经营行为嬗变及其效率变迁至少应与国企治理**同等重要**。

（2）企业主要通过投资和融资行为参与市场竞争，而投资行为主要取决于企业的融资能力。诸多民企的“竞争性模仿”在（短期）缓解其融资约束的同时可能加剧低效投资进而损害民企的投资效率，本研究从投资效率损失的视角为此提供了经验证据。

不断优化企业微观层面乃至中宏观层面的投资结构，是深化改革时期推动高质量竞争以及经济增长方式转型的主要内容。现实中的企业普遍具有扩张冲动，而那些更易获得更多融资尤其是长期贷款的企业往往拥有更多的投资机会。相对于一般民企，那些“竞争性模仿”民企因为获得了政府管制性便利，故而拥有更强的融资能力以及更好的融资预期，故势必也如同国企一样更容易发生低效投资行为。本书第3章结合我国特定制度环境并基于沪深A股民营上市公司样本考察民企“竞争性模仿”是否以及如何影响其投资效率的实证**研究发现**，“竞争性模仿”确实会损害民企的投资效率，而这种损害正是通过加剧产品市场的无序竞争而造成的；进一步研究发现，这种负面影响在政府干预程度更高的地区会更为严重。

（3）创新投入是高风险的投资活动，民企的“竞争性模仿”即为获得政府及银行

的青睐而耗费的高昂交易成本，势必会对其创新活动形成显著的冲击或挤占，并最终引发“创新惰性”问题，本研究从创新效率的视角为此提供了经验证据。

创新是推动企业乃至国民经济发展的根本动力。由第4章的理论分析，诸多民企的这种“适应性选择”虽能为其带来一些“短期利好”，但也面临着日益加剧的环境不确定性；更值得注意的是，民企模仿带来的短期利好以及其疲于应付政企、银企等复杂政商及社会网络关系的高昂交易成本，还会对民企的投资效率及其创新驱动力形成潜在而强有力的**冲击或“挤占”**，进而造成更大的效率损失。创新虽然多始于模仿，但模仿的蔓延却并不一定带来同样的高效率，在更多时候乃至更大样本上，类似寻租等“争宠式竞争”的简单模仿都是低效的（Krueger，1974），这就会引发**“创新惰性”问题**。因此，**这种背离**创新驱动高质量发展之市场化正轨的**低效竞争行为**，很可能损害企业的创新。本书第4章基于沪深A股**制造业**民营上市公司样本的实证研究发现：民企“竞争性模仿”显著抑制企业创新，而代理成本加剧和投资效率降低是这种抑制效应的**两个主要渠道**；异质性分析表明，更为剧烈的市场竞争、更小的企业规模以及更差的信息环境是加剧这种抑制效应的重要环境因素；民企的“竞争性模仿”最终会损害企业的创新效率。

（4）资源配置的政府主导以及国企享受的管制性便利会诱致民企的“竞争性模仿”，而处于弱产权地位的民企在要素资源本就受限的情况下，势必更倾向于选择回报更高且快的金融化投资，故民企的“竞争性模仿”很可能加剧其金融化依赖，本研究从金融化投资的视角为此提供了经验证据。

有效防范和“守住系统性金融风险底线”是新时期国家深化国企改革、重振实体经济和推进经济高质量发展的重要战略举措。本书第5章的理论分析及描述研究表明：在市场竞争日益激烈、制度红利逐渐消退以及经营成本不断上升、实体经济利润空间压缩的大背景下，处于弱产权地位的民企，势必更倾向于选择回报更高且快的金融化投资；而中国民企的金融化依赖确实也在加剧（见图5-4与图5-5），这导致民企的创新发展基础被不断挤占，并成为制约我国国民经济发展及其转型的**最主要原因**。可见，在深化市场化改革以及推动经济高质量发展的转型进程中，我国民企自身竞争及治理模式的“转型升级”至关重要。本书第5章基于沪深A股民营上市公司样本的实证研究表明：民企“竞争性模仿”确实会加剧其金融化依赖，而缓解融资约束、挤占实业投资是其**主要作用渠道**；区域金融发展水平会强化这种加剧效应，而宏观经济政策不确定性以及政府实施的外部金融监管的强力冲击则有助于抑制这种负面效应——可见，民企“竞争性模仿”下的金融化选择**“适时”兼具**了投机套利动机（加剧效应）和预防性动机（缓解效应）；“竞争性模仿”下的金融化依赖最终会损害民企的效率。

（5）僵尸企业是自身经济效益低下、已濒临破产而无力应对正常市场竞争，却仍然能够获得政府和银行“输血”的低效甚至无效企业，是特定制度背景下的一种特殊企业形态，虽多与国企相关联，但民企的简单模仿或路径依赖亦势必会临此窘境。本研究从僵尸企业是否更易金融化的拓展性视角，为此提供了相关证据。

加快僵尸企业分类处置和有效抑制企业“**脱实向虚**”是新时期我国推进经济结构转型升级、提升资源配置效率的**主要任务和关键抓手**，也是深化国企改革及其有效治理的重要方面。僵尸企业何以“僵而不死”，其背后有着深刻而现实的制度渊源。**延续本书第5章，第6章**进一步关注僵尸企业是否更易金融化以及其是否会**加剧或诱致**其他正常企业的金融化行为，**为深化国企改革进而引导重视民企自身之“治理转型”命题提供拓展性证据及风险警示**。实证**研究发现**：僵尸企业确实更易金融化，且具有显著的“**溢出效应**”，即当省份内僵尸企业密度越大时，区域内的非僵尸企业亦更倾向于金融化，而融资约束越强、市场竞争越激烈以及市场化程度越低时这种溢出效应就越显著，表明僵尸企业通过加剧要素资源挤占和市场竞争扭曲等渠道**进而加剧了其他**正常企业的金融化行为，并最终损害了全要素生产率（TFP）。

本书基于投资效率、创新绩效、金融化依赖以及僵尸企业处置等视角或具体落点的实证分析，因应主题，适时采用了异质性分析以及 DID、PSM - DID 等多种方法，多维缓解了其可能存在的潜在内生性等问题，以系统验证和支撑其结论的稳健性及可靠性。

7.2 主要政策启示

围绕本书的核心研究关切，并结合上节对于理论分析与实证检验各章之研究结果及其结论的梳理凝练，沿着现代实证研究之“**结果 - 结论 - 启示**”的序贯升华范式，这里总结和呈现本书研究的主要政策启示。本研究基于要素资源禀赋（事前）和市场竞争参与（事中 - 事后）的“全环节”视角，**聚焦关注**我国诸多民企的经营行为嬗变——与国企相雷同——及其引致的可能更大的效率损失问题。为此，本研究依次聚焦投资效率、创新绩效、金融化依赖以及僵尸企业处置等**四个视角或具体落点**，以实证考察和**拓展验证**民企的“竞争性模仿”（CI）在带来短期“利好”的同时，是否会最终会对民企的投资效率、创新投入形成长期损害以及是否会加剧民企的金融化依赖等。本研究对于认识和矫正我国诸多民企的经营取向嬗变及其经济后果或长期损害、最终实现**关联推动**“国 - 民经济”整体高质量发展等具有**重要的理论价值和政策启示/警示意义**。概括本研究的**差异化贡献及其政策启示**，主要体现在如下**两大方面**：

其一，本研究的理论分析为纵深认识和考察民企的经营行为嬗变即其“竞争性模仿”取向构建了逻辑框架，这为提请重视新时期须通过持续推进国企改革、不断优化政企关系进而推动民企自身的治理转型、进而形成创新驱动高质量发展的“国 - 民合力”、进而夯实国民经济整体发展的“创新之基”等奠定为了逻辑基础。

有别于现有重点强调或单边聚焦国企低效或民企歧视的相关研究，本研究将民企的“增长困境”及其行为嬗变与国企的深化改革及其有效治理“**相关联**”的系统性研究，**有助于“反向”强化**——相对于对民企高效或贡献的单边强调——理论及实务界对于民企经营行为嬗变及其引致的更大——长期、全面或整体的——效率损失的纵深认知；**有助于**纵深认识并厘清推动国企改革及其有效治理的"**双重效应**"——提升国企自身效率+示范引导民企回归市场化竞争正轨（即其正外部效应）；**有助于**纵深认识并推进国企混合所有制改革以及对于"逆混改"等新现象或新问题的**政治经济（学）实质**。**这集中体现在**本书的第1章绪论、第2章的理论分析与逻辑概观以及因应实证各章差异化视角的理论分析与制度背景之综观部分。

其二，本研究依次基于投资效率、创新绩效、金融化依赖以及僵尸企业处置等四个视角或具体落点的实证分析结论，均具有鲜明的政策启示。这具体体现在：

（1）投资行为是验证企业价值实现水平、资源配置能力以及经营决策之适当性的**最直接路径**，本研究首先验证了民企的"竞争性模仿"会损害其投资效率，这为中国诸多民企的"竞争性模仿"取向及其效率损失提供了**最直接的经验证据和"风险警示"**。

（2）创新是推动企业乃至国民经济发展的根本动力，本研究基于创新效率视角的进一步——在投资效率损失基础上——提供了民企"竞争性模仿"取向会引致**更大效率损失**的经验证据，这对于新时期持续推进国企改革、不断优化政企关系以及推动**民企自身的治理转型**进而形成创新驱动高质量发展的"**国-民合力**"、夯实国民经济整体发展的"**创新之基**"等具有鲜明的理论及政策参考价值。

（3）防范和"守住系统性金融风险底线"、重整实体经济是新时期国家深化改革和推动高质量发展的重要战略举措，本研究聚焦民企"竞争性模仿"是否加剧金融化依赖的实证结论对于引导聚焦民企行为转向及其对国民经济整体发展的"**增长之基**"（即国民合力+创新驱动）的系统性影响、引导推进民企自身治理转型与国企改革的"**有机联动**"以及防范系统性金融风险、抑制脱实向虚等均具有重要意义。

（4）延续金融化依赖视角的分析并因应国企及民企的经营状态可知，企业的金融化选择甚或其依赖行为，实与企业在其市场竞争格局中的市场势力、竞争地位等"实力状态"密切相关。因此，本研究基于僵尸企业是否更易金融化视角的检验，实属于与"国/民"差异及其结果紧密相关的一个**"拓展性"研究**——僵尸企业既可能是企业行为嬗变的结果，也可能是其原因或背景，故其处置或治理与民企的"竞争性模仿"及其制度渊源、经济后果以及其**治理转型**等无疑紧密而**战略攸关**。

因此——正如第2章的理论概观所指出的，在全面深化改革的新时期，除须进一步推进国企改革、优化政企关系外，还须特别关注诸多民企的经营取向及其效率变迁，尤其是**还须特别关注**民企群体自身的**治理转型**或其"**内涵式革新**"问题[①]，**须特别重视**国企的改革进程及其治理效果对于广大民企行为的**示范引导效应**，即要通过持续推动国企改革及其有效治理进而促生的"**正外部效应**"**引导和推动**更多民企回归到创新驱

① 必须再次强调：不能只拘泥于股权结构界定的企业性质之表层，正如国企本无垄断或低效之"原罪"一样，民企也"不等同于"市场化和效率。政府支持或其政策资源是企业发展的必要依赖，充分的市场竞争与适度的政府监管的"动态的中道平衡"，是与一国/地区的特定制度背景及其发展阶段相适应的，故民企的贡献也不只是其自我创新效率的提升，而国企的社会性负担也在"减损"其价值或效率。

动高质量发展的市场竞争正轨，**夯实和形成**民企适应转型的“**治理新动力**”及“**改革新常态**”；进而使得对于显著“国/民”差异的消除和治理，能够彰显出因应市场规律的“**正向引导**”（国企对于民企）以及“**反向催迫**”（民企对于国企）效应。这符合市场经济公平竞争、提质增效的本旨，**也是**新时期中央**何以坚持**推动国企改革及治理、不断优化法治及政商环境、重振中国民营经济的现实动因及背景。

第8章 结语：由惯性认知到有证之论

【本章提要】

作为全书之结语，本章旨在客观呈现本研究在立项评审、论文写作、学术交流以及投稿评审等相关过程中面临的一些主要的质疑、争议甚或否定。围绕这些质疑及讨论，本章旨在通过梳理和展示，再次阐明和挖掘本研究主题之内涵及其外延，并予以可行之展望。可见，“有证之论”亦未必能矫正偏执，而“惯性之思”却似乎可以“以理服人”。实证结果即使再过精致，也难以避免实证检验之“尴尬”甚或“技术中心主义”之狭隘，而基于逻辑的理论推演以及基于综观的描述研究，实有助于校正此类流弊。故本研究之“**功力或价值**”或更多体现在制度背景之综观与思理逻辑之推演。

从惯性认知到有证之论，再由有证之论到理性认知——未必是答案，概括其重要却在于借此或能引发纵深及拓展之反思，而此正是学术研究之“鹄的”。受限于理论修养以及验证技术之局限，本书呈现的理性之思及其有证之论，未必堪称“一家之言”，但必有其“言之成理”处。故**本书将结语独立为一章**，实为呈现“问题忽视”之普遍，实为强调“问题争议”之攸关，实为展示“问题研讨”之公正。

8.1 争议之聚焦：惯性认知 or 有证之论？

本研究自项目申报伊始，即面临诸多争议，而这些质疑尤其是鼓励，也正是支撑本研究前行之可贵力量。这些质疑或争议，是源于“惯性认知”？还是基于“有证之论”？——均须通过可靠的研究来予以印证。回顾本研究在多次申报评审、阶段成果交流、相关论文投稿等历程中的诸多“磨难”，主要可以概括为如下**三个方面**：

（1）缺乏理论基础。即认为没有合适而有力的理论基础或者范式支撑民企“竞争性模仿”的界定，认为（新）制度经济学、政治经济学或（新）产业组织理论以及寻租竞争等理论，不足以说明或认定民企与国企的这种“雷同或相似”的行为选择就是模仿。

本研究虽然首先作了一个界定，但却认为这个界定本身其实并不重要。实际上，针对某种变化或加剧的现象或问题的理论分析及其逻辑延展，都必须有一个起点或聚焦，如此才能将其作为研究思路之“点－线－面－架构”序贯延展的可行基础。

实际上，本研究的主要目的并不是确认或验证民企的行为是否是模仿，而是提请决策层关注**民企自身行为的路径依赖及其治理转型的滞后问题**。对此问题，理论及实务界普遍认为这是体制约束以及国企占优导致的，亦**普遍流于单边关注**国企的垄断或低效与民企的歧视或不公（如学界所谓2008年以来明显的“国进民退”……），但却“**极大地漠视甚或忽视**”了民企自身的问题也已日趋严重。**实际上**，自改革开放以来，中国民企的政策性依赖已经是太久了，**却竟不自知也多为学界所漠视**[①]——而如今民企面临的增长瓶颈问题正是这种路径依赖的后果。得益于体制优势，国企的做大做强自无可厚非，但夯实国民经济的“**增长之基**”——民营经济振兴与创新驱动合力——**却更其重要**；也因此，在深化改革的进程中，国企改革的**抓手效应、信号引导及其示范效应**尤其重要。

（2）**缺乏事实基础**。即认为诸多民企的这种行为选择根本不是“模仿”，或者根本就不能界定为“模仿”；或者认为界不界定是否模仿根本不重要、不是问题研究的重点或关键，认为现实中的民企行为参照一切只是依据利益格局及其变化，无所谓“模仿”与否；认为国企和民企均无天然的金融化倾向，民企建立关系可能是有动机进入金融行业而非金融化，核心解释应该是基于“关系”角度进行考察。等等。

这其实仍然是第一个问题的延续。**实际上**，本研究并不是为了单纯去验证民企的模仿动机，而是对这种国民相似或雷同的“**关系型依赖**”路径及其行为变迁的现状进行描述[②]，进而去分析和验证其可能引致的**更大效率损失**——考虑到民营经济的比重及其优势；而以创新绩效以及金融化选择——包括金融化依赖以及僵尸企业章——为一考察视角或具体落点，则是旨在更可信地验证这种路径的严重经济后果或效率损失，毕竟金融化的回报更高且更快，（在困境或危机时）也更容易成为弱产权地位民企的优先选择，而创新驱动才是支撑企业可持续发展的真正动力。

因此，本研究的界定似乎很容易产生争议，但实际上，理论及实务界却**也不容易否定或断定**这种相似的“关系型依赖”就不是模仿，故似**不必过度纠结于**“是否是模仿”这个概念——毕竟“相似不一定就是模仿”。但须知道，**模仿的本质其实是学习**，

---

① 已有学者指出，中国“渐进式改革”的成功主要得益于实现了所谓的“增长衔接”（张杰，1999），即集体经济依赖“模糊产权”结构和地方政府的金融支持弥补了国家通过价格双轨、金融补贴及强有力的金融控制下国有经济的产出下降，而民营经济在20世纪90年代的迅速崛起又很好弥补了集体经济暴露出的“模糊产权”的局限性和过渡性而出现的停滞。可见，民营经济的崛起除得益于民企自身的勇于开拓、积极创新精神外，也更多得益于改革开放之时代背景下各级政府的积极支持，实是一系列制度的创新变革与良性变迁的结果（陈林和朱卫平，2011；吴昊旻，2018）。

② 这种雷同已近普遍且呈现出显著增加的趋势，若再考虑到新时期国家关于“重振民营经济、推动国企改革”等纵深背景，诸多民企的这种行为取向及其变迁就更见其渊源或“特殊”，故国民“双管齐下”，适时推动民企自身的治理转型问题就殊为关键。

故寻租经济学理论所指出的“寻租往往是高度竞争的”结论，其实不仅是对现实中的“模仿之传染效应”的可信描述，也是符合市场竞争逻辑的**可信界断**。**实际上**，基于组织行为学、社会心理学等交叉学科知识的“**组织间学习**”（**Organizational Learning**）或“**组织间模仿**”**理论**（**Organizational Imitation Theory**，**Firms Imitate Each Other**）也可为此提供证据（Tarde，1903；Lieberman 和 Asaba，2006；陈仕华和卢昌崇，2013）[①]。

社会心理学家 Tarde（1903）提出的“模仿三定律”构成了现代组织间模仿理论的重要基础。**组织间模仿其实是一种极为普遍的组织行为方式**，在新产品或新技术的采用、新的管理方法或组织结构的导入以及新市场的进入或投资时机的选择等方面，都存在着组织间相互模仿的现象，而决策环境的不确定性是导致模仿发生的主要动因（Lieberman 和 Asaba，2006）。经济学中的“羊群效应”、“从众行为”、“路径依赖”以及政治关联等“关系型依赖”（Chang，等，1997；Fan 等，2007；Jiang 等，2021）、社会制度学派的“制度同构”（Dimaggio 和 Powell，2006）、社会网络学派的“网络嵌入”（Granovetter，1985）、管理学中组织学习理论的创新成本与风险分担（Levitt 和 March，1988）以及战略选择学派的“后动优势”（Lieberman 和 Montgomery，1998）等，都涉及组织间模仿的问题。这些差异化的理论视角均集中关注和**解答如下三大问题**：为何要模仿（动因）、有哪些模仿渠道（信息渠道）以及如何进行模仿（行为方式）。

可见，在差异化体制以及国企占优背景下处于弱势地位的诸多民企采取的与国企相似或雷同经营行为的现象，界定为“竞争性模仿”当是合适的，**也足以成为**提请决策层适时关注民企行为嬗变及其效率损失与自身治理转型重大问题的一个**逻辑起点**。

(3) 不必独立分析。即认为大可以沿着国企的套路考察民企绩效及其治理问题，似没有必要单独提出新概念、构建新框架，国企、民企各自开展研究即可；认为民企建立政企关系是为获得资源或保护，其本质不是模仿国企——这在本质上是两码事。等等。

实际上，这正是本研究强调和凸显民企行为属于“竞争性模仿”并提请决策层重视民企的这种行为嬗变或会引致更大的效率损失的原因所在。**既然如此，本研究认为，若不以“独立”的现象界定**（概念）、**若不以差异化反思的框架构建**（视角）、**若不以**关联宏微观效率损失的后果警示（代价），去**独立关注**民企的行为嬗变及其效率损失与治理转型问题，则**不足以凸显**民企行为嬗变影响之重要性及其战略攸关，**不足以矫正甚或撼动**理论及实务界对于民企自身治理转型问题之漠视甚或忽视[②]。**可以说**，仅仅以

---

① 陈仕华和卢昌崇（2013）从企业间网络关系视角基于组织间模仿理论关注企业间高管联结与并购溢价决策的实证研究就验证了并购溢价决策的企业间影响的存在性。

② 在新的历史时期，民企问题已然更显战略攸关。张文魁（2021）基于“我国企业发展政策的历史逻辑与未来取向”研究指出：从经济增长原理和经济发展历史来看，企业发展政策重于宏观政策和产业政策，当今时代尤其如此。改革开放以来，搞活国企一度是企业发展政策的主题，但随着时间推移，促进非国有企业发展政策的重要性日益凸显；从时代趋势来看，我国企业发展政策的未来取向将是如何维护企业间，主要是不同所有制企业之间以及内外资企业之间的公平竞争；应赋予反垄断、反不公平竞争有关规定以可诉性，加强法庭建设，提高接诉和审理能力，非常有助于新的企业发展政策的实施。

“参照式”的国企套路考察民企行为及其绩效变迁的研究范式终于难免“隔靴搔痒”，而忽视民企自身治理转型问题而妄谈国民经济整体高质量发展的**单边主义观点**，其实正是“**惯性之思**”的典型反映，也是对于夯实国民经济“**增长之基**”——**民营经济振兴与创新驱动合力**——的“**空洞见解**”。

正是在这些判断和认知的基础上，本研究基于市场结构、资源依赖、寻租竞争以及组织间模仿等理论的多元启示，大体构架了如下的“双向因果链”或逻辑分析框架（详见首章绪论以及第2章理论概观部分的逻辑图2–3至图2–6），即：

【逻辑链条–1】：一条“实然链”（差别–差距–模仿–治理）

时代背景的变迁（政策红利–民企兴盛–深化改革–创新驱动–民企增长瓶颈……）——**民企的增长困境**（路径依赖–融资约束–绩效走低–创新受阻……）——**反向的自给模仿**（对比学习–舍难求易–简单模仿–低质竞争……）——**显著的“质–量失衡”**（贡献率降低–空心化加剧–大不强–小死亡–逆混改–类国企化……）——**更大的效率损失**（投资不足–创新惰性–金融依赖–脱实向虚……）——**深化体制机制改革**（市场机制–治理环境–营商环境–竞争质量……）——**国企改革引导**（改革重心–核心抓手–有效治理–示范效应……）——**民企主动转型**（困境认知–转变依赖–优化治理–强化创新……）——**国企民企协同合力**（路径多元–优势互补–合力协同–创新效率……）——**共撑高质量发展**（创新驱动–整体发展–国民合力–增长之基……）

【逻辑链条–2】：一条“应然链”（公平竞争–治理转型–国民合力）

……**国企改革及其有效治理**——**国企绩效提升**（直接效应）——**引导民企转型**（间接效应/正外部效应）——路径依赖弱化——强化创新驱动——缓解增长困境——**民企转型及其有效治理**……

这两大逻辑链条，实是基于“国–民对比”（差别–效率–路径），而其改革及治理**导向趋一，首尾呼应、虚实双向、由微而宏**，链条环节辅显作用机理、思理设计映射改革路径，看似“参照”国企套路，实则是突破“**单边主义**”思维局限的**系统性、综观式考量**。

8.2 研究之展望：求证逻辑与技术实现

本研究聚焦的问题，属于战略攸关的重大系统性问题，故其见解仅限“一家之言”，而其未来展望可期。这里从进一步求证之逻辑起点及其技术实现等方面对此予以设想。

（1）求证之逻辑起点。核心即是民企“竞争性模仿”取向之界定及其影响，这是**独立而重点**关注民企效率损失及其治理转型问题的**逻辑起点**。对此，本研究是从“结果”（表现或方式之界定）以及“过程”（经济后果及其影响等）的动态、双向的综合视角去考察我国诸多民企的经营行为之变迁及其效率影响——**区别于**现有的单边聚焦

“结果”（如民企国有化、“国－民融合”等）的相关研究。随着混合所有制改革的深入推进及其导向变迁以及“逆混改”等新现象、新问题的出现及其实际应对，民企经营行为嬗变的内涵亦必将日益复杂或者更趋于明朗，这就需要采用更为科学的界定以及度量方式对其予以综合考量，构建民企“竞争性模仿”指数（CII）或许是一个可行的尝试。

值得说明的是，对于民企经营行为之变迁及其影响的考察，因其体量、性质及渊源，故其关涉因素势必复杂、全面而又系统牵连，故须综合背景维度（现有制度及其导向）、关联维度（与国企改革及治理相关联）、理论维度（如内涵之界定）、技术维度（如科学之度量）、系统维度（涉及微观及宏观）以及后果维度（影响创新驱动及高质量发展）等**予以**多维度、多层面、多向度、多视角的**动态综观性考量——也因此，关于民企行为变迁及其效率影响的问题，是值得科学延展并纵深关注的研究命题**。

（2）技术路径之实现。**核心在于基于逻辑的量化测度**。虽然基于多维度量，但本研究关于民企“竞争性模仿”行为或其表现形式的“**三维界定**”仍显粗疏，如政治关联与寻租该如何准确区分、民企的“类国企化”与混合所有制的“法定认可”的关系等，均尚待优化；显性的政治关联较易界定和度量，而隐性的寻租竞争行为等则因其隐秘、多样而很难获取信息并予以准确的度量，故其科学量化始终至关重要。还有一些存在**内生性纠缠**的问题，例如，政府管制是否会加剧民企的“竞争性模仿”、国企改革及其有效治理与民企经营取向及其效率变迁之间的“对应关系”是否明晰而可靠（因果 or 相关）、国企垄断与民企的“竞争性模仿”如何损害了竞争效率（即传导路径检验）以及作为最重要的市场经济主体或企业发展最重要的利益相关者之一，政府在推动国企改革及其治理进而引导民企健康发展的过程中如何保持**角色或功能的适度**[①]？等等，均需进一步夯实验证；而对于国企的垄断与做大是否会“双向加剧”市场的低效竞争与低效垄断即导致所谓的“双低并存”，也需要结合新的背景提出更为直接而扎实的证据。

---

① 实际上，无论中外，政企关系是最重要、最常见或最基本的市场主体关系。因此，一个健康持续的市场经济不能也无法排除政府功能的发挥，即应当是“有效市场－有为政府”或者“规制－法治”的有机结合或科学平衡。这也是“新规制经济学”等现代经济前沿理论的启示。

参考文献

［1］白让让．竞争驱动、政策干预与产能扩张：兼论“潮涌现象”的微观机制［J］．经济研究，2016（11）：56－69.

［2］白重恩，路江涌，陶志刚．国有企业改制效果的实证研究［J］．经济研究，2006（8）：4－13，69.

［3］白重恩，路江涌，陶志刚．中国私营企业银行贷款的经验研究［J］．经济学（季刊），2005（2）：605－622.

［4］步丹璐，刘静．政策性负担与民营企业行为——基于三一重工变更注册地的案例研究［J］．财经研究，2017（05）：65－75，144.

［5］蔡昉、王德文、王美艳．渐进式改革进程中的地区专业化趋势，经济研究，2002（9）：24－30.

［6］蔡卫星，赵峰，曾诚．政治关系、地区经济增长与企业投资行为［J］．金融研究，2011（4）：100－112.

［7］曾庆生，陈信元．国家控股、超额雇员与劳动力成本［J］．经济研究，2006（5）：74－86.

［8］陈富良．自然垄断行业：效率来自民营化还是来自竞争［J］．当代财经，2000（4）：52－56.

［9］陈林，朱卫平．创新、市场结构与行政进入壁垒——基于中国工业企业数据的熊彼特假说实证检验［J］．经济学（季刊），2011（2）：653－674.

［10］陈林，朱卫平．经济国有化与行政垄断制度的发展：基于制度变迁理论的经济史研究［J］．财经研究，2012（3）：49－58.

［11］陈冉，黄送钦，干胜道．政府补贴、地方经济波动与实体企业金融化［J］．重庆大学学报（社会科学版），2020（5）：14－29.

［12］陈晓珊．政府补助与民营企业社会责任［J］．财贸研究，2021（1）：83－95.

［13］陈钊，陆铭，何俊志．权势与企业家参政议政［J］．世界经济，2008（6）：39－49.

［14］戴魁早，刘友金．要素市场扭曲与创新效率——对中国高技术产业发展的经

验分析［J］．经济研究，2016（7）：72－86.

［15］戴泽伟，潘松剑．僵尸企业的“病毒”会传染吗？——基于财务信息透明度的证据［J］．财经研究，2018，44（12）：138－150.

［16］邓超，张梅，唐莹．中国非金融企业金融化的影响因素分析［J］．财经理论与实践，2017，38（2）：2－8.

［17］邓建平，曾勇．政治关联能改善民营企业的经营绩效吗［J］．中国工业经济，2009（2）：98－108.

［18］邓可斌，曾海舰．中国企业的融资约束：特征现象与成因检验［J］．经济研究，2014（2）：47－60，140.

［19］邓可斌，丁重．多元化战略与资本结构之间关系探析［J］．管理学报，2010（7）：1075－1084.

［20］杜兴强，曾泉，杜颖洁．政治联系、过度投资与公司价值——基于国有上市公司的经验证据［J］．金融研究，2011（8）：93－110.

［21］杜兴强，曾泉，杜颖洁．政治联系、过度投资与公司价值——基于国有上市公司的经验证据［J］．金融研究，2011（8）：93－110.

［22］杜勇，张欢，陈建英．金融化对实体企业未来主业发展的影响：促进还是抑制［J］．中国工业经济，2017（12）：113－131.

［23］杜勇，陈建英．政治关联、慈善捐赠与政府补助——来自中国亏损上市公司的经验证据［J］．财经研究，2016（5）：4－14.

［24］杜勇，谢瑾，陈建英．CEO 金融背景与实体企业金融化［J］．中国工业经济，2019（5）：136－154.

［25］樊纲．论体制转轨的动态过程：非国有部门的成长与国有部门的改革［J］．经济研究，2000（1）：11－21，61－79.

［26］方军雄．所有制、制度环境与信贷资金配置［J］．经济研究，2007（12）：82－92.

［27］方军雄．民营上市公司，真的面临银行贷款歧视吗［J］．管理世界，2010（11）：123－131.

［28］方军雄．市场化进程与资本配置效率的改善［J］．经济研究，2006（5）：50－61.

［29］干胜道，贺易，肖亮．非金融企业金融化水平受管理者影响吗？——基于过度自信的视角［J］．当代经济管理，2018，40（2）：11－16.

［30］高鸿业．私有制、科斯定理和产权明晰化［J］．当代思潮，1994（5）：10－16.

［31］高勇强，陈亚静，张云均．“红领巾”还是“绿领巾”：民营企业慈善捐赠动机研究［J］．管理世界，2012（8）：106－114.

［32］顾雷雷，郭建鸾，王鸿宇．企业社会责任、融资约束与企业金融化［J］．金融研究，2020（2）：109－127.

[33] 韩国高，高铁梅，王立国等. 中国制造业产能过剩的测度、波动及成因研究 [J]. 经济研究，2011 (12)：18 –31.

[34] 韩珣，田光宁，李建军. 非金融企业影子银行化与融资结构——中国上市公司的经验证据 [J]. 国际金融研究，2017 (10)：44 –54.

[35] 何帆，朱鹤. 僵尸企业的处置策略 [J]. 中国金融，2016 (13)：25 –27.

[36] 胡旭阳. 民营企业家的政治身份与民营企业的融资便利——以浙江省民营百强企业为例 [J]. 管理世界，2006 (5)：107 –113，141.

[37] 胡一帆，宋敏，张俊喜. 竞争、产权、公司治理三大理论的相对重要性及其交互关系 [J]. 经济研究，2005 (9)：44 –57.

[38] 胡一帆，宋敏，张俊喜. 中国国有企业民营化绩效研究 [J]. 经济研究，2006 (7)：49 –60.

[39] 胡奕明，王雪婷，张瑾. 金融资产配置动机：“蓄水池”或“替代”？——来自中国上市公司的证据 [J]. 经济研究，2017 (1)：181 –194.

[40] 胡永刚，石崇. 扭曲、企业家精神与中国经济增长 [J]. 经济研究，2016 (7)：87 –101.

[41] 黄少卿，陈彦. 中国僵尸企业的分布特征与分类处置 [J]. 中国工业经济，2017 (3)：24 –43.

[42] 黄速建，肖红军，王欣. 竞争中性视域下的国有企业改革 [J]. 中国工业经济，2019 (6)：22 –40.

[43] 黄贤环，王瑶，王少华. 谁更过度金融化：业绩上升企业还是业绩下滑企业？[J]. 上海财经大学学报，2019，21 (1)：80 –94，138.

[44] 黄贤环，吴秋生，王瑶. 金融资产配置与企业财务风险：“未雨绸缪”还是“舍本逐末”[J]. 财经研究，2018，44 (12)：100 –112，125.

[45] 简新华，余江. 市场经济只能建立在私有制基础上吗？兼评公有制与市场经济不相容论 [J]. 经济研究，2016 (12)：4 –17.

[46] 江小涓. 国有企业的能力过剩、退出及退出援助政策 [J]. 经济研究，1995 (2)：46 –54.

[47] 蒋灵多，陆毅. 最低工资标准能否抑制新僵尸企业的形成 [J]. 中国工业经济，2017 (11)：118 –136.

[48] 解维敏，唐清泉，陆姗姗. 政府 R&D 资助，企业 R&D 支出与自主创新——来自中国上市公司的经验证据 [J]. 金融研究，2009 (6)：86 –99.

[49] 金祥荣，李旭超，鲁建坤. 僵尸企业的负外部性：税负竞争与正常企业逃税 [J]. 经济研究，2019，54 (12)：70 –85.

[50] 金宇超，靳庆鲁，宣扬，“不作为”或“急于表现”企业投资中的政治动机 [J]. 经济研究，2016 (10)：41 –62.

[51] 孔东民，刘莎莎，王亚男. 市场竞争、产权与政府补贴 [J]. 经济研究，2013 (2)：55 –67.

[52] 拉丰，梯若尔．政府采购与规制中的激励理论［M］．上海：格致出版社．上海三联书店．上海人民出版社，2014.

[53] 雷新途，朱容成，黄盈莹．企业金融化程度、诱发因素与经济后果研究［J］．华东经济管理，2020，34（1）：76－85.

[54] 黎文靖，李耀淘．产业政策激励了公司投资吗［J］．中国工业经济，2014（5）：122－134.

[55] 黎文靖，郑曼妮．实质性创新还是策略性创新？——宏观产业政策对微观企业创新的影响［J］．经济研究，2016（4）：60－73.

[56] 李传宪，干胜道．政治关联、补贴收入与上市公司研发创新［J］．科技进步与对策，2013（13）：102－105.

[57] 李春涛，宋敏．中国制造业企业的创新活动：所有制和 CEO 激励的作用［J］．经济研究，2010（5）：55－67.

[58] 李慧云，刘镝．市场化进程、自愿性信息披露和权益资本成本［J］．会计研究，2016（1）：71－78，96.

[59] 李井林．混合所有制改革有助于提升国有企业投资效率吗？［J］．经济管理，2021（2）：56－70.

[60] 李诗田，邱伟年．政治关联、制度环境与企业研发支出［J］．科研管理，2015（4）：56－64.

[61] 李姝，谢晓嫣．民营企业的社会责任、政治关联与债务融资——来自中国资本市场的经验证据［J］．南开管理评论，2014（6）：30－40，95.

[62] 李维安，李浩波，李慧聪．创新激励还是税盾？——高新技术企业税收优惠研究［J］．科研管理，2016（11）：51－67.

[63] 李文贵，余明桂．所有权性质、市场化进程与企业风险承担［J］．中国工业经济，2012（12）：115－127.

[64] 李旭超，鲁建坤，金祥荣．僵尸企业与税负扭曲［J］．管理世界，2018，34（4）：127－139.

[65] 李旭超，罗德明，金祥荣．资源错置与中国企业规模分布特征［J］．中国社会科学，2017（2）：25－43，205－206.

[66] 李元华．企业产业锁定与产业行情随机冲击：中国民营制造业发展困境分析［J］．经济研究，Working Paper，2015.

[67] 李元华．共生经济视阈民间融资监管制度创新［J］．金融经济，2015（2）：13－15.

[68] 梁莱歆，冯延超．民营企业政治关联、雇员规模与薪酬成本［J］．中国工业经济，2010（10）：127－137.

[69] 梁琪，余峰燕．金融危机、国有股权与资本投资［J］．经济研究 2014（4）：47－61.

[70] 林毅夫，李志赟．政策性负担、道德风险与预算软约束［J］．经济研究，

2004，（2）：17 –27.

［71］林毅夫，蔡昉，李周．国有企业改革的核心是创造竞争的环境［J］．改革，1995（3）：17 –28.

［72］林毅夫，巫和懋，邢亦青．“潮涌现象”与产能过剩的形成机制［J］．经济研究，2010（10）：4 –19.

［73］林毅夫，蔡昉，李周．中国的奇迹：发展战略与经济改革（增订版）［M］．上海：上海三联书店，上海人民出版社，1999.

［74］林毅夫．潮涌现象与发展中国家宏观经济理论的重新构建［J］．经济研究，2007（1）：126 –131.

［75］刘贯春，刘媛媛，张军．金融资产配置与中国上市公司的投资波动［J］．经济学（季刊），2019，18（2）：573 –596.

［76］刘贯春，段玉柱，刘媛媛．经济政策不确定性、资产可逆性与固定资产投资［J］．经济研究，2019（8）：53 –70.

［77］刘瑞明，石磊．国有企业的双重效率损失与经济增长［J］．经济研究，2010（1）：127 –137.

［78］刘瑞明．金融压抑、所有制歧视与增长拖累：国有企业效率损失再考察［J］．经济学（季刊），2011（2）：603 –618.

［79］刘瑞明．中国的国有企业效率：一个文献综述［J］．世界经济，2013（11）：136 –160.

［80］刘小玄．民营化改制对中国产业效率的效果分析：2001 年全国普查工业数据的分析［J］．经济研究，2004（8）：16 –26.

［81］刘行，叶康涛．金融发展、产权与企业税负［J］．管理世界，2014（3）：41 –52.

［82］鲁桐，党印．中国中小上市公司治理与绩效关系研究［J］．金融评论，2014（4）：1 –17，123.

［83］鲁晓东，连玉君．中国工业企业全要素生产率估计：1999 –2007［J］．经济学（季刊），2012，11（2）：541 –558.

［84］逯东，万丽梅，杨丹．创业板公司上市后为何业绩变脸［J］．经济研究，2015（2）：132 –144.

［85］罗党论，刘晓龙．政治关系、进入壁垒与企业绩效：来自中国民营上市公司的经验证据［J］．管理世界，2009（5）：97 –106.

［86］罗党论，唐清泉．中国民营上市公司制度环境与绩效问题研究［J］．经济研究，2009（2）：106 –117.

［87］罗党论，甄丽明．民营控制、政治关系与企业融资约束——基于中国民营上市公司的经验证据［J］．金融研究，2008（12）：164 –178.

［88］罗德明，李晔，史晋川．要素市场扭曲、资源错置与生产率［J］．经济研究，2012，47（3）：4 –14，39.

［89］罗思平，于永达．技术转移、“海归”与企业技术创新——基于中国光伏产业的实证研究［J］．管理世界，2012（11）：124－132.

［90］马凌远，李晓敏．民营企业家社会经济地位主观认知与个人慈善捐赠［J］．统计研究，2021（1）：105－118.

［91］马思超，彭俞超．加强金融监管能否促进企业“脱虚向实”？——来自2006－2015年上市公司的证据［J］．中央财经大学学报，2019（11）：28－39.

［92］聂辉华，江艇，张雨潇，方明月．如何清理僵尸企业［J］．中国经济报告，2016（9）：69－71.

［93］聂辉华，谭松涛，王宇锋．创新、企业规模和市场竞争：基于中国企业层面的面板数据分析［J］．世界经济，2008（7）：57－66.

［94］潘越，戴亦一，吴超鹏，刘建亮．社会资本、政治关系与公司投资决策［J］．经济研究，2009（11）：22－35.

［95］彭俞超，倪骁然，沈吉．企业“脱实向虚”与金融市场稳定——基于股价崩盘风险的视角［J］．经济研究，2018b，53（10）：50－66.

［96］彭俞超，韩珣，李建军．经济政策不确定性与企业金融化［J］．中国工业经济，2018（1）：137－155.

［97］平新乔．论国有经济比重的内生决定［J］．经济研究，2000（7）：16－23，80.

［98］让·梯若尔，让·雅克·拉丰．政府采购与规制中的激励理论［M］．上海：上海人民出版社，2004.

［99］饶静，万良勇．政府补助、异质性与僵尸企业形成——基于A股上市公司的经验证据［J］．会计研究，2018（3）：3－11.

［100］任爱莲，秦俊文．新形势下民营企业转型升级研究［J］．理论探讨，2019（3）：106－112.

［101］申广军．比较优势与僵尸企业：基于新结构经济学视角的研究［J］．管理世界，2016（12）：13－24，187.

［102］申宇，赵玲，吴风云．创新的母校印记：基于校友圈与专利申请的证据［J］．中国工业经济，2017（8）：156－173.

［103］石磊，王永钦．评拉丰、梯若尔．政府采购与规制中的激励理论［J］．经济学（季刊），2004（2）：779－784.

［104］斯蒂格利茨．私有化更有效率吗［J］．经济理论与经济管理，2011（10）：5－10.

［105］宋军，陆旸．非货币金融资产和经营收益率的U形关系——来自我国上市非金融公司的金融化证据［J］．金融研究，2015（6）：111－127.

［106］宋立刚，姚洋．改制对企业绩效的影响［J］．中国社会科学，2005（2）：17－31，204.

［107］宋增基，冯莉茗．国有股权、民营企业家参政与企业融资便利性——来自

中国民营控股上市公司的经验证据［J］. 金融研究，2014（12）：24－38.

［108］孙文晶，王明伟，叶建华. 宗族文化与中国民营企业创新［J］. 山西财经大学学报，2021（7）：58－69.

［109］谭语嫣，谭之博，黄益平，胡永泰. 僵尸企业的投资挤出效应：基于中国工业企业的证据［J］. 经济研究，2017，52（5）：175－188.

［110］唐清泉，巫岑. 银行业结构与企业创新活动的融资约束［J］. 金融研究，2015（7）：116－134.

［111］唐松，伍旭川，祝佳. 数字金融与企业技术创新——结构特征、机制识别与金融监管下的效应差异［J］. 管理世界，2020，36（5）：52－66，59.

［112］唐跃军，左晶晶. 所有权性质、大股东治理与公司创新［J］. 金融研究，2014（6）：177－192.

［113］田志龙，高勇强，卫武. 中国企业政治策略与行为研究［J］. 管理世界，2003（12）：98－127.

［114］万良勇，查媛媛，饶静. 实体企业金融化与企业创新产出——有调节的中介效应［J］. 会计研究，2020（11）：98－111.

［115］王凤荣，郑志全，慕庆宇. 僵尸企业如何影响正常企业风险承担？——中国制造业上市公司的实证研究［J］. 经济管理，2019，41（10）：37－53.

［116］王海林，高颖超. 僵尸企业对银行的风险溢出效应研究——基于 CoVaR 模型和社会网络方法的分析［J］. 会计研究，2019（4）：11－17.

［117］王红建，曹瑜强，杨庆. 实体企业金融化促进还是抑制了企业创新——基于中国制造业上市公司的经验研究［J］. 南开管理评论，2017，20（1）：155－166.

［118］王红建，李茫茫，汤泰劼. 实体企业跨行业套利的驱动因素及其对创新的影响［J］. 中国工业经济，2016（11）：73－89.

［119］王钦敏. 中国民营经济发展报告［M］. 北京：社会科学文献出版社，2013.

［120］王钦敏. 深入贯彻落实党的十八大精神为民营经济健康发展营造良好环境——在 2012－2013 年中国民营经济发展形势分析会上的演讲［J］. 中央社会主义学院学报，2013（2）：8－11.

［121］王韧，张奇佳，何强. 金融监管会损害金融效率吗［J］. 金融经济学研究，2019，34（6）：93－104.

［122］王万珺，刘小玄. 为什么僵尸企业能够长期生存？［J］. 中国工业经济，2018（10）：61－79.

［123］王彦超. 金融抑制与商业信用二次配置功能［J］. 经济研究，2014（6）：86－99.

［124］王永钦，李蔚，戴芸. 僵尸企业如何影响了企业创新？——来自中国工业企业的证据［J］. 经济研究，2018，53（11）：99－114.

［125］王玉泽，罗能生，刘文彬. 什么样的杠杆率有利于企业创新？［J］. 中国工

业经济，2019（3）：138－155.

［126］温忠麟．张雷，侯杰泰，刘红云．中介效应检验程序及其应用［J］．心理学报，2004（5）：614－620.

［127］文东伟．资源错配、全要素生产率与中国制造业的增长潜力［J］．经济学（季刊），2019，18（2）：617－638.

［128］吴昊旻．国企治理、产品市场竞争与股票特质性风险：基于我国上市公司的经验证据，第19届“中国财务学年会”主题报告，第二届“宏观经济政策与企业微观行为”研讨会（南京大学）及“第一届中国财务与会计学术研讨会”（厦大）交流论文，2016，Working Paper.

［129］吴昊旻，宋静云．“类国企化”是否损害民营企业的投资效率？基于中国民营上市公司的经验证据［J］．现代财经（天津财经大学学报），2018（7）：19－35.

［130］吴昊旻，杨兴全，魏卉．产品市场竞争与股票特质性风险：基于我国上市公司的经验证据［J］．经济研究，2012（6）：101－115.

［131］吴昊旻等．政治关联有助于提升企业的环境责任履行意愿吗？——基于我国上市公司的经验证据，2018. Working Paper.

［132］吴昊旻．公司治理环境、产品市场竞争与股票特质性波动［M］．北京：经济管理出版社，2018.

［133］吴联生，盈余管理、政治关联与公司税负［J］．会计论坛，2010（1）：3－16.

［134］吴延兵．国有企业双重效率损失研究［J］．经济研究，2012（3）：15－27.

［135］肖兴志，张伟广，朝镛．僵尸企业与就业增长：保护还是排挤？［J］．管理世界，2019，35（8）：69－83.

［136］肖忠意，林琳．企业金融化、生命周期与持续性创新——基于行业分类的实证研究［J］．财经研究，2019，45（8）：43－57.

［137］谢家智，王文涛，江源．制造业金融化、政府控制与技术创新［J］．经济学动态，2014（11）：78－88.

［138］辛清泉，郑国坚，杨德明．企业集团、政府控制与投资效率［J］．金融研究，2007（10）：123－142.

［139］徐业坤，李维安．政绩推动、政治关联与民营企业投资扩张［J］．经济理论与经济管理，2016（5）：13－28.

［140］徐业坤，钱先航，李维安．政治不确定性、政治关联与民营企业投资——来自市委书记更替的证据［J］．管理世界，2013（5）：43－61.

［141］徐朝阳，周念利．市场结构内生变迁与产能过剩治理［J］．经济研究，2015（2）：75－87.

［142］徐宁，徐向艺．控制权激励双重性与技术创新动态能力——基于高科技上市公司面板数据的实证分析［J］．中国工业经济，2012（10）：109－121.

［143］徐一民，张志宏．产品市场竞争、政府控制与投资效率［J］．软科学，

2010 (12): 19 – 23.

[144] 许建伟，陈彦斌，刘琨．外部审计质量对企业创新活动的作用机制研究[J]．科研管理，2020 (10): 11 – 20.

[145] 许江波，卿小权．僵尸企业对供应商的溢出效应及其影响因素 [J]．经济管理，2019，41 (3): 56 – 72.

[146] 许召元，张文魁．国企改革对经济增速的提振效应研究 [J]．经济研究，2015 (4): 122 – 135.

[147] 许志勇，胡伟，邓青，企业金融化、市场化进程与风险承担 [J]．中国软科学，2020 (10): 165 – 174.

[148] 杨继生，阳建辉．行政垄断、政治庇佑与国有企业的超额成本 [J]．经济研究，2015，50 (4): 50 – 61，106.

[149] 杨其静．企业成长：政治关联还是能力建设 [J]．经济研究，2011 (10): 54 – 66，94.

[150] 杨汝岱．中国制造业企业全要素生产率研究 [J]．经济研究，2015 (2): 61 – 74.

[151] 杨星，田高良，司毅，M. M. FONSEKA. 所有权性质、企业政治关联与定向增发——基于我国上市公司的实证分析 [J]．南开管理评论，2016 (1): 134 – 141，154.

[152] 杨兴全，张丽平，陈旭东．市场化进程与现金股利政策：治理效应抑或缓解融资约束？[J]．经济与管理研究，2014 (5): 76 – 84.

[153] 杨洋，魏江，罗来军．谁在利用政府补贴进行创新？——所有制和要素市场扭曲的联合调节效应 [J]．管理世界，2015 (1): 75 – 86，98，188.

[154] 杨筝，王红建，戴静．放松利率管制、利润率均等化与实体企业“脱实向虚”[J]．金融研究，2019 (6): 20 – 38.

[155] 杨筝，刘放，王红建．企业交易性金融资产配置：资金储备还是投机行为？[J]．管理评论，2017，29 (2): 13 – 25，34.

[156] 杨筝．实体企业金融化与全要素生产率：资源优化还是资源错配？[J]．贵州社会科学，2019 (8): 145 – 153.

[157] 姚晶晶，鞠冬，张建君．企业是否会近墨者黑：企业规模、政府重要性与企业政治行为 [J]．管理世界，2015 (7): 91 – 108.

[158] 姚维保．减税降费、民营企业异质性与创新发展 [J]．财经论丛，2021 (1): 24 – 32.

[159] 于连超，张卫国，毕茜．产业政策与企业“脱实向虚”：市场导向还是政策套利？[J]．南开管理评论，2021，24 (4): 128 – 142.

[160] 于良春，张伟．中国行业性行政垄断的强度与效率损失研究 [J]．经济研究，2010 (3): 16 – 27，39.

[161] 余东华，吕逸楠．政府不当干预与战略性新兴产业产能过剩：以中国光伏

产业为例［J］．中国工业经济，2015（10）：53－68.

［162］余明桂，回雅甫，潘红波．政治联系、寻租与地方政府财政补贴有效性［J］．经济研究，2010（3）：65－77.

［163］余明桂，潘红波．政治关系、制度环境与民营企业银行贷款［J］．管理世界，2008（8）：9－21.

［164］余明桂，钟慧洁，范蕊．民营化、融资约束与企业创新——来自中国工业企业的证据［J］．金融研究，2019（4）：75－91.

［165］俞金红，于明超．财政补贴、寻租成本与新能源企业经营绩效［J］．软科学，2019，33（11）：59－63.

［166］喻坤，李治国，张晓蓉，徐剑刚．企业投资效率之谜：融资约束假说与货币政策冲击［J］．经济研究，2014（5）：106－120.

［167］袁建国，后青松，程晨．企业政治资源的诅咒效应——基于政治关联与企业技术创新的考察［J］．管理世界，2015（1）：139－155.

［168］袁蓉丽，李瑞敬，李百兴．董事高管责任保险与审计费用［J］．审计研究，2018（2）：55－63.

［169］袁志刚，解栋栋．中国劳动力错配对 TFP 的影响分析［J］．经济研究，2011（7）：4－17.

［170］张成思，张步昙．中国实业投资率下降之谜：经济金融化视角［J］．经济研究，2016，51（12）：32－46.

［171］张成思，郑宁．中国实体企业金融化：货币扩张、资本逐利还是风险规避？［J］．金融研究，2020（9）：1－19.

［172］张栋，谢志华，王靖雯．中国僵尸企业及其认定——基于钢铁业上市公司的探索性研究［J］．中国工业经济，2016（11）：90－107.

［173］张红凤，汲昌霖．政治关联、金融生态环境与企业融资——基于山东省上市公司数据的实证分析［J］．经济理论与经济管理，2015（11）：77－86.

［174］张晖，曲延芬．经济转轨中自然垄断行业规制改革——竞争、所有制与激励机制选择［J］．财经科学，2006（9）：44－51.

［175］张晖，任俊义．民营化进程、企业目标函数选择与转轨效率［J］．财经研究，2006（3）：121－132.

［176］张杰．民营经济的金融困境与融资次序［J］．经济研究，2000（4）：3－10.

［177］张杰．中国体制外增长中的金融安排［J］．经济学家，1999（2）：38－43.

［178］张军，罗长远，冯俊．市场结构、成本差异与国有企业的民营化进程［J］．中国社会科学，2003（5）：4－15，205.

［179］张敏，黄继承．政治关联、多元化与企业风险——来自我国证券市场的经验证据［J］．管理世界，2009（7）：156－164.

［180］张天华，张少华．偏向性政策、资源配置与国有企业效率［J］．经济研究，

2016（2）：126－139.

［181］张文魁．我国企业发展政策的历史逻辑与未来取向［J］．管理世界，2021，（12）：15－29，39.

［182］张五常．中国的经济制度［M］．香港：花千树出版社，2008.

［183］张璇，刘贝贝，汪婷，李春涛．信贷寻租、融资约束与企业创新［J］．经济研究，2017（5）：161－174.

［184］张璇，王凯丽，司海涛．僵尸企业、资源错配与企业全要素生产率——来自中国工业企业的经验证据［J］．财经问题研究，2019（7）：57－66.

［185］赵昌文．国企效率是“高”还是“低”？国企效率问题透析［J］．人民论坛，2012（15）：32－34.

［186］郑京海，胡鞍钢．中国的经济增长能否持续？——一个生产率视角［J］．经济学（季刊），2008（3）：777－808.

［187］郑世林．市场竞争还是产权改革提高了电信业绩效［J］．世界经济，2010（6）：118－139.

［188］钟宁桦，刘志阔，何嘉鑫等．我国企业债务的结构性问题［J］．经济研究，2016（7）：102－117.

［189］周冬华，黄佳，赵玉洁．员工持股计划与企业创新［J］．会计研究，2019（3）：63－70.

［190］朱斌，李路路．政府补助与民营企业研发投入［J］．社会，2014（4）：165－186.

［191］朱冰，张晓亮，郑晓佳．多个大股东与企业创新［J］．管理世界，2018（7）：151－165.

［192］朱舜楠，陈琛．“僵尸企业”诱因与处置方略［J］．改革，2016（3）：110－119.

［193］Adhikari, A.; Derashid, C. and Zhang, H. 2006. Public Policy, Political Connections, and Effective Tax Rates: Longitudinal Evidence from Malaysia［J］. Journal of Accounting and Public Policy, 25（5）: 574－595.

［194］Aghion P, Angeletos G M, Banerjee A, Manova K. 2010. Volatility and growth: Credit constraints and the composition of investment［J］. Journal of Monetary Economics, 57（3）: 246－265.

［195］Aghion P, Bloom N, Blundell R, et al. 2005. Competition and innovation: an inverted U relationship［J］. Quarterly Journal of Economics, 120（2）: 701－728.

［196］Aghion P, Van Reenen J, Zingales L. 2013. Innovation and institutional ownership［J］. American Economic Review, 103（1）: 277－304.

［197］Allen F, Gale D. 1993. Corporate governance and competition. In X. Vives, Ed. Corporate Governance: Theoretical and Empirical Perspectives. Cambridge, U. K.: Cambridge University Press.

[198] Allen F. , Qian J. , Qian M Law. 2005. Finance and economic growth in China [J]. Journal of Financial Economics, 77: 57 –116.

[199] Almeida H, Campello M, Weisbach M S. 2004. The Cash Flow Sensitivity of Cash [J]. The Journal of Finance, 59 (4): 1777 –1804.

[200] Ang J, Boyer C. 2007. Finance and politics: the wealth effect of special interest group influence during the nationalization and privatization of Conrail [J]. Cambridge Journal of Economics, 31 (2): 193 –215.

[201] Arrow K. J. 1962. Economic Welfare and the Allocation of Resources for Invention [M]. Nelson R. Ed. The Rate and Direction of Inventive Activity: Economic and Social Factors. New Jersey: Princeton University Press.

[202] Atanassov, J. 2013. Do Hostile Takeovers Stifle Innovation? Evidence from Antitakeover Legislation and Corporate Patenting [J]. Journal of Finance, Vol. 68, 1097 –1131.

[203] Baker S R, Bloom N, Davis S J. 2016. Measuring Economic Policy Uncertainty [J]. Quarterly Journal of Economics, 131 (4): 1593 –1636.

[204] Baron R M, Kenny D A . 1986. The moderator – mediator variable distinction in social psychological research: conceptual, strategic, and statistical considerations [J]. Chapman and Hall, 51 (6): 1173 –1182.

[205] Battese, G E. and Coelli, T. J. A model for Technical Inefficiency Effects in A Stochastic Frontier Production Function for Panel Data [J]. Empirical Economics, 1995, 20: 325 –332.

[206] Baum C, Caglayan M, Ozkan N. 2009. The second moments matter: The impact of macroeconomic uncertainty on the allocation of loanable funds [J]. Economics Letters, 102 (2): 87 –89.

[207] Baumol, W. J. Entrepreneurship: Productive, Unproductive, and Destructive [J]. Journal of Political Economy, 1990, 98 (5): 893 –921.

[208] Beasley M, Petroni K. , 2001. Board independence and audit – firm type [J]. Auditing: A Journal of Practice & Theory, 20 (1) : 97 –114.

[209] Beiner, S. , M. M. Schmid, and G. Wanzenried. 2011. Product Market Competition, Managerial Incentives, and Firm Valuation. European Financial Management, 17 (2): 331 –366.

[210] Bergemann, D. and U. Hege. 2005. The Financing of Innovation: Learning and Stopping [J]. Rand Journal of Economics, 36 (4): 719 –752.

[211] Boubakri N, Cosset J C, Saffar W. 2013. The role of state and foreign owners in corporate risk – taking: Evidence from privatization [J]. Journal of financial economics, 108 (3): 641 –658.

[212] Boyreau D G, Wei S J. 2005. Pitfalls of state – dominated financial system: the case of China [R]. NBER Working Paper.

[213] Brandt L, Li H. 2003. Bank discrimination in transition economies: ideology, information, or incentives [J]. Journal of Comparative Economics, 31 (3): 387 -413.

[214] Caballero R J, Hoshi T, Kashyap A K. 2008. Zombie lending and depressed restructuring in Japan [J]. The American Economic Review, 98 (5): 1943 -1977.

[215] Chan K S , Dang V , Yan I . 2012. Chinese firms' political connection, ownership, and financing constraints [J]. Economics Letters , 115 (2): 164 -167.

[216] Chapman, C. J. , and T. J. 2011. Steenburgh, An Investigation of Earning Management through Marketing Action [J]. Management Science, 57 (1): 72 -92.

[217] Chen Y, Puttitanun T. 2005. Intellectual property rights and innovation in developing countries [J]. Journal of Development Economics, 78 (2): 474 -493.

[218] Chen, S. , Zheng, S. , Song, T. , Wu, D. 2011. Government Intervention and Investment Effifciency: Evidence from China [J]. Journal of Corporate Finance, 7: 76 -85.

[219] Cheung, Y. L. , Rau, P. R. and Stouraitis, A. 2010. Helping Hand or Grabbing Hand? Central vs. Local Government Shareholders in Chinese Listed Firms [J]. Review of Finance, 14 (4): 669 -694.

[220] Claessens, S. , Feijen, E. and Laeven, L. Political Connections and Preferential Access to Finance: The Role of Campaign Contributions [J]. Journal of Financial Economics, 2008, 88 (3): 554 -580.

[221] Cornaggia, J. , Y. Mao, X. Tian, and B. Wolfe. 2015. Does Banking Competition Affect Innovation? [J]. Journal of Financial Economics, 115 (1) : 189 -209.

[222] Cull R, Xu L C. 2000. Bureaucrats, state banks, and the efficiency of credit allocation: The experience of Chinese state -owned enterprises [J]. Journal of Comparative Economics, 28 (1): 1 -31.

[223] Demir F . 2009. Financial liberalization, private investment and portfolio choice: Financialization of real sectors in emerging markets [J]. Journal of Development Economics, 88 (2): 314 -324.

[224] Denis D J, Siblkov V. 2010. Financial constraints, investment, and the value of cash holdings [J]. Review of Financial Studies, 23 (1): 247 -269.

[225] Dessaint, O. , Golubov, A. , and Volpin, P. 2017. Employment Protection and Takeovers [J]. Journal of Financial Economics, 125 (2) : 369 -388.

[226] Dey, Aiyesha. , 2008. Corporate Governance and Agency Conflicts [J]. Journal of Accounting Research, 46 (5): 1 -39.

[227] Faccio M. 2006. Politically connected firms [J]. American Economic Review, 96 (1): 369 -386.

[228] Fan J. P. H, Wong T J, Zhang T. 2007a. Politically connected CEOs, corporate governance and post -IPO performance of China's newly partially privatized firms [J]. Journal

of Financial Economics, 84 (2): 330 -357.

[229] Fan J. P. H, Wong T J, Zhang T. 2007. Politically connected CEOs, corporate governance, and Post - IPO performance of China's newly partially privatized firms [J]. Journal of financial economics, 84 (2): 330 -357.

[230] Fang, V. , X. Tian, and S. Tice, 2014. Does Stock Liquidity Enhance or Impede Firm Innovation [J]. Journal of Finance, 69: 2085 -2125.

[231] Ferreira, M. and P. Laux. 2007. Corporate Governance, Idiosyncratic Risk, and Information Flow [J]. Journal of Finance, 62 (2): 951 -989.

[232] Fischer, Stanley. 1977. Long - Term Contracts, Rational Expectations, and the Optimal Money Supply Rule [J]. Journal of Political Economy, 85 (1): 191 -205.

[233] Frye, T. , Shleifer, A. , 1997. The invisible hand and the grabbing hand. American Economic Review 87 (2), 354 -358.

[234] Fukuda, S. , and J. Nakamura. 2011. Why Did ‘Zombie’ Firms Recover in Japan [J]. The World Economy, 34 (7): 1124 -1137.

[235] Ge Y, Qiu J. 2007. Financial development, bank discrimination and trade credit [J]. Journal of Banking and Finance, 31 (2): 513 -530.

[236] Gietzen T. 2017. The exposure of microfinance institutions to financial risk [J]. Review of Development Finance, 7 (2): 120 -133.

[237] Gleadle P, Parris S, Shipman A, et al. 2014. Restructuring and innovation in pharmaceuticals and biotechs: The impact of financialization [J]. Critical Perspectives on Accounting, 25 (1): 67 -77.

[238] Godstein S M. 1995. China in transition: the political foundations of incremental reform [J]. China Quarterly, 144: 1105 -1131.

[239] Gonzalez, X. , Pazo, C. , 2008. Do Public Subsidies Stimulate Private R&D Spending? [J]. Research Policy, Vol. 37, No. 3: 371 -389.

[240] Guellec, Dominique and Bruno Van Pottelsberghe. 2003. The Impact of Public R&D Expenditure on Business R&D [J]. Economics Innovation and New Technology, 12: 225 -243.

[241] Gulen H, Ion M. 2016. Policy Uncertainty and Corporate Investment [J]. Review of Financial Studies, 29 (3): 523 -564.

[242] Hall, B. H. , and J. Lerner. 2010. The Financing of R&D and Innovation [J]. Handbook of the Economics of Innovation (1) : 609 -639.

[243] Harberger, A. C. 1954. Monopoly and Resource Allocation [J]. American Economic Review, 44: 77 -87.

[244] Hirshleifer D. , Hsu P. , Li D. 2013. Innovative Efficiency and Stock Returns [J]. Journal of Financial Economics, 107 (3): 632 -654.

[245] Holmstrom, B. , 1989. Agency Costs and Innovation [J]. Journal of Economic

Behavior & Organization, (3) : 305 – 327.

[246] Hoshi T. and Y. Kim, 2012, “Macro – prudential Policy and Zombie Lending in Korea”, ABFER Working Paper No. 2251.

[247] Hoshi, T. 2006. Economics of the Living Dead [J]. The Japanese Economic Review, 57 (1) : 30 – 49.

[248] Hsieh C T, Klenow P J. 2009. Misallocation and manufacturing TFP in China and India [J]. Quarterly Journal of Economics, 124 (4): 1043 – 1448.

[249] Hsu, P., X. Tian and Y. Xu, 2014. Financial Development and Innovation: Cross – country Evidence [J]. Journal of Financial Economics, Vol. 112, pp. 116 – 135.

[250] Imai, K. 2016. A Panel Study of Zombie SMEs in Japan: Identification, Borrowing and Investment Behavior [J]. Journal of the Japanese and International Economies, 39: 91 – 107.

[251] Jiang, Guohua, Charles M. C. Lee, Yue Heng, 2010. Tunneling Through Inter – corporate Loans: The China Experience [J]. Journal of Financial Economics, 98: 1 – 20.

[252] KAPLAN S N, LUIGI Z. Investment – Cash Flow Sensitivities are not Valid Measures of Financing Constraints [J]. Quarterly Journal of Economics, 2000 (2): 707 – 712.

[253] Khanna T, Yafeh Y. 2007. Business groups in emerging markets: paragons or parasites [J]. Journal of Economic Literature, 45 (2): 331 – 372.

[254] Khanna T, Yafeh Y. 2007. Business groups in emerging markets: paragons or parasites [J]. Journal of Economic Literature, 45 (2): 331 – 372.

[255] King R G, Levine R. 1993. Finance, entrepreneurship and growth: Theory and evidence [J]. Journal of Monetary Economics, 32 (3): 513 – 542.

[256] Krippner G R. 2005. The financialization of the American economy [J]. Socio – Economic Review, (2): 173 – 208.

[257] Krueger A O. 1974. The political economy of the rent – seeking society [J]. American Economic Review, 64 (3): 291 – 303.

[258] Kwon, H. U., F. Narita, and M. Narita. Resource Reallocation and Zombie Lending in Japan in the 1990s [J]. Review of Economic Dynamics, 2015, 18 (4): 709 – 732.

[259] Lach, Saul. 2002. Do R&D Subsidies Stimulate or Displace Private R&D? Evidence from Israel [J]. The Journal of Industrial Economics, 50: 369 – 390.

[260] Laffont J J, Tirole J. 1993. A Theory of Incentives in Procurement and Regulation [M]. MIT Press Books, 1 (428).

[261] Laffont, J. J., and J. Tirole. 1993. A Theory of Incentives in Procurement and Regulation [M]. Boston: MIT Press.

[262] Levine R, Loayza N, Beck T. 2000. Financial intermediation and growth: causality and causes [J]. Journal of Monetary Economics, 46 (1): 31 – 77.

[263] Levine R. 1997. Financial development and economic growth: views and agenda [J]. Journal of Economic Literature, 35 (2): 688 –726.

[264] Libo Y, Yiyi L, Finance S O. 2016. Are Chinese Commodity Futures Markets Financialized? Evidence from International Stock Markets [J]. Journal of Financial Research.

[265] Lin C, Lin P, Song F. 2010. Property rights protection and corporate R&D: evidence from China [J]. Journal of Development Economics, 93 (1): 49 –62.

[266] Lin, C. , P. Lin, F. Song and C. Li, 2009. Managerial Incentives, CEO Characteristics and Corporate Innovation in China's Private Sector [J]. Journal of Comparative Economics, Vol. 39, pp. 176 –190.

[267] Morck R, Wolfenzon D, Yeung B, 2005. Corporate governance, economic entrenchment, and growth [J]. Journal of Economic Literature, 43 (3): 655 –720.

[268] Mukherjee, A. , M. Singh, and A, aldokas. 2017. Do Corporate Taxes Hinder Innovation? [J]. Journal of Financial Economics, 124 (1) : 195 –221.

[269] Olley, G. S. and A. Pakes. 1992. The Dynamics of Productivity in the Telecommunications Equipment Industry [R]. National Bureau of Economic Research.

[270] Opler, T. , Pinkowitz, L. , Stulz, R. and Williamson, R. 1999. The Determinants and Implications of Corporate Cash Holdings [J]. Journal of Financial Economics, 52: 3 –46.

[271] Orhangazi Ö. 2008. "Financialisation and Capital Accumulation in the Non –financial Corporate Sector: A Theoretical and Empirical Investigation on the US Economy: 1973 –2003", Cambridge Journal of Economics, 32 (6): 863 –886.

[272] Peek, J. , & Rosengren, E. S. , Unnatural Selection: Perverse Incentives and the Misallocation of Credit in Japan. American Economic Review, Vol. 95, No. 4, 2005, pp. 1144 –1166.

[273] Qian, Y. , G. Roland, and C. Xu. 2006. Coordination and Experimentation in M –form and U –form Organizations [J]. Journal of Political Economy, 114 (2) : 366 –402.

[274] Quan V L, Zak P J. 2006. Political risk and capital flight [J]. Journal of International Money & Finance, 25 (2): 308 –329.

[275] Rajan R, Zingales L. 1998. Financial dependence and growth [J]. American Economic Review, 88 (3): 559 –586.

[276] Richardson S. 2006. Over –Investment of Free Cash Flow [J]. Review of Accounting Studies, 11 (2 –3): 159 –189.

[277] Robin A, Wu Q, Zhang H, 2017. Auditor Quality and Debt Covenants [J]. Contemporary Accounting Research, 34 (1): 154 –1.

[278] Seo, H. J. , H. S. Kim, and Y. C. Kim, 2012, "Financialization and the Slowdown in Korean Firm' R&D Investment. ", Asian Economic Papers, 11 (3) , 35 –49.

[279] Shen, G. and B. Chen, 2017, “Zombie Firms and Over – capacity In Chinese Manufacturing”, China Economic Review, 44, pp. 327 – 342.

[280] Shileifer A, Vishny R. 1994. Politicians and firms [J]. Quarterly Journal of Economics, 109 (4): 995 – 1025.

[281] Shleifer, A. and Vishny, R. W. 1998. The Grabbing Hand: Government Pathologies and Their Cures [M]. Cambridge, Mass.: Harvard University Press.

[282] Smith C W, Stulz R M. 1985. The determinants of firms' hedging policies [J]. The Journal of Financial and Quantitative Analysis, 20 (4): 391 – 405.

[283] Stockhammer, E. 2004. Financialisation and the Slowdown of Accumulation [J]. Cambridge Journal of Economics, 28 (5): 719 – 741.

[284] Stockhammer, E., and L. Grafl. 2010. Financial Uncertainty and Business Investment [J]. Review of Political Economy, 22 (4): 551 – 568.

[285] Stulz R M. 1996. Rethinking risk management [J]. Journal of Applied Corporate Finance,9 (3): 8 – 25.

[286] Tan, Y., X. Tian, C. X. Zhang, and H. Zhao, 2014. Privatization and Innovation: Evidence from A Quasi – Natural Experiment in China [D]. Kelley School of Business Research Paper, 2014 – 33.

[287] Tishler, A. and Milstein. 2009. “R&D Wars and the Effects of Innovation on the Success and Survivability of Firms in Oligopoly Markets”, International Journal of Industrial Organization,27 (4): 519 – 531.

[288] Tong, T., W. He, Z. L. He, and J. Lu, 2014. Patent Regime Shift and Firm Innovation: Evidence from the Second Amendmentto China's Patent Law [J]. In Academy of Management Proceedings, Vol., No. 1, 14174.

[289] Tori, D., and Ö. Onaran. 2018. “The effects of financialization on investment: evidence from firm – level data for the UK,” Cambridge Journal of Economics, Oxford University Press, 42 (5): 1393 – 1416.

[290] Trivedi S R. 2014. Financialisation and accumulation: A firm – level study in the Indian context [J]. Procedia Economics and Finance 11: 348 – 359.

[291] Van Der, Zwan N. 2014. Making sense of financialization [J]. Socio – Economic Review, 12 (1): 99 – 129.

[292] Wang Y. 2015. The rise of the “shareholding state”: financialization of economic management in China [J]. Socio – Economic Review, 13 (3): 603 – 625.

[293] Xu X M, Xuan C. 2021. A study on the motivation of financialization in emerging markets: The case of Chinese non – financial corporations [J]. International Review of Economics & Finance, 72: 606 – 623.

[294] Ying G, Qiu J. 2007. Financial development, bank discrimination and trade credit [J]. Journal of Banking & Finance, 31 (2): 513 – 530.

[295] You S, Zhou, J, Zhou S, Jia L, and Wang C. 2021. Organizational Learning Under Institutional Complexity: Evidence from Township Clusters in China [J]. Management and Organization Review, 17 (4): 726 – 754, 29.

[296] Young, Alwyn 2000. The Razor's Edge, Distortions and Incremental Reform in the People's Republic of China [J]. Quarterly Journal of Economics, 115 (4): 1091 – 1136.

[297] Zheng S, Storesletten K, Zilibotti F. 2011. Growing Like China [J]. American Economic Review, 101 (1): 196 – 233.

[298] Zhong R. , 2018. Transparency and Firm Innovation [J]. Journal of Accounting and Economics, 66 (1): 67 – 93.

[299] Zhou, W. 2013. Political Connections and Entrepreneurial Investment: Evidence from China's transition economy [J]. Journal of Business Venturing, 28 (2): 299 – 315.

后 记

职业倦怠和**竞争内卷**（Involution），已然成为当今学术生态之一大特征。当个人的生存和“基本发展”得到满足的时候，职业倦怠便油然而生，而竞争的内卷则会进一步加剧这种倦怠。面对困局，何以破局？——诸多学者已然开始反思，而当局似乎也开始重视。不便主观评价。个人的破局之道甚或自救之路，便是“**著书聊胜于发文**”①。这里且不必赘述书籍或专著的系统性优势，只是想到应付文章发表的诸多苦痛，便已足以让你望而却步，并一同深感“阶层壁垒”之俨然袭来……故**有感于三而略陈如下**：

一是**有感于学术期刊不该只是**“职业晋升、评优选先、待遇头衔”的名利竞逐场地，而更当成为“观点呈现、见仁见智、头脑风暴”的思想展示平台。氛围和导向若果真如此，则至少可以促生“**双重正向效应**”——有利于矫正激励、杜绝不正之风；亦有利于思想、知识之传播整合。

二是**有感于宽容与清正当是学术氛围应有之义**。现实始终真切，故从未敢奢望孔子“杏坛论学”之遗风再现，亦不敢奢望佛家“无遮大会”之流光旖旎，**以至于有同仁惊呼大咖何以**“重新垄断”学术圈？**顶刊何以**再现“贵族圈”（地域－校差－等级……）？**学界何以**“潜规则成为明规则、明规则成为纸面规则、真规则成为无用规则”？……凡此种种，是误解还是误读、是过度还是过敏，均已无感亦无谓矣。只是觉得，类似的风气或会**系统性倒逼**学校招生、导师选择、人才就业以及师生关系之冷暖，并最终“重塑”整个学术生态②。学术界由“草莽时代”到“森严壁垒”，从“粗放发展”到“再次精致”，**过来人犹堪重负，青椒们何以自奋!?**“式微，式微，胡不归?”（《诗·邶风·式微》），或又成“**世纪之叹**”。

三是**有感于学术文章不当以等级身份妄定高低**。学术研究之“问题导向”原则——无论务虚还是务实，其实业已框定其内涵及取向。然而，成果激励之指向、学术

① 在此之前，已然耗费至少撰写十篇文章的时间和精力，费神写出专著《实证研究方法论：写作视角》（中国财政经济出版社，2022年8月），这一次又是在论文投稿频频碰壁之下毅然选择了整理出版此书。个中甘苦，同仁或知。

② 学术门槛或学术壁垒已经是现实了，公权私授、私下划圈、串设壁垒、抱团攻防，已然成为侵蚀学术风气之“顽瘤”矣！对此不必多言，只及大概；其实众皆晓然，唯其不言！此受制于生存及发展耳。

圈层之壁垒与回归乡土之号召间的矛盾**却似乎仍然无解**①。须知道，文章之价值、回归之寄望，不仅要在实践上“立足于”本国、本土与本情，还须在思维上“根植于”乡土、乡音与乡思。这就需要在思维深处领略何谓“文如其人”，而“人如其文”则显然隔了些“地气儿”②。

书不尽言，言不尽意。付梓之际，还要特别感谢国家自然科学基金委员会项目评审专家的中肯评介与鼓励，感谢西南财经大学中国政府审计研究中心主任蔡春教授的点拨指导，感谢中山大学岭南（大学）学院罗党论教授的直言不讳，感谢首都经贸大学何枫教授的精诚合作，感谢历次学术交流中提出不同意见的学界同仁以及博士同学们！

正所谓“虽不能至，然心向往之”（《史记·孔子世家》）。文思观点贵在呈现，而不在发表之一途。写就的文章正如同亲生之子嗣，舍不得弃之如敝屣；而点滴之心得，更不忍寂寂而无声。故诉诸看似“冷门”之结集出版，以求系统全面之呈现。文责在己，反身而诚，不避先后。敬望指正。

最后，聊以拙诗《琐悟》四阙致意共勉③，同仁同侪当期同修而同悟。

琐悟·之一

读书多节慨，养气在吟哦。空言托外物，恍然了无得。

命终由我作，福当自己求。义理从心觅，感悟皆通辙。

琐悟·之二

物利易得便，心性烦推求。侥然或有幸，妄念终无究。

执着着一善，守正正一身。方寸朝夕惕，福田何须赊。

琐悟·之三

心为形役死，慧从脚下生。悟性求容易，四愿弘在何。

爱为生生本，礼当明取舍。仁勇不忧惧，智旷无游奢。

琐悟·之四

业力接三世，德行汇四端。天命无有常，正意此身阿。

功过格一册，儒释道通络。佛前大丈夫，养气自巍峨。

壬寅年七月二十于春城

---

① 受制于激励内卷，诸多学者其实是被倒逼取道国外投稿发表，但国外办刊之论学传统、思维范式及处理程序等，皆迥异于国内传统，故其价值若几，不仅难为评价，更是隔了地气。

② 做一个形象的比喻，这里的“文如其人”类似于“大家记得某人发表过某种观点…”，即人在本土、思在本土、论在本土；而“人如其文”则类似于“大家只记得某人发了某 TOP…”。其间差异，细品自知。

③ 此诗作于辛丑年冬月初七，时在昆明。乃读《了凡四训》（明．袁了凡著）之“立命篇”有感。